Die Kaiserdome Speyer, Mainz, Worms
und ihr romanisches Umland

ROMANIK IN DEUTSCHLAND

Dethard von Winterfeld

Die Kaiserdome
Speyer, Mainz, Worms
und ihr romanisches Umland

zodiaque – echter

Dank

Die meisterhaften Schwarzweißaufnahmen dieses Kunstbildbandes
erlangen ihre volle Brillanz erst durch die Anwendung des heute selten
gewordenen Druckverfahrens der Heliogravüre (Kupfertiefdruck). Diese
Technik ermöglicht die volle Ausspielung der Schwarzweißnuancen in
der Fülle des Lichtes wie in der Tiefe des Schattens.
Trotz des relativ hohen Kostenaufwandes, der mit diesem hochwertigen
Verfahren verbunden ist, hat der Kupfertiefdruck bei Zodiaque-Echter
Tradition. Da er immer seltener Anwendung findet, fühlen wir uns
verpflichtet, der Druckerei Loos in Saint-Dié, Frankreich, besonderen
Dank zu sagen.

Titelbild des Schutzumschlages: *Der Dom zu Speyer, Ostansicht*
Rückseite: *Lorsch, Torhalle*

Fotos: Angelico Surchamp – Zodiaque.
Zeichnungen: Dom Noël Deney-Zodiaque,
nach Vorlagen des Autors.

© 1993 Zodiaque Echter Verlag, Würzburg
   (französische Ausgabe bei Zodiaque, La Pierre-qui-Vire)

Der Bildteil wurde in Frankreich gedruckt.
Satz und Druck des Textteils sowie buchbinderische Verarbeitung:
Echter Würzburg, Fränkische Gesellschaftsdruckerei und Verlag GmbH
ISBN 3-429-01489-1

Inhalt

DIE GROSSEN KLOSTERKIRCHEN
DES 11.–13. JAHRHUNDERTS

Die Romanik am nördlichen Teil des Oberrheins

Zum Konzept der Zodiaque-Reihe

Mit diesem Band nimmt die berühmte, schon fast zum Standardwerk gewordene Zodiaque-Reihe nun auch die deutsche Sakralbaukunst der romanischen Epoche in sich auf – mit dem Blick auf die politischen Ereignisse der letzten Jahre ein geradezu symbolischer Vorgang. In mehr als siebzig Bänden hat sie die Romanik nicht nur in Frankreich, sondern auch in Italien, Spanien, Portugal, England, Irland und sogar im Heiligen Land nach gleichen Regeln erfaßt, abgebildet und dem Leser als Erbe einer christlichen Epoche nahezubringen versucht mit dem Ziel, diesen Schatz für die Gegenwart zu heben und nutzbar zu machen.

Als vor mehr als drei Jahrzehnten der erste Band der Zodiaque-Reihe erschien, konnte sie sich in ihrem Konzept auf die traditionsreichen alten Landschaften Frankreichs stützen, die man zwar nach der Revolution 1789 versucht hatte, außer Funktion zu setzen, die sich aber trotzdem als Begriffe in der Vorstellung der Menschen behauptet hatten. Etliche von ihnen ließen sich mit den von der französischen Forschung im 19. Jahrhundert herausgearbeiteten Schulen der romanischen Architektur und Kunst verbinden und gaben ihnen sogar den Namen, auch wenn die Verbreitungsgebiete mit den Regionen nicht identisch waren. In anderen Fällen war dies schwieriger, weil sich die kunstgeographischen Zusammenhänge viel weiträumiger gestalteten als die Landschaften.

In Deutschland sind die Verhältnisse insofern komplizierter, als die Entwicklung der Landschaftsbegriffe von politischen Grenzziehungen beeinflußt wurde und daher nicht konstant blieb. In den verschiedenen Epochen kann ein und derselbe Name für ganz unterschiedliche Territorien stehen. Das Gebiet der Sachsen, gegen die Karl der Große Krieg führte und die er unterwarf, und das Stammesherzogtum der Sachsen im 10. und 11. Jahrhundert umfaßten Westfalen und das heutige Niedersachsen mit Teilen von Sachsen-Anhalt. Das spätere Kurfürstentum Sachsen und erst recht das Königreich Sachsen des 18. und 19. Jahrhunderts bis hin zu dem heutigen Bundesland Sachsen machten eine vollständige Verlagerung nach Südosten durch, so daß es heute keine territoriale Überschneidung dieser Gebiete gibt.

In vielen Fällen ist man aus praktischen Gründen dazu übergegangen, die nach 1945 entstandenen Bundesländer, deren Grenzen teilweise auf das 19. Jahrhundert zurückgehen, entweder als ehemalige preußische Provinzen oder selbständige Länder des zweiten Kaiserreichs zur Grundlage kunstgeographischer Betrachtungen lange zurückliegender Epochen zu machen. Dabei spielt der Wunsch nach Identität stiftender historischer Legitimation eine Rolle. Unter wissenschaftlichen Aspekten ist dieses Verfahren nicht haltbar.

Das Gebiet, das wir in diesem Band beschreiben wollen, umfaßt die Bereiche Pfalz und Rheinhessen des heutigen Bundeslandes Rheinland-Pfalz, Südhessen des Bundeslandes Hessen und Nordbaden des Bundeslandes Baden-Württemberg. Die Landschaftsbegriffe gehen auf die territorialstaatliche Einteilung des 19. Jahrhunderts zurück. Der Begriff Pfalz wurde in dieser Umgrenzung erst seit 1815 für den hier gelegenen bayerischen Landesteil gebraucht. Das gleiche gilt für den Raum zwischen Worms, Mainz und Bingen als Rheinhessen, das damals zum Großherzogtum Hessen-Darmstadt kam und mit dem südhessischen Raum vereinigt war. Nordbaden geht schließlich auf das 1815 bestätigte Großherzogtum Baden zurück, das seine Entstehung Napoleon verdankt. Diese Landschaften können also nicht als Grundlage für die Analyse kunstlandschaftlicher Zusammenhänge des 10. bis 13. Jahrhunderts dienen. Wir wollen daher versuchen, die Merkmale für die regionalen Grenzen aus der Architektur selbst zu entwickeln. Für dieses Verfahren gibt es längst viele positive Beispiele. Es hat sich nach Vorstufen im 19. Jahrhundert in den zwanziger Jahren unseres Jahrhunderts herausgebildet. In der ortsfesten Architektur mit ihren durch handwerkliche Tradition geprägten Charakteristika lassen sich am ehesten Baugruppen und in diesen wiederum übergreifende Strukturen erkennen.

Ausgangspunkt für unsere Betrachtung ist der Rhein in einem bestimmten Abschnitt seines Laufes. Geographisch und geologisch bildet der Rheingraben als Senke zwischen seinen Randgebirgen eine Einheit, die auch als oberrheinische Tiefebene bezeichnet wird. Sie reicht von Basel bis Bingen, südlich abgeriegelt vom Jura, nördlich vom Taunus. Im südlichen Abschnitt wird sie begrenzt von den Vogesen und dem Schwarzwald, nördlich von Pfälzer Wald, Haardt, Donnersberg und schließlich Hunsrück, entsprechend auf der östlichen Seite von Kraichgau, Odenwald und Spessart. Bis zum Eintritt in das Rheinische Schiefergebirge nennt man diesen Abschnitt des Flusses »Oberrhein«. Ihm entspricht der Flußabschnitt von Köln bis zur Mündung als Niederrhein. Im Bereich der Mittelgebirge wird der Lauf als »Mittelrhein« bezeichnet. Leider hat die regionale Kunstgeschichte versucht, diesen Begriff rheinauf bis nach Worms oder sogar bis nach Speyer zu ,verschieben, und damit für einige Verwirrung gesorgt. Für die Architekturgeschichte – das hat die Forschung der letzten Jahrzehnte ergeben – gehört der Mittelrhein mit dem Niederrhein zusammen.

Unglücklicherweise stehen die Begriffe »Ober- und Niederrhein« in der französischen Sprache für etwas ganz anderes. Die beiden elsässischen Departements teilen das Stück des französischen Rheinlaufs in Ober- und Niederrhein, während es sich für eine Gesamtbetrachtung selbstverständlich dabei nur um kurze Abschnitte des Oberrheinlaufs handelt.

Im Rahmen kunstlandschaftlicher Betrachtungsweise sind »Rhein und Maas« für die Kunstgeschichte des 10. bis 13. Jahrhunderts zu einem festen Begriff geworden, der über die Architektur hinaus vor allem für die Goldschmiedekunst und das Kunsthandwerk, aber auch für die Buchmalerei gilt. Gemeint ist der Raum zwischen Rhein und Maas von der Mündung bis zur südlichen Grenze des Rheinischen Schiefergebirges bei Bingen, dazu der Mosellauf von Trier bis zur Mündung bzw. auf der anderen Seite die Lahn bis Limburg, so daß auch rechtsrheinisch ein entsprechend breiter Streifen entsteht. Der Begriff »Rhein« steht in dieser Kombination nicht etwa für den gesamten Flußlauf, sondern für den Abschnitt von Bingen stromabwärts (genauer müßte es heißen: Mittel- und Niederrhein und Maas). Dieser Raum läßt sich für das 12. und frühe 13. Jahrhundert als ein zusammenhängender erweisen – mit einer deutlichen Grenze gegenüber dem östlichen Westfalen, aber auch dem südlich angrenzenden Oberrheingebiet, die sich in den architektonischen Charakteristika ausdrückt. H. E. Kubach und A. Verbeek haben dies in ihrem vierbändigen Standardwerk »Romanische Architektur an Rhein und Maas«, in dem die Gesamtheit der romanischen Sakralarchitektur, aber auch Teile der Profanarchitektur zwischen 800 und 1250 mit mehr als 2000 Bauten erfaßt sind, eindrücklich nachweisen können. Man könnte denken, daß dieser Raum mit dem alten Herzogtum Niederlothringen identisch wäre, doch greift er nach Süden weiter aus und umfaßt außer Teilen von Oberlothringen auch Bereiche des Herzogtums Franken. Obwohl in einigen Fällen durchaus politische oder kirchliche Grenzen, wie zum Beispiel die alte Westgrenze des römisch-deutschen Reiches, wirksam waren, so konnten die Autoren zeigen, daß weder sprachliche noch politische oder kirchliche Zugehörigkeit für den Gesamtraum in dieser Epoche konstitutiv waren. Auf die nationalen Grenzen des 19. und 20. Jahrhunderts brauchten sie nicht einzugehen, weil sie nachweislich ohne jede Bedeutung für diese Fragestellung waren.

Gegenüber der niederrheinischen läßt sich die oberrheinische Sakralarchitektur des 11., vor allem aber des 12. und frühen 13. Jahrhunderts klar abgrenzen. Es wird unsere Aufgabe sein, die Merkmale bei den Bauten hervorzuheben. Dabei stellt sich die Frage, ob es sich im Hinblick auf die Architektur um einen einheitlichen Raum handelt. In der Forschung sind die engen Verflechtungen zwischen dem nördlichen Teil einerseits und dem Elsaß im Süden immer betont worden. Trotzdem haben bisher nur wenige, insbesondere H. E. Kubach, die gemeinsame Basis der gesamten Region hervorgehoben. Von nicht geringer Bedeutung ist dabei die jeweils zugrunde liegende Anschauung, ob es sich entweder um eine ganze Kunstlandschaft mit variierenden Gruppen handelt oder um einzelne bedeutsame Zentren mit ihrer jeweiligen Ausstrahlung und Verkettung der Einflüsse. Im Blick auf die angrenzenden Gebiete tritt freilich das Gemeinsame stärker hervor. Das gilt insbesondere gegenüber dem Niederrhein, aber auch gegenüber dem westlich anschließenden Lothringen.

Nach Osten dagegen ist eine Abgrenzung schwierig, weil die Einflüsse des Oberrheins auch in den benachbarten Landschaften Schwaben und Franken nicht zu verkennen sind. Hier besteht in der Forschung eine fühlbare Lücke.

Da wir im Rahmen unserer Reihe zwar nicht an die Grenzen der heutigen Bundesländer, sehr wohl aber an die Grenzen der Nationalstaaten gebunden sind, gehören Teile unseres Gebietes zur Schweiz, und es umfaßt das ganze Elsaß in Frankreich. Letzterem hat bereits 1965 Robert Will einen vorzüglich bearbeiteten Band dieser Reihe gewidmet. Für die uns interessierenden Jahrhunderte muß daran erinnert werden, daß das Elsaß selbstverständlich zum Reich gehörte, im 10. und 11. Jahrhundert Teil des Herzogtums Schwaben war und später wichtige Teile des Hausbesitzes der staufischen Herrscher enthielt.

Auch das westlich davon gelegene Herzogtum Oberlothringen war Reichsgebiet, so daß die Grenze nicht viel mehr als 50 Kilometer östlich von Chalons-sur-Marne verlief. Allerdings umfaßte Oberlothringen mit den Bistümern Toul und Verdun auch größere Teile eines französischsprachigen Gebiets. Die alte Sprachgrenze verlief etwa entlang der Mosel. Das alte Metz war zweisprachig. Erst im Laufe der Zeit verschob sich die Sprachgrenze weiter nach Osten. Der Rhein war jedenfalls keine Grenze, bis er dazu mittels der Doktrin von den natürlichen Staatsgrenzen durch Richelieu im 17. Jahrhundert proklamiert wurde, was Ludwig XIV. in der zweiten Hälfte des 17. Jahrhunderts dann weitgehend verwirklichen konnte.

Für die praktische Einteilung unserer Bände war von vornherein klar, daß auch ohne das Elsaß und den Basler Raum das gesamte Oberrheingebiet zu viele Denkmäler enthielt, um in einem Band behandelt zu werden. Ebenso klar war aber auch, daß die drei großen einander verwandten Dome am Rhein, denen das 19. Jahrhundert den Titel »Kaiserdome« verlieh, in einem Band mit ihrer Umgebung zusammengefaßt werden mußten. So lag es nahe, südlich von Speyer eben an der Nordgrenze des Elsaß eine west-östliche Trennlinie zu ziehen. Sie ergibt sich aus praktischen Gesichtspunkten und hängt nicht, wie man meinen könnte, mit der südlichen Grenze zwischen den alten Stammesherzogtümern Franken und Schwaben im 10. und 11. Jahrhundert zusammen.

Die Landschaft der »Kaiserdome« oder »Pfalz und Rhein«

Wie aber sollte man diesen nördlichen Teil des Oberrheingebietes bezeichnen? Wir sahen bereits, daß die heutigen Landschaftsbezeichnungen kaum älter als das 19. Jahrhundert sind, was natürlich auch für die Pfalz gilt. Aus der Perspektive der Kirchengeschichte haben wir es mit den Bistümern Speyer, Worms und Mainz zu tun, wobei Worms nur einen relativ kleinen Korridor zwischen den beiden Nachbarn einnimmt. Hierbei ist zu trennen zwischen den kirchlichen Diözesangrenzen und den Gebieten, die den Bistümern als weltliche Territorien gehörten mit dem Bischof als Landesherrn. Diese Struktur, die für das späte Mittelalter bis zum Ende des Reiches 1803/1806 von entscheidender Bedeutung werden sollte, bildete sich in unserer Epoche gerade heraus. In der Flächenausdehnung waren auch später diese drei Bistümer relativ klein, ganz im Gegensatz zu Trier oder Würzburg. Mainz hatte dabei ein relativ großes Gebiet östlich unserer Region am Main, im Spessart und in Unterfranken. Hier muß auch noch einmal erwähnt werden, daß die Ausdehnung der riesigen Erzdiözese

Mainz in keinem Verhältnis zu den Bistumsgrenzen und erst recht nicht zum Territorium des Erzstifts stand.

Das Kurfürstentum Pfalz (Kurpfalz), das der heutigen Region den Namen lieh, bildete sich erst zwischen dem 14. und 16. Jahrhundert heraus. Von der heutigen Pfalz umfaßte es nur einige Gebiete, dafür aber Teile von Rheinhessen, dem Hunsrück und vor allem des rechtsrheinischen Gebietes am Neckar. Noch im 13. Jahrhundert sind die Territorien der Pfalzgrafschaft in unserem Bereich eher unbedeutend, hingegen das Reichsgut und staufische Hausgut sehr bedeutsam. Zwischen dem 9. und dem 12. Jahrhundert spielte die Einteilung in die alten fränkischen Gaue eine gewisse Rolle. Auf dem Gebiet der heutigen Pfalz waren es deren vier: Bliesgau, Nahegau, Wormsgau und Speyergau, benachbart der Lobdengau und der Kraichgau. Die engmaschige Aufteilung durch aus dem Lehnsrecht hervorgegangene Besitzverhältnisse erwies sich im Laufe der Zeit als stärker. Wir verzichten daher darauf, die sich wandelnden territorialen Zusammenhänge zwischen dem 11. und dem 13. Jahrhundert in Kartenbildern von begrenzter Aussagekraft darzustellen. Wir wollen damit nicht in Abrede stellen, daß im Einzelfall die Zugehörigkeit zu einem Bistum oder einem weltlichen Besitz den Ausschlag für die Wahl bestimmter architektonischer Formen gegeben haben könnte, doch werden übergreifende Strukturen in dieser Frage bisher nicht sichtbar.

Zum Begriff »Kaiserdom«

Unter dem Begriff der »Kaiserdome« wurden die drei geschwisterlich verbundenen romanischen Bischofskirchen in Speyer, Mainz und Worms bekannt. Erst später wurde er auch für andere irgendwie mit dem deutschen Königtum verbundene Kirchen verwandt (z. B. die Hauptpfarrkirche in Frankfurt/Main, die Pfalzkapelle in Aachen, Magdeburg, Bamberg, Königslutter). Er ist sicher allgemein bekannter als unsere Landschaftsbegriffe im Sinne der Zodiaque-Reihe.

Freilich kennt man die großen romanischen Bischofskirchen erst seit dem 19. Jahrhundert so, als der zunächst ersehnte und 1871 endlich gegründete deutsche Nationalstaat seine geschichtliche Legitimation in dem mittelalterlichen Römischen Reich suchte, das kein Nationalstaat war und dessen Tradition man mit dem Ausschluß Österreichs endgültig aufgegeben hatte. Die mächtigen Bauten erinnerten an eine glanzvolle Epoche der Vergangenheit, so daß man nicht viel nach der tatsächlichen Verbindung zu den Kaisern fragte. Schließlich bildeten die Bischöfe den Reichsepiskopat und waren damit Träger des Reiches und Ausführende kaiserlichen Willens. Als »Kaiserdome«

im Sinne des Wortes kann man nur den Dom in Speyer bezeichnen, weil er als Bischofskirche eines eher unbedeutenden Bistums seine Entstehung allein den Kaisern der salischen Häuser verdankt. Sie erbauten ihn als Grablege ihres Hauses – vergleichbar dem französischen Saint-Denis oder dem englischen Westminster – und als Ausdruck ihrer Macht und christlichen Gesinnung.

Der Mainzer Dom dagegen ist als Kathedrale des größten Erzbistums der Christenheit, das in den ihm unterstellten Bistümern von Verden (Aller) im Norden bis Chur im Süden und Prag (bis 1345) im Osten reichte. Zwar förderte Kaiser Heinrich IV. den Umbau um 1100 wie andere Kirchen auch, doch als Ganzes ist der Dom ein Werk seiner Erzbischöfe, die mit den Kölner Amtsbrüdern um Reichskanzlerschaft und Krönungsrechte stritten.

Der Wormser Dom schließlich ist ebenfalls ein Werk seines Domkapitels und seiner Bischöfe. Dort sind zwar die Vorfahren der salischen Kaiser bestattet, doch gelang es dem Bischof gerade am Anfang des 11. Jahrhunderts, die Macht dieses Geschlechts in der Stadt einzuschränken. Die kaisertreue Stadt sah zwar viele Hoftage und erhielt zum Dank ein Privileg von Kaiser Friedrich Barbarossa, das in Bronze gegossen am Dom befestigt wurde (1184). Dies hatte jedoch nichts mit dem Dombau zu tun, sondern belegt nur, daß die Bürgerschaft ein gewisses Anrecht an dem Bau besaß.

Hinsichtlich des Standortes der drei Dome am Rhein ist daran zu erinnern, daß es sich durchweg um römische Städte handelt, in denen das Christentum als römische Religion Fuß faßte. Die Reihe ist nach Norden um Köln und Trier, nach Süden um Straßburg, Basel, Augsburg, Regensburg und Salzburg zu ergänzen. Die Kirche übernahm die römische Verwaltungsorganisation, so daß es für jede Stadt und ihre Umgebung einen Bischof gab. Die größere Dichte der Bistümer in Gallien und erst recht in Italien ergibt sich aus der größeren Zahl römischer Städte. Auch wenn der Nachweis einer Kontinuität für das 4. und 5. Jahrhundert nicht in allen Fällen ganz gesichert ist, so existiert sie für die Merowingerzeit unter Dagobert I. am Anfang des 7. Jahrhunderts. Offenbar hatte die kirchliche Organisation die Wirren der Völkerwanderung überdauert. Allerdings kennen wir nur in Worms kirchliche Gebäude aus dieser Zeit, und das auch nur in Andeutungen.

Kurz vor dem Jahr 1000, als sich die politische und gesellschaftliche Situation gefestigt hatte, begann man, riesige Neubauten anzulegen: zunächst in Mainz (Erzbischof Willigis, Weihe/Brand 1009), dann in Straßburg (Bischof Wernher, 1015), in Worms (Bischof Burchard, 1018/20) und schließlich auch in Speyer (Kaiser Konrad II., 1027/29).

In Straßburg und Speyer wählte man Grundrisse mit eindeutiger Ausrichtung auf ein liturgisches Zentrum im Osten, während man in Worms und Mainz die im ostfränkischen Reich mit dem 9. und erst recht im ottonischen 10. Jahrhundert verbreitete Doppelchoranlage bevorzugte, in Mainz nach altrömischer Art mit Hauptchor und Querschiff im Westen.

Doppelchoranlagen sind nicht, wie seit dem 19. Jahrhundert behauptet wird, sinnbildlicher Ausdruck des Gegenübers von Regnum und Sacerdotium, von Kaiser und Papst, sondern verfolgen die liturgische Idee, zwei Altäre und zwei Chöre gleichsam als Anfang und Ende des christlich bestimmten Kosmos einander gegenüberzustellen. Die jeweilige liturgische Interpretation konnte dabei durchaus verschieden sein. Nahm der Kaiser an dem Hochamt teil, so saß er, versehen mit den niederen Weihen, im Gestühl neben den Kanonikern des Kapitels.

Der geschichtliche Raum

Den Stilbegriff Romanik haben wir auf den gesamten Zeitraum von 800 bis gegen 1250 ausgedehnt, wohl wissend, daß die »Romanik« im engeren Sinn sich erst am Anfang des 11. Jahrhunderts herausbildet. Die Jahrhunderte davor werden in Deutschland mit den jeweiligen Dynastien gleichgesetzt und als »karolingisch« und »ottonisch« bezeichnet. Dieses Ordnungssystem wird dann häufig auch in der folgenden Epoche mit »salisch« und »staufisch« angewendet, was für Kunst und Architektur sehr fragwürdig ist. Ohne die bedeutsame Grenze von »vorromanisch« und »romanisch«, die wir 1025 mit dem Beginn der Salierzeit ansetzen, verwischen zu wollen, sind doch die Verbindungen eng genug, um die wenigen frühen Bauten mit aufnehmen zu können.

Das Ende der Romanik ist weitgehend identisch mit dem Ende der staufischen Herrschaft Mitte des 13. Jahrhunderts. Den Stilwandel setzen wir gleich mit dem Eindringen eindeutig nordfranzösisch-gotischer Formen. Die Zeit davor, etwa ab 1200, früher treffend »Übergangsstil« genannt, ist zwar auch von französischen Importformen bestimmt, die jedoch so weitgehend integriert werden, daß der traditionelle Zusammenhang gewahrt bleibt und das »Romanische« überwiegt.

Der gesamte Zeitraum, fast ein halbes Jahrtausend, ist zu groß, um hier einleitend in seinen historischen Strukturen dargestellt zu werden. Ohne geschriebenes Verfassungsrecht wandelten sich die Vorstellungen vom Kaisertum, aber auch vom hohen und niederen Adel, von den Bischöfen, der Kirche, den Bürgern und ihren Städten mehrfach und insgesamt grundlegend. Wirtschaftliche und soziale Bedingungen verschoben sich, ja selbst die Sprache veränderte sich vom Alt- zum Mittelhochdeutschen. Eine dürre Aufzählung von Daten und Fakten, dazu eingebunden in die Territorialgeschichte, hilft nicht weiter. Die Konfrontation der Hauptmächte, des Kaisers und des Papstes, die 1077 einem ersten Höhepunkt zutrieb, veränderte das Reich genauso wie der Versuch der Staufer, das Reich zu restaurieren. Die Städte, die erst nach 1200 handelnd in Erscheinung traten, bildeten sich neuerer Forschung zufolge schon viel früher als neue Form des Zusammenlebens in einer agrarisch-feudalen Umgebung heraus.

Grundlegend unterschieden von unseren Nachbarn im Westen, aber auch von den mächtiger werdenden deutschen Territorialherren ist die Institution des Wahlkönigtums, obwohl alle Dynastien miteinander verwandt waren. Diese wiederum konnten nur entstehen durch den ständigen Versuch, eine geregelte Nachfolge zu etablieren und das Wahlkönigtum zu unterlaufen. Diese wenigen Hinweise mögen genügen.

Material und Form

Wenden wir uns wieder der Architektur zu. Eine sehr anschauliche Möglichkeit der Abgrenzung zwischen den beiden großen Kunstlandschaften Oberrhein und Niederrhein bietet das Baumaterial. Durch den reichlich anstehenden roten und gelben Sandstein der umgebenden Randgebirge, der durch den Grabeneinbruch und die Auffaltung in Steinbrüchen gut erreichbar war, ist der gesamte Oberrhein geprägt. Zunächst bruchsteinartig, dann als hammerrechtes Kleinquaderwerk mit sichernden Kanten aus größeren Quadern und Platten und schließlich als sorgfältige große Quader mit dünnen Fugen im regelmäßigen Schichtenverband verwendet, bot dieses steinmetzmäßig gut zu bearbeitende Material den Ausgangspunkt für weitere plastische Durchgestaltung. Die reichen Profile legen beredtes Zeugnis davon ab. Wir bewundern die intensiv rote, gelbe oder marmorierte Färbung, die den Bauten steinerne Schwere verleiht. Beim Absetzen gegen hellen Putz ist ein Farbsystem von selber vorgegeben. In der Regel hat man mit roter oder gelber Farbe korrigiert und das System bereichert, ohne daß wir es heute noch rekonstruieren könnten. Ganz anders am Niederrhein: Dort wurde vorwiegend vulkanischer Tuff verwendet mit zunehmender Kantensicherung und Gliederungen aus großformatigem Werkstein aus dem harten, spröden Trachyt, dessen Spateinschlüsse die Bearbeitung erschweren. Weiche Sinterkalke wurden nur für die Kapitelle verwendet. In den Schiefergebieten trat an die Stelle des Tuffs flachlagiger Bruchstein. Der Tuff ließ sich besonders leicht bearbeiten, war aber witterungsanfällig und daher durchweg verputzt. Das graue Werksteinmaterial wie der Putz verlangten nach farbiger Fassung. Seit dem 19. Jahrhundert fehlt den Außenbauten häufig die schützende Hülle. Verputzt oder auch als Rohbau besitzen die meist grauen bis schwärzlichen Bauten im Zusammenspiel mit schwarzen Schiefersäulchen einen grundlegend anderen Charakter. Nur bei Rekonstruktionen der farbigen Außenhaut aus Weiß und Rot wird der Gegensatz abgemildert. Jedenfalls luden die Materialien des Niederrheins nicht zu steinmetzmäßiger und plastischer Durchgestaltung ein. Der Tuff war auch am Oberrhein bekannt und wurde importiert, aber grundsätzlich nur um als leichtes Material in Gewölben und bei hoch liegenden Bauteilen verwendet zu werden, immer in untergeordneter Funktion.

Um Kriterien für eine Kunstlandschaft zu gewinnen, wird man zunächst nach Epochen unterscheiden müssen. Danach ist nach den Bautypen und schließlich ihren Einzelformen zu fragen. Hier verweisen wir auf die anschließenden Einzelmonographien, in denen dies im Zusammenhang mit dem jeweiligen Baudenkmal versucht wird. Im Hinblick auf die vorromanische Architektur ist es zwar erstaunlich, daß sich in unserem Bereich eine ganze Gruppe karolingischer Bauten erhalten hat. Dennoch reicht dieser Bestand nicht aus, um eine Abgrenzung vorzunehmen. Außerdem können wir für diese Epoche noch nicht mit der Herausbildung zusammenhängender Räume rechnen. Auch für das 11. Jahrhundert ist der Bestand zu lückenhaft. Es fehlen uns die großen Dome in Straßburg, Worms und Mainz, aber auch viele kleinere Bauten, die durch jüngere verdrängt worden sind. Die Gemeinsamkeiten mit dem Niederrhein dürften stärker sein als die trennenden Unterschiede. Die flach gedeckte Pfeilerbasilika ist zum Beispiel dem gesamten Raum gemeinsam, ebenso die Säulenbasilika, die jedoch rein zahlenmäßig sehr viel seltener zu finden ist. Im Hinblick auf die oben genannten Dome, einschließlich desjenigen in Speyer, muß man feststellen, daß der Oberrhein in dieser Zeit die führende Stellung einnahm. Im Hinblick auf Bau I in Speyer ist auf dessen charakteristischen Vertikalismus einerseits und die Sparsamkeit der äußeren Gliederung andererseits hingewiesen worden, im Gegensatz zu den vergleichbaren niederrheinischen Bauten. Doch trifft das nicht den Kern der Sache, wie man an einem Vergleich zwischen Speyer und Limburg erkennen kann. Die mächtige, mehrschichtige Kolossalordnung von Speyer ist ohnehin ein Sonderfall, ebenso dessen Reduzierung der Gliederung am Außenbau im Zusammenhang mit dem Großquaderwerk. Ursprünglich sollte zum Beispiel der Westbau dort eine reiche Lisenengliederung erhalten. Die individuellen Charakteristika eines herausragenden Baudenkmals sind hier sehr viel stärker als die kunstlandschaftliche Einbindung. Das gilt möglicherweise auch für die der Speyerer Apsis. Die steile, flache Rundbogenblende ist im 11. Jahrhundert am Ober- wie am Niederrhein vertreten, wobei wir die zu den Langchören von Bonn und St. Gereon in Köln gehörigen Apsiden heute nicht mehr kennen. Die Bereicherung mit Halbsäulenvorlagen, wie wir sie in Speyer finden, hat zwar in weiträumigen Beziehungen bis nach Italien Parallelen und Nachfolge gefunden, am Oberrhein jedoch nur in Mainz und bei der Burgkapelle Winzingen bzw. im schwäbischen Sindelfingen. Bei den ersten beiden handelt es sich um eine unmittelbare Nachfolge des Vorbildes und kann daher eigentlich nicht kunstlandschaftlich gedeutet werden, wie dies bei den mehrgeschossigen Anlagen des Niederrheins der Fall ist. Es muß sogar auffallen, daß wir im 12. Jahrhundert, von kleineren Beispielen abgesehen, in unserer Region nahezu keine Apsiden antreffen, sondern fast durchweg den gerade geschlossenen Chor, den die Forschung sonst unzutreffenderweise immer wieder mit den Zisterziensern in Verbindung gebracht hat. Seine dichte Verbreitung – meist in Verbindung mit wormsischen Dekorationselementen – zeigt die Haltlosigkeit dieser Hypothese und macht ihn geradezu zu einem Kriterium für oberrheinische Baukunst. Auch wenn hier ein Bezug zum Dom in Worms nahe liegt, der sicher in vielen Fällen auch gegeben ist, so zeigt doch die Limburg, daß der Typ eine längere Tradition besitzt. Für das 12. Jahrhundert darf man allerdings feststellen, daß der Ausbreitung der niederrheinischen mehrgeschossigen Apsiden nach Süden hin offenbar eine eindeutige Grenze gesetzt war.

Beiden Regionen gemeinsam ist die Aufnahme des Gewölbebaus im gebundenen System im 12. Jahrhundert. Hier ging der Dom in Speyer ab 1080 mit seinen Gratgewölben voran. Der Mainzer Dom sollte ihm folgen, während am Niederrhein diese Phase erst ab 1130/40 einsetzt. Schon in den Querarmen von Speyer und alsbald im Ostbau des Wormser Doms tritt daneben das schwere Rippengewölbe auf, das in der Marienkirche von Utrecht auch am Niederrhein vertreten ist. Am Oberrhein beherrscht es – bereichert um Profile von massig schwerem Zuschnitt – fast sämtliche Haupträume. Nur die Zisterzienserkirche in Eberbach besitzt Gratgewölbe, was man einerseits als zisterziensische Zurückhaltung, andererseits auch mit Verbindungen zum Niederrhein erklären kann. Neben den gewölbten Basiliken gibt es nach wie vor flach gedeckte, doch fehlen die am Niederrhein häufig auftretenden Emporen vollständig, ebenso wie die dort im 13. Jahrhundert zunehmend auftretenden Triforien. Das mag unter anderem auch damit zusammenhängen, daß nach den drei großen Dombauten und den Zisterzienserklosterkirchen keine größeren Bauten errichtet wurden. Keine der Stifts- oder Pfarrkirchen kann mit den gewaltigen Neubauten am Niederrhein mithalten, die zwischen 1150 und 1250 dort errichtet wurden.

Auch die Zahl der Zwerggalerien ist gering; trotzdem sind sie ein gutes Unterscheidungsmerkmal zwischen beiden Kunstlandschaften. Die unterschiedliche Ausbildung erläutern wir im Zusammenhang mit den Domen in Speyer und Mainz. Bis auf die Zwerggalerien fehlen am Oberrhein zweischalige Mauerkonstruktionen mit Laufgängen, wie sie am Niederrhein zunächst bei den Apsiden, später aber auch in den Langhäusern auftreten. Hierin ist dieser den französischen Entwicklungen der Frühgotik näher als der Oberrhein. Lediglich der Dom in Speyer, der ja ohnehin eine einzigartige Stellung besitzt, zeigt dieses Prinzip mit seinen in die Mauerstärke eingelassenen Kapellen. Doch hat man bei diesen den Eindruck, daß sie nicht als dünnschalige Konstruktionen zustande gekommen sind, sondern daß gewaltige Mauermassive ausgehöhlt wurden.

Die reiche Differenzierung der verschiedenen Westbaulösungen am Niederrhein ist hier ebensowenig anzutreffen wie manche Typen, etwa die Westchorhallen oder Dreiturmgruppen. Im Äußeren zeigen über die Grenzen hinweg der Mainzer Ostbau, Maria Laach und St. Gertrud in Nivelles eine enge Verwandtschaft. Relativ häufig tritt dagegen am Oberrhein der achtseitige, belichtete Vierungsturm oder Chorturm auf, von denen die Dome in Worms und Mainz gleich zwei besitzen. Aber auch bei den spätromanischen Kirchen der letzten Phase sind sie häufig vertreten.

Ebenso wird man sich hinsichtlich der Turmgliederungen mit Urteilen über ihre kunstlandschaftliche Zuordnung zurückhalten. Es gibt zwar am Oberrhein ungegliederte Turmschäfte im 11. Jahrhundert, doch soweit wir sie bei größeren Bauten kennen, besitzen sie stets Lisenen und Rundbogenfriese an den Kanten. Oft kennen wir ihre originalen Abschlüsse nicht. Das niederrheinische Rautendach mit Giebeln über jeder Seite erscheint als Import in Speyer und von dort aus in Altrip. Dafür tritt bei einer Reihe von kleineren Kirchen das auch im Elsaß verbreitete Satteldach mit zwei Giebeln auf, das dem Turm eine Richtung verleiht. Daneben ist jene Gruppe zu nennen, die sich um St. Paul in Worms schart und jene phantastischen zentralbauartigen Kuppelabschlüsse von orientalischem Gepräge aufweist. Der Doppelturmfassade als Westlösung begegnen wir in einer Reihe von repräsentativen Beispielen: Limburg an der Haardt, Guntersblum, St. Martin in Worms.

Charakteristische Motive der Außengliederung sind in erster Linie die kräftigen, an den Kanten profilierten und mit schönen Hornausläufen versehenen Lisenen und Rundbogenfriese, die zumeist aus kräftigen Sockeln emporwachsen; ferner die mit vielfachen Stufungen, Profilen und eingestellten Wulsten in die Tiefe gestaffelten Fenstertrichter, die seit dem Speyerer und vor allen Dingen dem Wormser Dom Mauerstärke als plastischen Wert anschaulich demonstrieren sollen. Das gleiche gilt von den schweren Gewändeprofilen der Portale oder später von den wuchtigen Strebepfeilern an den Kanten. Diese fehlen am Niederrhein fast vollständig.

Deutliche Charakteristika gewinnt unsere Kunstlandschaft wie auch die am Niederrhein erst im 12. und in der ersten Hälfte des 13. Jahrhunderts. Die Steigerung der Mauerstärken, der Eindruck von Schwere und Volumen mit kräftiger Durchgliederung aller Kanten und Gewände darf als formales Charakteristikum bei der Durchbildung unterschiedlicher Bautypen gelten. Es wurde mit Bau II in Speyer für den Oberrhein eingeführt und durch den Dom in Worms verbreitet. Wie weit es für den südlichen Oberrhein gilt, wird in dem betreffenden Band zu prüfen sein, wobei wir die elsässischen und schweizerischen Bauten allenfalls in den allgemeinen Überblick, nicht aber in die genauere Analyse einbeziehen können. Erst mit ihnen würde die Frage nach der Einheit der oberrheinischen Baukunst zwischen dem 11. und dem 13. Jahrhundert klarer zu beantworten sein. Nehmen wir die genannten Charakteristika, so wird man jedoch feststellen dürfen, daß sie auf die Mehrzahl der elsässischen Bauten, einschließlich der Ostteile des Straßburger Münsters, zutreffen, auch wenn die Formgebung in den Einzelheiten sich unterscheidet und Einzelgruppierungen sichtbar werden. In der Entwicklung des Gewölbes und insbesondere des Rippengewölbes hat der Oberrhein einen entscheidenden entwicklungsgeschichtlichen Beitrag geleistet, ebenso bei der Integration nordfranzösischen Formengutes in die eigene Tradition. Eine noch ungelöste, schwierige Frage ist diejenige der Ausstrahlung nach Osten und Nordosten. In den betreffenden Bänden über diese benachbarten Regionen wird man der Frage nachgehen müssen.

ROMANIK AM NÖRDLICHEN OBERRHEIN

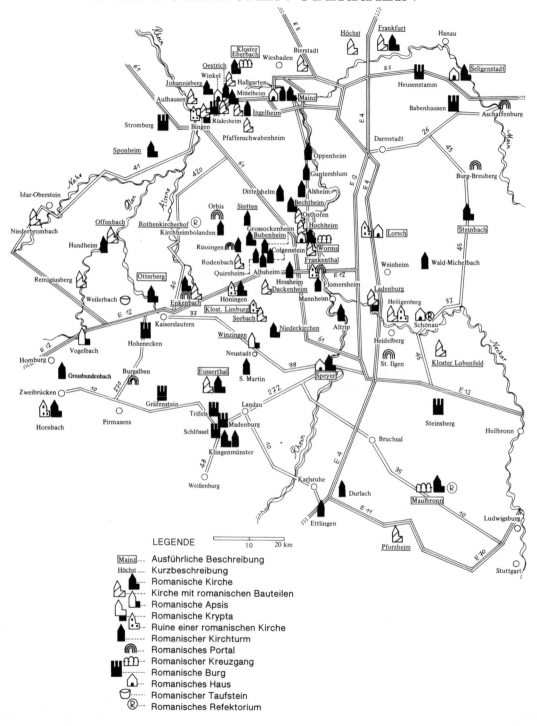

LEGENDE

Symbol	Beschreibung
Mainz	Ausführliche Beschreibung
Höchst	Kurzbeschreibung
	Romanische Kirche
	Kirche mit romanischen Bauteilen
	Romanische Apsis
	Romanische Krypta
	Ruine einer romanischen Kirche
	Romanischer Kirchturm
	Romanisches Portal
	Romanischer Kreuzgang
	Romanische Burg
	Romanisches Haus
	Romanischer Taufstein
R	Romanisches Refektorium

10   20 km

Die vorromanische Baukunst

Es ist erstaunlich, daß sich gerade in unserem Gebiet eine ganze Reihe karolingischer Bauten nicht nur als archäologisch faßbare Grundrisse, sondern als aufrecht stehende Zeugen dieser Zeit erhalten haben. Bei ihnen ist es müßig, nach kunstlandschaftlichen Charakteristika zu fragen, weil der vergleichbare Denkmälerbestand zu gering ist und die Ausbildung spezifischer Merkmale weit großräumiger erfolgte, als im späteren 11. und im 12. Jahrhundert

Unter ihnen ist die in ganz Europa berühmte und einzigartige Torhalle des sonst ganz zerstörten Klosters LORSCH das wichtigste Denkmal (Farbtafel Seite 33). Hier ist nicht der Ort, seine Geschichte und den komplizierten, großenteils verunklärten archäologischen Befund in angemessener Form darzustellen. Die Gründung des Klosters erfolgte vor 764, die Verlegung an den heutigen Ort bereits 767. Im Jahre 772 wurde es an Karl den Großen als Eigen- und Reichskloster übertragen. Umfangreiche Schenkungen und intensive Förderung machten es zum bedeutendsten Kloster am Oberrhein – ausgestattet mit erlesenen Handschriften und kostbaren Elfenbeinen aus der Hofschule Karls des Großen. Ludwig der Deutsche (840–876), dessen Sohn und Enkel wurden hier begraben. Auch unter den ottonischen und salischen Kaisern hielt die Blüte an. Der Niedergang zeichnete sich dann aber schon im 12. Jahrhundert ab. Nach dem Übergang an Kurmainz wurde es an Kurpfalz verpfändet und 1555 aufgehoben. Die berühmte Bibliothek wurde 1622 von dem kaiserlich-katholischen Feldherrn Tilly nach Rom geschenkt. Die Kirche, das Kloster und das

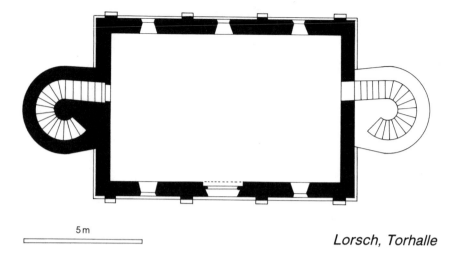

5 m

Lorsch, Torhalle

große Atrium wurden so vollständig abgebrochen, daß mit Ausnahme eines Vorkirchenrestes auch sämtliche Fundamente zerstört sind. Unzulängliche Grabungen verwischten zudem die Spuren. Erhalten hat sich nur der Rest von drei Arkaden einer romanischen Basilika aus der Mitte des 12. Jahrhunderts, die als Verlängerung oder Vorkirche für die karolingische Anlage diente. Südlich davon lagen der Kreuzgang und die Klostergebäude, während sich nach Westen ein großes Atrium erstreckte, das möglicherweise erst im Zusammenhang mit der romanischen Verlängerung entstanden ist. Im westlichen Teil des Atriumhofes stand frei die einzig erhaltene Torhalle, bei der der ursprüngliche Bezug zur Klosterkirche, die Datierung und die vorgesehene Funktion umstritten sind. Man nimmt an, daß sie vor 888 entstanden ist und Gedanken der *renovatio imperii* Karls des Großen spiegelt, die in seiner Krönung zum römischen Kaiser gipfelten. Neuerdings hat man sie jedoch in Verbindung mit der *ecclesia varia* gebracht (= bunte Kirche), die zwischen 876 und 882 östlich angefügt wurde und von der Spolien mit gewissen Ähnlichkeiten zu den Schmuckformen der Torhalle erhalten sind. Sie sind in einem Lapidarium ausgestellt.

Das Erdgeschoß des kleinen rechteckigen Torbaus öffnet sich an den Längsseiten in jeweils drei rundbogige Arkaden auf Pfeilern (Bild 1). Über einer Balkendecke befindet sich im Obergeschoß ein niedriger Saal, der heute von einer in Anlehnung an die spätgotische Form wiederhergestellten Holztonne überspannt wird, ehemals aber mit flacher Decke oder offenem Dachstuhl abschloß. An der Schmalseite sind zwei schmucklose, aus Bruchstein errichtete dreiviertelkreisförmige Treppentürme angeordnet, von denen der nördliche nach Einsturz modern erneuert ist. Das steile Dach ist ebenfalls gotisch. Der Ansatz einer sehr flachen Giebelschräge hat sich seitlich erhalten. Ein flacheres Dach würde den antiken Charakter des Baus erheblich unterstreichen. Im Obergeschoß haben sich umfangreiche Reste karolingischer Wandmalerei in zwei Schichten erhalten. Die ältere war figürlich, die jüngere rein architektonisch mit einer Pilastergliederung. Das Michaelspatrozinium des oberen Raumes ist erst seit dem 15. Jahrhundert überliefert, so daß dessen sakrale Nutzung für die karolingische Zeit nicht feststeht.

Außer dem Bautypus ist die Dekoration der beiden äußeren Längsseiten das eigentlich Aufsehenerregende (Bild 2 und 3). Vor die Pfeiler des Untergeschosses sind nach römischer Art Halbsäulen gelegt, deren fein ausgearbeitete Kompositkapitelle einen ornamentierten Architrav tragen. Unten sind sie in die umlaufenden attischen Sockelprofile der Pfeiler integriert, während die Kämpfer nur in den Laibungen erscheinen, um nicht an die Säulen anzustoßen. Das Obergeschoß zeigt eine ganz flache Blendgliederung aus kannelierten Pilastern mit einer Variation ionischer Kapitelle, die spitze Dreiecksgiebel tragen, wie wir sie beispielsweise von antiken Sarkophagdekorationen und Stadttoren her kennen – freilich nie in dieser ununterbrochenen Folge. Je drei stehen über einer Arkade des Erdgeschosses. Ein antikisierendes Konsolengebälk folgt unmittelbar über dem Giebel. Die Kapitelle und Basen sind jeweils aus hellem, alles übrige aus rotem Sandstein. Überraschend ist die fast textile Behandlung der eigentlichen Wandfläche. Nach dem Prinzip des römischen *opus reticulatum* wechseln weiße und rote Sandsteinplättchen unten quadratisch, in der Kapitellzone über den Arkaden rautenförmig und im Obergeschoß sechseckig mit kleinen Dreiecken dazwischen ab. Die Durchdringung von strenger antiker Gliederung und ornamentaler Fläche ist charakteristisch für den Geist der karolingischen Renaissance, die sich weniger aus ästhetischen denn aus inhaltlichen Gründen der römischen Antike verpflichtet fühlte. Die Beschränkung auf die beiden Längsseiten macht die rein axiale Ausrichtung des Baukörpers deutlich und erinnert darin an Stadttore oder römische Triumphbögen. Die Kombination von offener Halle und geschlossenem Saal darüber läßt an Rathäuser des späteren Mittelalters denken, wobei vielleicht der Gerichtsort das verbindend Gemeinsame sein könnte. Der triumphale Charakter, verbunden mit dem Weggedanken auf die Kirche zu, ist auch heute noch spürbar. In einer an Erfindungen reichen Zeit dürfte dieser Bau ein Einzelfall gewesen sein.

Erstaunlich in ihrem Erhaltungszustand, aber auch in der Gegensätzlichkeit des Bautypus sind die beiden von Einhard gestifteten Klosterkirchen in Steinbach und Seligenstadt. Der Biograph Karls des

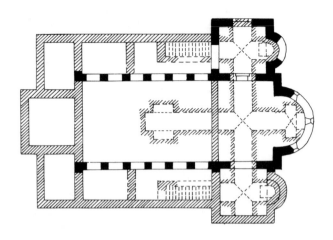

Steinbach, Grundriß

Großen war zunächst Kleriker in dessen Hofkapelle, verließ aber unter dem Nachfolger Ludwig dem Frommen den Hof, weil er mit der dortigen Entwicklung nicht einverstanden war. Vom Kaiser erhielt er 815 die Mark Michelstadt und errichtete dort von 812 bis 827 die Kirche von STEINBACH, für die er Reliquien der heiligen Märtyrer Marcellinus und Petrus aus Rom erwarb. Bereits 828 übertrug er diese Reliquien nach Seligenstadt am Main. 1073 wurde von Lorsch aus zunächst eine Benediktinerpropstei eingerichtet, dann 1232 ein Frauenkloster, das 1539 aufgehoben wurde. Trotz des Verlustes wichtiger Bauteile – Seitenschiffe, südlicher Querarm und Westabschluß – ist diese wohl älteste erhaltene Basilika nördlich der Alpen in ihren aufrecht stehenden Teilen von seltener Unberührtheit (Bild 5).

Das Langhaus mit sechs schlanken, heute vermauerten Arkaden auf Backsteinpfeilern war breiter als lang. Die quadratischen Querarme sind niedrig und erreichen mit dem First die Traufe des Mittelschiffs, während ihre Traufe wiederum die gleiche Höhe wie der Dachanfall der Seitenschiffdächer besitzt. Zu den Seitenschiffen hin sind sie ganz geschlossen, zum Mittelschiff ist die Öffnung nur wenig größer als die der normalen Arkaden, so daß sie kapellenartig abgeschnürt sind. Auf der Ostseite befindet sich jeweils eine halbkreisförmige Nebenapsis. Zwischen den Querarmen läuft das Mittelschiff durch, tritt sogar leicht nach Osten vor, ehe die stark eingezogene Hauptapsis ansetzt. Diese mußte Anfang des 20. Jahrhunderts erneuert werden. Man empfindet das relativ breite Mittelschiff als Saalraum, an den die Nachbarräume – Seitenschiffe und Querarme – additiv angefügt sind. Leider sind die Arkaden vermauert, einschließlich

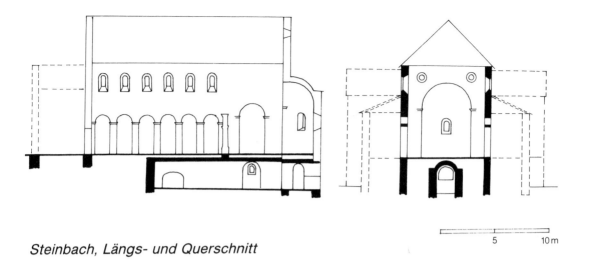

Steinbach, Längs- und Querschnitt

des Zugangs zum Nordquerarm. In den Seitenschiffen befinden sich die Treppenzugänge zur Krypta. Die Westanlage ging durch mehrere, zum Teil auch mittelalterliche Veränderungen verloren. Ursprünglich gab es wohl eine dreiteilige Vorhalle mit quadratischem Mittelraum und zurücktretenden, querrechteckigen Seitenräumen.

Die Stollenkrypta besteht aus tonnengewölbten Gängen in der Mittelachse und in der Achse unter den Querarmen. Dort sind noch einmal im rechten Winkel von den Treppen her kommend kurze Längsstollen angeordnet, die in einer Nische am Ostende jeweils einen Altar aufnehmen. Der Altar des Hauptstollens steht unter der Hauptapsis, wobei der Gang durch zwei Rechtecknischen erweitert wird. Entsprechend befinden sich am Westende des Hauptgangs zwei Arkosolnischen, die offenbar als Grabplätze für Einhard und seine Gemahlin Imma bestimmt waren. Die Gesamtanlage imitiert in regelmäßiger Form Eindrücke römischer Katakomben, aus denen die erworbenen Reliquien stammten.

Die Ostteile bestehen aus sorgfältigem Kleinquaderwerk, während ansonsten Bruchsteinmauerwerk vorherrscht. Nur für die Pfeiler brannte man neue Backsteine nach dem Vorbild römischer, doch erheblich unregelmäßiger. Auf dem Putz unter dem Dachgebälk hat sich der Rest eines gemalten perspektivischen Mäanders erhalten. Der Dachstuhl wurde um 1170 erneuert. Der nördliche Querarm wurde in einen späteren Anbau einbezogen, dessen älteste Teile ebenfalls aus dem 12. Jahrhundert stammen. Aus statischen Gründen rekonstruierte man 1972 die Seitenschiffmauern, nicht jedoch den südlichen Querarm. Man versah sie absichtlich mit flachen Schlitzöffnungen

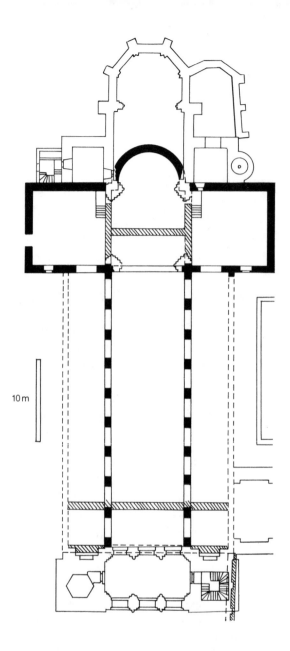

10 m

Seligenstadt

und ließ die vermauerten Arkaden geschlossen. Spuren einer hohen, querlaufenden Chorschranke haben sich unmittelbar östlich der Mittelschiffarkaden erhalten. Der Steinbacher Bautypus spiegelt sich, wenn auch meist mit steileren Proportionen, in vielen ottonischen und romanischen Kirchen bis in den Anfang des 13. Jahrhunderts wider.

828 zog Einhard nach SELIGENSTADT und ließ die Reliquien von
Steinbach dorthin überführen. Die Kirche wurde ab 831 unter maß-
geblicher Förderung durch Ludwig den Frommen und Ludwig den
Deutschen bis 835 errichtet. Beim Tode Einhards 840 war sie vollendet. Um 1100 wurde im Westen eine Doppelturmfassade zugefügt,
die 1867 bis 1878 abgerissen und durch eine neue ersetzt wurde. Anfang des 13. Jahrhunderts wurden Vierung und Ostabschluß neu gestaltet (vgl. die spätromanischen Bauten). Im 18. Jahrhundert fand
eine Barockisierung mit hölzernen Gewölben statt, die im 19. und 20.
Jahrhundert wieder entfernt wurde. Im 19. Jahrhundert wurden die
Seitenschiffe neu errichtet. 1937 verkleinerte man die Fenster auf ihre
ursprünglichen Abmessungen und rekonstruierte sowohl die Kämpfer
der Pfeiler als auch das Gesims über den Arkaden nach Befund.

Die langgestreckte, heute vollständig verputzte Pfeilerbasilika besitzt neun weiter gespannte Arkaden auf längsrechteckigen Pfeilern
aus Backstein (Bild 4). Die Mauern des Mittelschiffs sind in ganzer
Höhe erhalten. Die Fenster liegen in den Achsen der Arkaden. Der
Raum ist nur mäßig hoch. Im Gegensatz zu Steinbach lädt das Querhaus weit aus. Die Querarme sind quadratisch und von gleicher Breite
und Höhe wie das Mittelschiff. Erhalten sind die originalen, stark eingezogenen Verbindungsarkaden zu den Seitenschiffen. Nebenapsiden fehlen. Die halbkreisförmige Hauptapsis war nur leicht eingezogen und schloß unmittelbar an das Querhaus an. Der Grundriß der
Anlage erscheint daher T-förmig, wie bei den großen stadtrömischen
Basiliken. Allerdings war das Querhaus zunächst wohl nicht durchgehend; vielmehr weisen Mauerzüge in der Längsrichtung und Verzahnungen offenbar darauf hin, daß die Querarme abgetrennt waren, jedoch wohl nicht in Form einer ausgeschiedenen Vierung. Nach dem
Umbau des 13. Jahrhunderts läßt sich dieser Bereich nicht mehr sicher
rekonstruieren.

Unter dem Fußboden haben sich die Reste einer ringförmigen
Kryptenanlage erhalten, die sich an der Innenwand der Apsis entlang-
zog. Die Zugänge erfolgten winkelförmig von den Querarmen aus.
Im Scheitel der tonnengewölbten Krypta führte ein kurzer Gang nach
Westen, der als Confessio für die Märtyrerreliquien gedient hat. Das
durch die Krypta erhöhte Niveau der Apsis sprang wie ein Podium bis
etwa zur Mitte des Querhauses nach Westen vor. Fundamentspuren
weisen darauf hin, daß die Krypta ursprünglich umgangartig außen
um die Apsis herumgeführt werden sollte. Man vergleiche dazu den
St. Galler Klosterplan sowie den alten Dom in Köln. Das Querhaus ist
bis zur Mauerkrone einschließlich seiner Fenster im originalen Zustand erhalten. Die ursprünglich turmlose Anlage besaß im Westen
wohl Portale und vielleicht auch ein Atrium. In der Klarheit ihrer Ge-

samtanlage weist die Seligenstädter Basilika auf die Normbildung der romanischen Architektur voraus, in der Größe übertrifft sie ihre Vorgängerin in Steinbach um ein Mehrfaches. Durch Überformungen und Restaurierungen ist jedoch deren authentischer Charakter weitgehend verlorengegangen. Die nicht erhaltene Putzhaut und die ursprüngliche Farbigkeit lassen sich nicht mehr zurückgewinnen.

Von der Säulenbasilika St. Justinus in HÖCHST bei Frankfurt wissen wir nur, daß der Mainzer Erzbischof Otgar (826–847) die Reliquien des Heiligen in eine von ihm errichtete Kirche überführen ließ. 1090 wird sie als »verfallen« bezeichnet und von dem Erzbischof Ruthard dem Benediktinerkloster St. Alban bei Mainz übertragen. Von 1441 bis 1803 diente sie als Antoniterkloster und ist seither Pfarrkirche. 1443 bis 1460 wurde ein großer gotischer Chor errichtet, dem alle drei östlichen Apsiden zum Opfer fielen. Auf der Nordseite wurden Kapellen angefügt (Bild 7).

Der flach gedeckte Raum ist für karolingische Kirchen ungewöhnlich steil (Bild 8). Die weit gespannten Arkaden ruhen auf Säulen aus Trommeln auf flachen attischen Basen. Ihre hohen Zungenblattkapitelle sind von einer für die karolingische Zeit ungewöhnlich strengen Stilisierung, die in ihrer Härte fast metallisch wirkt (Bild 9). Die hohen Kämpfersteine darüber sind umgekehrte Pyramidenstümpfe und allseitig kanneliert – eine typische Form, die wir von Fundstücken aus Ingelheim und Fulda kennen. Die Arkaden und ihre Zwickel sind bis zu einem unmittelbar darüber verlaufenden Horizontalgesims merkwürdigerweise in ziemlich regelmäßigem Schichtenverband gequadert. Auch das Gesims aus zwei durch Plättchen abgesetzten Viertelstäben wirkt eher romanisch. Der Eindruck der Fenster mit ihren innen liegenden Schrägen weist dagegen auf frühere Entstehung hin. Auffällig ist auch die Ausbildung kreuzförmiger Vierungspfeiler, die einen allerdings tief heruntergezogenen Vierungsbogen tragen. Die Querarme wie die Vierung selbst sind querrechteckig und wie in Steinbach niedrig, so daß die Längsbögen kaum höher als die Arkaden sind. Sowohl die Haupt- als auch die beiden Nebenapsiden schlossen ursprünglich unmittelbar an das Querhaus an. Die Ausgrenzung des Vierungsbereichs durch Bogenstellungen wirkt für die karolingische Zeit ungewöhnlich. Auch die an den Vierungspfeilern ablesbaren Kämpferprofile wollen nicht recht in die frühe Zeit passen. Obwohl die Datierung der Fundamente für jene nachgewiesen werden konnte, blieb sie für den aufrecht stehenden Bau umstritten. Auch der Fund eines Balkens und seine Datierung auf 849 konnten die Zweifel nicht ganz ausräumen, da er nicht zwingend als in situ befindlich erwiesen werden konnte. Die Kapitelle und ihre Kämpfer sowie das Holz führen zu einer Datierung um 849, während die steilen Propor-

tionen, die Quaderung der Arkadenzone, die Durchformung des Vie-
rungsbereichs und deren Kämpferprofile auf eine Entstehung in der
Zeit der Wiederherstellung um 1090 verweisen. Die altertümlichen
Züge der Ostanlage mit den unmittelbar anschließenden Apsiden
könnten vom Vorgängerbau übernommen sein. Die fünf Fenster des
Obergadens liegen nicht in den Arkadenachsen. Diese altertümlichen
Züge könnten auch mit dem karolingischen Bau des Mutterklosters
St. Alban zusammenhängen.

Wenigstens erwähnt werden sollte, daß in MAINZ eine relativ
große spätkarolingische Kirche in Teilen aufrecht steht: die heute
evangelische Johanneskirche unmittelbar westlich des Domes. Man

weiter Seite 43

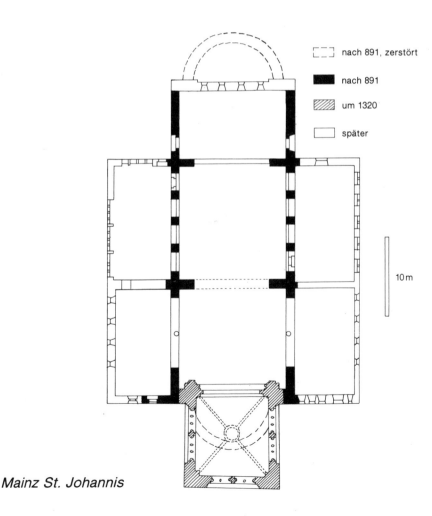

- ⌐ ⌐ nach 891, zerstört
- ■ nach 891
- ▨ um 1320
- ☐ später

10 m

Mainz St. Johannis

Die Bildseiten

SELIGENSTADT ▶

4

5

STEINBACH

INGELHEIM ▶

7

HÖCHST

8

nimmt an, daß es sich bei ihr um den alten Dom handelt, der unter Willigis nach Osten an seinen heutigen Standort verlegt wurde. Das Johannespatrozinium wurde von einer älteren, untergegangenen Kirche übernommen. Nach der Weihe des neuen Doms 1036 gründete Bischof Bardo ein Stift an St. Johannes, das 1802 aufgehoben wurde. Wenn es sich tatsächlich um den alten Dom handelt, dann darf man die Nachricht eines Neubaus unter Erzbischof Hatto (893–913) auf den heute stehenden Bau beziehen. Er hat nicht nur seine Seitenschiffe und Querarme, sondern auch die ursprünglichen Abschlüsse in Ost und West verloren. Gleichwohl ist sicher, daß es sich um eine doppelchörige Anlage mit westlichem Hauptchor und westlichem Querschiff handelt – Charakteristika, die auch der neue Dom besitzt. Maße und Proportionen sind ungewöhnlich. Das Mittelschiff ist ein Quadrat mit der riesigen Spannweite von 13,40 Metern. Die Seitenschiffe, die durch moderne Anbauten ersetzt sind, waren ebenfalls sehr breit, so daß das Langhaus stark queroblong war. Vier schmale, heute vermauerte Pfeilerarkaden verbanden die Räume miteinander. Sie beginnen im Westen mit Zungenmauern. Das Bodenniveau ist um mehr als zwei Meter erhöht. Das westliche »Vierungsquadrat« besitzt die gleiche Größe, ist aber durch Zungenmauern vom Mittelschiff abgetrennt. Der zugehörige Bogen fehlt. Die beiden Querarme besaßen die gleiche Grundfläche wie die Seitenschiffe, traten also nach außen nicht vor, erreichten aber die volle Mittelschiffhöhe. Sie wurden schon im 12. Jahrhundert abgebrochen, die seitlichen Bögen vermauert und dort Fenster angeordnet. Auf der Nordseite hat sich der alte Bogen über den Fenstern als Entlastungsbogen erhalten. Er zeigt wie die darunter befindlichen Zungenmauern an, daß die Öffnungen in die Querarme sehr viel schmaler und vor allen Dingen nicht konzentrisch, sondern nach Osten verschoben angelegt waren. Der westliche Abschluß ist durch einen rechteckigen, gerade geschlossenen gotischen Chor um 1300 verdrängt worden. Ob hier eine Apsis zu vermuten ist, muß offenbleiben. In der Breite des Mittelschiffs, aber wohl ursprünglich auch durch einen Schwibbogen abgetrennt, tritt der Bau mit einem querrechteckigen Presbyterium nach außen vor, an das sich nach älterer Bildüberlieferung eine Apsis anschloß. Im Zuge der Mittelschiffmauern hat sich der Bau immerhin bis zur ursprünglichen Traufhöhe erhalten. Mit seinen quadratischen und halbquadratischen Raumeinheiten verfremdet er den Eindruck der Basilika noch mehr, als es in Steinbach der Fall ist.

Schließlich ist hier noch die Kreuzkirche »Im Saal« in INGELHEIM zu erwähnen. Die berühmte kaiserliche Pfalz dortselbst wurde von Karl dem Großen gegründet und zu Aufenthalten benutzt, von Ludwig dem Frommen aber weiter ausgebaut. Die ungewöhnliche halbkreisförmige Anlage konnte archäologisch gesichert werden und ist auch für spätere mittelalterliche Mauerzüge zum Teil bestimmend geblieben. Die in der Pfalz gelegene, ehemals St. Peter geweihte Kirche wird nicht vor 997 erwähnt und dürfte nicht sehr viel früher entstanden sein. Es handelt sich um eine einschiffige, flach gedeckte Saalkirche mit weit vorspringendem Querhaus, an das unmittelbar eine stark eingezogene Apsis angesetzt ist (Bild 6). Ihre kräftige Mauerstärke erweitert sich in den Winkeln, um kleine Türmchen aufzunehmen. Diese treten auch innen auf Konsolen vor. Der Vierungsbereich ist durch unterschiedlich hohe Bögen ausgeschieden. Die Apsis stammt nach Aussage ihrer Einzelformen mit Lisenen, Rundbogen und Röllchenfries sowie Kopfkonsolen aus der Zeit einer generellen Erneuerung der Pfalz um 1160, ebenso die Längsbögen der Vierung. Hinter deren Vorlagen haben sich allerdings ursprüngliche nachweisen lassen, so daß die Ausgrenzung des Vierungsbereichs schon auf den Ursprungsbau zurückgeht, auch wenn die Art und Weise im einzelnen nicht mehr geklärt werden kann. Von der Apsis und den Ecktürmchen sind nur die untersten Schichten, vom Querhaus allerdings fast die gesamte Höhe und vom Langhaus die Ansätze aus dem 10. Jahrhundert. Letzteres wurde erst 1963 wieder in voller Länge aufgebaut. Insgesamt hat der kleine Raum durchaus den Charakter seiner frühen Entstehungszeit bewahrt, vor allem durch seine breit lagernden Proportionen und die unmittelbar anschließende Apsis ohne feste architektonische Einbindung.

Literatur:

Vorromanische Kirchenbauten, Katalog der Denkmäler bis zum Ausgang der Ottonen, bearb. von F. Oswald, L. Schäfer, H.-R. Sennhauser, München 1966 – Nachtragsband, bearb. von W. Jacobsen, L. Schäfer, H.-R. Sennhauser, München 1990, jeweils mit der gesamten bis dahin erschienenen Literatur; Georg Dehio, *Handbuch der Deutschen Kunstdenkmäler, Hessen,* bearb. von M. Backes, München ²1982; Rheinland-Pfalz, Saarland, bearb. von H. Caspary u. a., München ²1985; W. Metternich, *Die Justinuskirche in Frankfurt am Main-Höchst,* Schriften d. Mus. f. Vor- u. Frühgesch. Bd. 9, Frankfurt 1986; W. Jacobsen, *Frühe Kapitellkunst im Umkreis der Abtei Fulda,* in: Baukunst des Mittelalters in Europa, S. 304–307.

DIE KAISERDOME

Der Dom zu Speyer

Der Dom zu Speyer ist nicht nur das monumentalste Zeugnis des mittelalterlichen römisch-deutschen Kaisertums mit seinem universellen Anspruch, sondern auch der bedeutendste Beitrag Deutschlands zur abendländischen Baukunst der Romanik. »Etwas Einziges zu sein, ziemt einem Kaiserdom«, urteilte 1911 Georg Dehio – für uns Grund genug, ihn an den Anfang unserer Betrachtungen zu stellen und ausführlicher als die nachfolgenden zu behandeln.

Geschichte

Speyer war schon in der Vorgeschichte besiedelt. Die Römer übernahmen den Ort und sicherten ihn mit einem Kastell. Unter ihnen faßte das Christentum Fuß. Wie bei allen größeren Städten entlang des Rheines dürfte in dieser Zeit auch der Bischofssitz entstanden sein, der freilich erst unter den merowingischen Königen (614 n. Chr.) urkundlich überliefert ist. Von da an bis in das 10. Jahrhundert sind Schenkungen an die Domkirche überliefert. Doch wissen wir weder wo sie stand noch wie sie aussah. Erst als das Geschlecht der Salier 1024 die deutsche Königswürde und das römische Kaisertum von den ottonischen Vorgängern übernahm, wurde Speyer zu einem der bedeutendsten Orte des Reiches.

Nachdem die Vorfahren der Salier sich aus Worms zurückgezogen hatten, wollte Konrad II. nach seiner Wahl zum König offenbar neue Akzente setzen. 1025 gründete er auf seiner Burg Limburg an der Haardt eine Benediktinerabtei – vermutlich als Hauskloster und Familiengrablege. Sehr bald jedoch übernahm der Dom zu Speyer diese Funktion. In zahlreichen Quellen zwischen 1025 und 1030 wird der Kaiser als Gründer und Erbauer des Domes genannt, doch gibt es keine eindeutige Überlieferung für das Jahr der Grundsteinlegung. Sie erfolgte vermutlich schon 1025. Im Jahre 1039 wurde Konrad II. am Ostende des Mittelschiffes vor der Krypta auf offener Baustelle bestattet. Sein Sohn Heinrich III. übernahm die Aufgabe des Vaters und führte sie fort, ohne die Vollendung zu erleben. 1056 wurde er neben dem Vater begraben, nachdem zuvor 1043 seine Mutter Gisela von Burgund dort ihre letzte Ruhestätte gefunden hatte. Bereits 1041 war die Krypta geweiht worden, und 1061 konnte man unter dem damals erst elfjährigen König Heinrich IV. die feierliche Schlußweihe begehen. Ob der Dom damals ganz vollendet war und schon seine Türme aufrecht standen, ist heute nicht mehr festzustellen, muß aber aus guten Gründen bezweifelt werden. Diesen ersten salischen Dom nennt die Forschung seither Bau I. Durch ihn waren die gewaltigen Dimensionen nach Länge, Breite und Höhe festgelegt. In der Reihe der großen Domneubauten am Rhein, die alles Dagewesene bei weitem übertrafen, war er der letzte. Begonnen hatte diese Entwicklung noch vor 1000 unter Erzbischof Willigis in Mainz. Es folgten das Wernher-Münster in Straßburg (1015) und der Burchard-Dom von Worms (1020).

Durch den Investiturstreit, der mit dem Bußgang Heinrichs IV. nach Canossa 1077 einen ersten Höhepunkt erreichte, geriet das Reich in seine schwerste Krise. In diesem Zusammenhang muß man den weitgehenden Um- und Neubau des gerade erst 20 Jahre alten Domes sehen, den der Kaiser vor 1082 beginnen ließ. Obwohl in den Schriftquellen kein Wort davon steht, dürfen wir in ihm einen Ausdruck des Selbstbehauptungswillens und der imperialen Macht erblicken, zugleich aber auch ein Zeichen für die Rechtmäßigkeit seines Christentums und seiner Frömmigkeit, in der er der Kirche von Rom in keiner Weise nachstehen wollte. Zunächst leitete Bischof Benno von Osnabrück die Bauarbeiten. Ihm folgte der Kleriker Otto aus der kaiserlichen Hofkapelle, der später Bischof von Bamberg werden sollte und als Apostel der Pommern heiliggesprochen wurde. Bei diesem Umbau wurden die gesamten Ostteile, einschließlich Querhaus, oberhalb der Krypta neu errichtet, das Mittelschiff des Langhauses eingewölbt, der Westbau erhöht und die sechs Türme zu Ende geführt. Sorgfältiges Quaderwerk und großer Reichtum an Bauzier zeichnen diesen Umbau aus, den die Forschung allgemein mit Bau II bezeichnet hat. Er war beim Tode des entmachteten Kaisers 1106 sicher noch nicht abgeschlossen, was man an den nun sichtbaren Sparmaßnahmen ablesen kann. Der mit dem Kirchenbann belegte Kaiser wurde nach Speyer überführt und in der damals noch nicht geweihten Afrakapelle aufgebahrt. Erst 1111 erreichte sein Sohn Heinrich V., der ihn seinerzeit abgesetzt hatte, die Lösung vom Bann und die Bestattung im Dom. Er ließ trotz aller Gegensätze mit seinem Vater das Werk seiner Vorfahren vollenden. Ohne Erben wurde er als letzter der Salier 1125 in der Grablege seiner Vorfahren bestattet. Der Dom hatte damit weitgehend seine endgültige Gestalt gewonnen.

Durch die Salier war der Dom zu Speyer zur ersten bedeutenden Dynastengrablege in Deutschland geworden. Daraus entwickelte sich die Vorstellung der kaiserlichen und königlichen Grablege schlechthin. Der Vergleich mit dem französischen Saint-Denis und der englischen Westminster-Abbey drängt sich auf. Das deutsche Wahlkönigtum und die partikularistischen Tendenzen der deutschen Territorien und Fürstentümer verhinderten jedoch diese Entwicklung. Die Staufer versuchten, an die Tradition anzuknüpfen, jedoch wurden nur die Gemahlin Barbarossas, Beatrix, und seine Tochter Agnes in Speyer bestattet, während der Kaiser selbst seine letzte Ruhestätte im fernen Kleinasien fand. 1213 überführte man den in Bamberg ermordeten und zunächst dort bestatteten König Philipp von Schwaben nach Speyer. Erst 1291 wurde König Rudolf von Habsburg an der für Barbarossa vorgesehenen Stelle im Dom zur letzten Ruhe gebettet. Unter ihm war ein Neuanfang des Reiches erreicht worden, wenn auch unter gänzlich veränderten Bedingungen. 1309 schließlich überführte man die Leichname der Könige Adolf von Nassau und Albrecht von Österreich nach Speyer. Sie waren die letzten, die im Dom begraben wurden.

Seine politische Bedeutung behielt Speyer durch das ganze Mittelalter hindurch, was zahlreiche Hof- und Reichstage belegen. Zum historisch bedeutsamsten wurde derjenige von 1529, als die Minderheit der evangelischen Reichsstände eine Protestation gegen die Aufhebung der ausgleichenden Reichstagsbeschlüsse von 1526 unterzeichneten. Seither bürgerte sich der Begriff »Protestanten« ein.

Schon im Mittelalter suchten mehrere Brände den Dom heim. An eine Brandnachricht von 1159 knüpfte die Forschung bisher den Umbau der Querhausgewölbe, früher sogar den der gesamten Ostteile. Ein Brand von 1289 scheint keine weiteren Folgen gehabt zu haben. Die Brandzerstörungen von 1450 waren dagegen gravierender. Damals veränderte man den westlichen Mittelturm, in dem die Glocken hingen. Im 14. und 15. Jahrhundert wurden auf der Nordseite des Langhauses ähnlich wie in Worms und Mainz gotische Kapellen angebaut, während auf der Südseite der ehemals romanische Kreuzgang durch einen doppelgeschossigen spätgotischen Nachfolger ersetzt wurde. 1409 kam im Südosten die dreigeschossige gotische Sakristei hinzu.

Die größte Katastrophe für Speyer und den gesamten Südwesten Deutschlands brachte das Jahr 1689. Damals hinterließ die Armee des französischen Königs Ludwig XIV. ein Land der verbrannten Erde. Neben vielen Städten und Dörfern sanken damals auch Heidelberg mit seinem Schloß und Speyer mit seinem Dom in Schutt und Asche. Bischof, Domkapitel und Bürgerschaft wurden vertrieben. Nicht nur, daß der Dom mit seiner gesamten Ausstattung brannte, sondern darüber hinaus wurde das Langhaus zu zwei Dritteln gesprengt und die Grablege in der Reihe der höher gelegenen Königsgräber geöffnet. Das Bild, das sich damals bot, ist nur mit dem der zerstörten Städte von 1945 vergleichbar. In bitterster Armut sicherte man den Dom erst 1698/99 durch neue Dächer ohne die romanischen Giebel und mit einer Trennmauer gegenüber der offenen Ruine. Der Westbau blieb zunächst stehen. Da er beschädigt war und keinerlei Funktionen mehr erfüllte, brach man ihn 1755 bis auf das Erdgeschoß mit seiner großen Eingangshalle ab. 1759 wurde die baufällig gewordene östliche Vierung durch mächtige Pfeiler und Bögen verstärkt. Erst 80 Jahre nach der Zerstörung, 1772, konnte man an den Wiederaufbau des Langhauses gehen. Der tatkräftige Bischof von Limburg-Styrum setzte sich damit gegen das Domkapitel durch. Er beauftragte den Sohn Balthasar Neumanns, Franz Ignaz Michael, der sich zuvor schon durch Wiederherstellungsmaßnahmen in Mainz bewährt hatte, mit der Ausführung. Dieser hielt sich sehr genau an den erhalten gebliebenen Teil des Langhauses und kopierte die romanischen Formen, so daß das ungeschulte Auge den Unterschied kaum erkennen kann. Die südliche Seitenschiffmauer, die wegen des Kreuzgangs nicht wesentlich beschädigt worden war, konnte einbezogen werden, während die gotischen Kapellen auf der Nordseite abgebrochen wurden und die nördliche Seitenschiffmauer in ihrer ursprünglichen Form wiedererstand. Bis auf die Sakristei verschwanden so alle gotischen Zutaten, und der Dom wurde »romanischer«, als er im Spätmittelalter gewesen war.

Diese Wiederherstellung machte den Dom zugleich aber auch zum größten Barockbau in der gesamten Pfalz. Man hat sie stets als einen frühen Akt der Denkmalpflege und als ein erstes Zeichen des Historismus vor dem 19. Jahrhundert angesehen. Das ist zweifellos

Die Ostansicht des Doms zu Speyer. ▷

zutreffend, wenngleich man berücksichtigen muß, daß zu keinem Zeitpunkt ernsthafte Absichten für einen Wiederaufbau in barocken Formen bestanden haben. Das hätte weitreichende Konsequenzen gehabt, weil die barocke Umformung der erhalten gebliebenen Ostteile unausweichlich gewesen wäre. Dafür aber fehlte das Geld. Der Wiederaufbau in romanischen Formen folgte zudem einem Prinzip der französischen Architekturtheorie, die die Einheitlichkeit eines Gebäudes oder Raumes, die *conformité*, verlangte. Außerdem war das stilistische Empfinden anders als in Süddeutschland, Böhmen oder Österreich, wo man eine derartige Umformung sicher angestrebt hätte. Von den großen rheinischen Domen ist dagegen kein einziger durchgreifend barockisiert worden; dasselbe gilt auch für die großen Stifts- und Klosterkirchen im niederrhein-kölnischen Gebiet. Trotz der Verleugnung des eigenen Schöpfertums stellt die Rekonstruktion eine herausragende und ganz vorzügliche Leistung dar.

Für den Westbau fehlte das Geld. Hier entwickelte Neumann seine ganze Phantasie. Über der erhaltenen Vorhalle wurde eine Konche mit Schweifdach und aufgesetzter Laterne errichtet, mit seitlichen niedrigen Rundtürmen und gewaltigen Obelisken an den Kanten des alten Untergeschosses, die als Strebepfeiler dienten.

1794 wurde Speyer abermals von französischen Truppen eingenommen und der Dom unter den Vorzeichen der Revolution verwüstet. In der Folge entging er nur knapp dem vollständigen Abbruch. Nach 1815 gelangte die Pfalz unter bayerische Herrschaft, und das Bistum wurde neu eingerichtet. Der Dom erhielt eine frühhistoristische, noch beinahe klassizistisch zu nennende Ausstattung. Um dem historischen Rang des Bauwerks gerecht zu werden, beschloß der bayerische König Ludwig I., eine vollständige Ausmalung vornehmen zu lassen. Gesimse wurden abgeschlagen, Fenster zugemauert und ein dicker Verputz auf das Quaderwerk aufgebracht, um als Träger riesiger Fresken zu dienen. Diese wurden von dem Münchner Maler Schraudolph zwischen 1846 und 1853 im Stil der Nazarener ausgeführt. Die Zwischenräume füllte eine reiche ornamentale Schablonenmalerei. Auch die Gestalt des barocken Westbaus wurde nun nicht mehr länger hingenommen. An seine Stelle trat im Sinne des Historismus ein neuromanischer Baukörper von Heinrich Hübsch aus Karlsruhe. Obwohl der alte Westbau bestens bekannt war, wich man von seiner wuchtigen Strenge ab und gliederte ihn durch vertikale Pfeilervorlagen, Gesimse, reiche Portal- und Fenstergewände und durch ein auffälliges Streifenmauerwerk. Mit seinem querlaufenden Satteldach und dem bekrönenden achteckigen Mittelturm folgt er im Prinzip dem romanischen Vorbild, allerdings bereichert durch einen mittleren Giebel und um das Geschoß der Zwerggalerie niedriger als sein Vorgänger. Das Untergeschoß des alten Westbaus blieb mit Ausnahme der Gewölbe vollständig erhalten, wurde jedoch außen wie innen mit einer neuen Haut und reichen Gliederungen der Erscheinung des neuen Westbaus angeglichen. Frühe Dokumente der Fotografie bezeugen dies sogar als Bauvorgang. Die schlanken Türme nehmen zwar die Tiefe der alten Türme auf, sind aber in der Breite um ein Drittel reduziert und auch niedriger als ihre Vorgänger. Beide Maßnahmen, Verputz und Ausmalung einerseits und der Westbau andererseits, erfuhren alsbald die herbe Kritik der sich zum wissenschaftlichen Fach entwickelnden Kunstgeschichte. 1930/31 erfolgte eine umfangreiche statische Sicherung, die es möglich machte, in den Türmen und Zwerggalerien zahlreiche Öffnungen von ihren Vermauerungen zu befreien.

Obwohl der Dom von neuerlichen Kriegszerstörungen verschont blieb, war die durch zwei Weltkriege verhinderte Restaurierung unaufschiebbar geworden. Sie erfolgte in mehreren Etappen zwischen 1957 und 1972. Man entschloß sich, die gesamte Ausmalung bis auf die Bilder im Mittelschiff zu beseitigen und den Putz zu entfernen, was nicht den Forderungen der Denkmalpflege entsprach, sondern denen der die Finanzierung tragenden politischen und kirchlichen Institutionen. Das negative Urteil über die Ausmalung blieb bis dahin in vollem Umfange gültig. Gleichwohl konnte man das mittelalterliche Bild des Domes nicht zurückgewinnen, weil man die ursprüngliche farbige Fassung nur in winzigen Partikeln erkennen konnte und der leitende Architekt sich gegen jede Form von farbig ausgleichender Lasur wendete. So ergab sich vor allem im Langhaus eine Rohbauerscheinung, die aber der Ästhetik der Mitte des 20. Jahrhunderts durchaus entspricht. Ein wesentliches Ziel der Restaurierung, die Rückgewinnung der ursprünglichen Vierung ohne die barocken Stützpfeiler, konnte nicht erreicht werden. Durch Absenken des Fußbodens erhielt der Raum jedoch seine ursprünglichen Proportionen zurück. Auch die Dächer wurden in die romanische Form zurückgeführt und die 1689 abgebrochenen Giebel über den Querarmen nach alten Ansichten und Befund rekonstruiert. Im Osten wurde der historistische Giebel des 19. Jahrhunderts durch eine freie Nachahmung des Mainzer Vorbildes ersetzt. Insgesamt konnten mehr als 30 der im 19. Jahrhundert ganz oder teilweise vermauerten Fenster wieder geöffnet werden, so daß der Dom heute seiner romanischen Gestalt wieder näher ist als jemals nach 1689. Eine Veränderung des Westbaus wagte man zu diesem Zeitpunkt nicht mehr, und über dem östlichen Vierungsturm beließ man die barocke Schweifhaube, weil sie die Silhouette des Domes nun mehr als zweieinhalb Jahrhunderte geprägt hatte.

Im Gegensatz zur nachmittelalterlichen Restaurierungs- und Wiederherstellungsgeschichte berichten uns naturgemäß die Schriftquellen nichts über den eigentlichen Bauvorgang in salischer Zeit. Doch legt das Bauwerk selbst davon Zeugnis ab. Eine genaue Untersuchung, die während der letzten Restaurierung von Hans-Erich Kubach und Walter Haas durchgeführt wurde, konnte unter Anwendung archäologischer Methoden den Prozeß der Ausführungs- und Planungsgeschichte weitgehend klären. Die Beschaffenheit des Mauerwerks hinsichtlich Größe, Format und Bearbeitung der Steine und ihr jeweiliges Verhältnis zueinander bieten dafür die Grundlage. Auf diesem Wege entsteht eine relative Chronologie, die mit der schriftlichen Überlieferung in Einklang zu bringen ist. Ein einziges sicheres Datum trat hinzu: Trotz der Brände hatte sich im Mauerwerk ein Gerüstholz erhalten, das mit seinem Fäll- und Verarbeitungsdatum auf das Frühjahr 1045 datiert werden konnte. Es zeigte an, daß die Mittelschiffmauern damals etwas mehr als halbe Höhe erreicht hatten. Besonders bemerkenswert ist es, daß trotz der Zerstörungen und des weitgehenden Umbaus in spätsalischer Zeit nicht weniger als acht Bauetappen und zugehörige Planwechsel für den ersten salischen Dom, den sogenannten Bau I, nachgewiesen werden konnten. Dies scheint uns so wichtig, daß es hier gleichsam als innere Baugeschichte dargestellt werden soll.

Bau I

Bau I (1025–1061) läßt sich in seiner endgültigen Erscheinung aufgrund der umfangreichen, noch heute aufrecht stehenden Teile relativ gut rekonstruieren: Eine ungewöhnlich langgestreckte Pfeilerbasilika mit nicht weniger als 12 Jochen in den Seitenschiffen, diese gewölbt, das Mittelschiff hingegen flachgedeckt oder mit offenem Dachstuhl – mehr als 30 Meter hoch und fast 14 Meter breit, an den Längswänden mit einer riesenhaften Blendarkatur im Sinne einer Kolossalordnung. Die Seitenschiffe erscheinen ungewöhnlich breit, so daß ihre Joche querrechteckig sind. Im Osten folgte ein Querhaus mit fast quadratischen Querarmen, aber einer längsrechteckigen, leicht verzogenen Vierung. Das kurze, tonnengewölbte Altarhaus hat merkwürdigerweise trapezförmig einwärts geschwenkte Seitenwände und erweitert seine Breite gegenüber dem Langhaus von 14 auf 16 Meter. Die östliche Apsis war außen rechteckig ummantelt, wie wir dies von zahlreichen kleineren Bauten früherer Epochen kennen. Im Winkel zwischen Altarhaus und Querhaus stehen zwei Chorwinkeltürme mit gewaltigen Wendeltreppen, wahrscheinlich waren sie oben über die Traufe

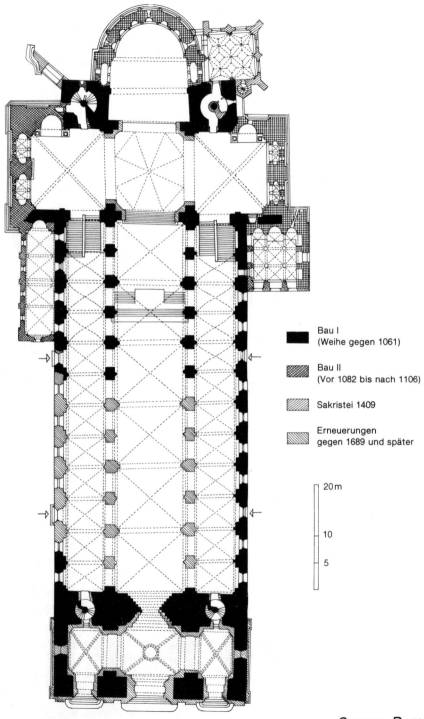

Bau I
(Weihe gegen 1061)

Bau II
(Vor 1082 bis nach 1106)

Sakristei 1409

Erneuerungen
gegen 1689 und später

20 m

10

5

Speyer, Dom

Die Maße des Domes zu Speyer

	Meter
Äußere Länge	134
Innere Länge ohne Vorhalle	109,37
Länge des Langhauses	70,34
Äußere Breite des Langhauses	37,62
Innere Breite	34,38
Lichte Breite des Mittelschiffs	13,97
Breite der Seitenschiffe	7,75
Äußere Breite des Querhauses	99,43
Innere Breite des Querhauses	47
Lichte Breite der Querarme	15,40
Scheitelhöhe der Mittelschiffgewölbe	33
Scheitelhöhe der Seitenschiffe	14,70
Scheitelhöhe der Krypta	ca. 6,50
Scheitelhöhe des Vierungsturmes	
innen über dem Fußboden des Langhauses	50,15
über dem Vierungsfußboden	46,50
Höhe der Osttürme	ca. 71,50

hinaus nie vollendet. Vermutlich erhob sich über der Vierung ein Turm, dessen Gestalt wir jedoch nicht kennen. Unter dem gesamten Ostbau – also Querhaus, Vierung und Altarhaus – erstreckt sich eine riesige Krypta, die mit ihrer Scheitelhöhe von über 6 Metern alle Vergleichsmaßstäbe sprengt. Auch die Flächenausdehnung sucht nördlich der Alpen ihresgleichen. Im Gegensatz zu italienischen Beispielen sind die Haupträume der Krypta durch mächtige Pfeilerarkaden voneinander geschieden.

Nach Westen wurde der Bau durch einen quergelagerten Westbau abgeschlossen, der jedoch nicht über die Breite der Seitenschiffe hinausragte. In seinem Untergeschoß nahm er eine große gewölbte Vorhalle auf, die sich mit drei gewaltigen Bogentoren nach Westen öffnete. Vom Langhaus ist der Westbau durch ein mehr als 6 Meter starkes Mauermassiv getrennt, das in der Mitte von einem gewaltigen doppelseitigen Stufenportal mit jeweils sieben Rücksprüngen durchbrochen wird. Seitlich sind in das Mauermassiv die Wendeltreppen der Westtürme eingelassen, die aber einen geringeren Durchmesser als die der Osttürme besitzen.

Im Äußeren war der Westbau ein fast vollkommen geschlossenes, ungegliedertes Massiv. Nur zwei Reihen kleiner Fenster über den riesigen unteren Eingangsarkaden und an den Flanken belichteten das Innere. Aus ihrer Lage und aus Spuren an der Trennmauer kann man schließen, daß das mittlere Joch die ganze Raumhöhe bis zur Traufe einnahm, während die Seiten zweigeschossig untergliedert waren. Der Mittelraum öffnete sich vermutlich in voller Höhe zum Mittelschiff des Langhauses. Diese Disposition kombiniert im Obergeschoß den alten Grundgedanken karolingischer Westwerke mit dem Motiv der vollständig geöffneten Eingangshalle im Untergeschoß. Die Treppentürme zeichnen sich außen durch Lisenengliederung und kleine Fenster ab, lösen sich jedoch nicht von der blockhaften Masse des Westbaus. Ob ihnen oben Freigeschosse entsprachen bzw. diese ausgeführt waren, ist unbekannt. Dasselbe gilt für den Mittelturm.

Im Inneren muß der Kontrast zwischen der monumentalen und plastisch wirkenden Wandgliederung des Mittelschiffs und der Seitenschiffe einerseits und den Ostteilen andererseits sehr stark gewesen sein, denn letztere wiesen außer schlanken Lisenen und kleinen, flachen Blendnischen kaum eine Gliederung auf. Am Außenbau, der mit seinen wohl ungegliederten, gewaltigen Kuben eher abweisend, vielleicht sogar fast drohend gewirkt haben muß, dürfte der Gegensatz weniger deutlich gewesen sein. Das Langhaus zeigt hier an den Seitenschiffen eine flache Lisenengliederung mit Rundbogenfriesen. Dafür ist sein Obergaden aus sorgfältig geschnittenem Quaderwerk ohne jede Gliederung. Hier liegt also der Kontrast innerhalb des Langhauses. Entsprechend den Fensterachsen der Krypta, die unverändert erhalten blieben, dürften die Querschifffronten drei Fenster nebeneinander in zwei Geschossen übereinander besessen haben.

Am Ostende des Mittelschiffs vor der Krypta befand sich die Grablege der Kaiser. Der Bereich erstreckte sich vier Arkaden tief nach Westen und umfaßte außer den kaiserlichen Gräbern in gebührendem Abstand auch diejenigen der Bischöfe. Ein Altar vor der Stirnwand der Krypta schloß den Bereich ab. Vielleicht gab es zu beiden Seiten bereits ein Gestühl für die Brüder, die das immerwährende Gebet an den Kaisergräbern zu halten hatten.

Die Außenflächen der Mauern bestanden aus zunächst sehr kleinteiligem, in Lagen vermauertem hammerrechten Kleinquaderwerk, dessen Schichten später höher und sorgfältiger wurden. Schon in der Krypta sind alle Einzelglieder aus großen Quadern gesetzt. Dies gilt vor allen Dingen für die mächtigen Pfeiler und die zugehörigen Bögen. Während große Quader nur an den Kanten und bei den Pfeilervorlagen das Bild des Ostbaus bestimmen, bestehen im Langhaus nicht nur Halbsäulen, sondern auch die Pfeiler und Pfeilervorlagen aus großen Quadern; dazwischen wurde – fast ohne Verband – das kleinteilige Mauerwerk beibehalten. Es war grundsätzlich innen wie außen

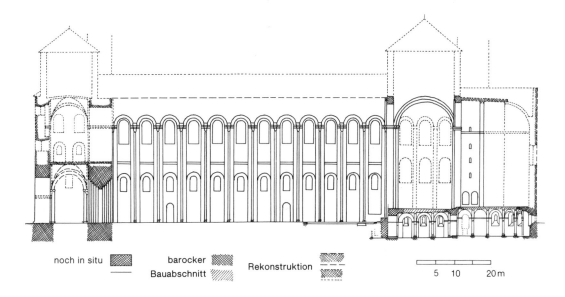

Speyer, Dom, Längsschnitt von Bau I

verputzt. Sogar im Mittelschiff oberhalb der Seitenschiffarkaden behielt man diese Technik bei, so daß dort zwischen den Arkadenbögen
und den Fenstern die Pfeilerarkaden als selbständige Konstruktion
durch die ganze Mauerstärke hindurch in Großquaderwerk errichtet
sind, während die Füllwände dazwischen wie bei einem Fachwerkbau
ohne Verband eingehängt sind. Eine einmalige Bautechnik, die ohne
Nachfolge blieb und in ihrer skeletthaften Struktur Gedanken der späteren Gotik vorwegnimmt. Geschlossene Großquaderflächen gab es
am Außenbau nur im Obergaden des Langhauses und beim Untergeschoß des Westbaus, wo es möglicherweise nachträglich vorgeblendet
worden war.

Trotz einiger ungewöhnlicher Erscheinungen und Disharmonien
steht so der Bau I als ein festumrissenes Gebilde vor unseren Augen,
auch wenn sich die verschwundenen Teile in ihren Einzeldurchbildun-
gen nicht mit letzter Sicherheit rekonstruieren lassen. Die genauere
Untersuchung hat nun ergeben, daß dies keineswegs das Ergebnis eines einheitlichen Planes ist, sondern daß im Gegensatz zu dem gleichzeitigen Bau auf der Limburg sehr unterschiedliche Planungsideen
einander ablösten, denen nur eines gemeinsam ist: das stete Anwach-
sen des Volumens und des Bauprogramms.

Man begann mit dem östlichen Arm der Krypta unter dem Altarhaus und der Apsis. Eine Krypta unter dem Querhaus war damals mit
Sicherheit nicht vorgesehen, wohl aber ein kleiner Vorraum im We-

Speyer 59

sten, der vermutlich wie eine Art Podium in den Bereich der Vierung vorsprang. Daneben sollte die Krypta vom Querhaus aus über winkelförmig geführte Treppenläufe ähnlich wie auf der Limburg zugänglich sein. Die Flucht der Wände ist in der Krypta parallel, während die Außenseiten derselben Mauer bereits schräg zueinander verlaufen – vielleicht ein Fehler im Abstecken der rechteckigen Ummantelung der Apsis. Noch ehe die Krypta die Höhe ihrer Fenstersohlbänke erreicht hatte, wurden die Fundamente für die beiden seitlichen Chorwinkeltürme gelegt, die ursprünglich nicht vorgesehen waren. Dort, wo sie stehen, verzichtete man deswegen auf entsprechende Kryptafenster. Außerdem wurden nun neue, höhergelegene und größere Zugänge von den Seiten her angelegt, sie sollten zu den Wendeltreppen der Türme hinaufführen, auch wenn sie dort nicht in Erscheinung treten, weil das Konzept wieder aufgegeben wurde. Diese Chorwinkeltürme, die uns von vielen romanischen Kirchen her so vertraut erscheinen, sind offenbar die ersten ihrer Art. Die Integration von Turmschäften in die traditionelle Form der kreuzförmigen Basilika bedurfte eines längeren Entwicklungsprozesses. Bei älteren Bauten, wie etwa dem Dom zu Mainz oder St. Michael in Hildesheim, stehen sie spürbar additiv vor den Stirnseiten entsprechender Baukörper.

Über den Gesamtplan des Domes kann man zu diesem frühen Zeitpunkt der Baugeschichte noch keinerlei Aussagen machen. Schon als man daranging, die Fundamente für das Querhaus zu legen, entschied man sich für die Ausdehnung der Krypta unter diesem Bauteil. Dies geschah sicher noch, bevor der Ostarm der Krypta ganz fertiggestellt war. Auf den ersten Blick bleiben die Formen vollkommen gleich. Allerdings wurde die Wandgliederung durch Blendnischen bzw. Konchen im Osten bereichert. Die Einzelräume des Querhauses wurden durch mächtige Pfeilerarkaden voneinander getrennt, die sicher zur Aussteifung der Vierung dienten, formal aber den Gedanken der klar umgrenzten ausgeschiedenen Vierung andeuten. Die Trennmauer zur Ostkrypta erhielt nun nachträglich zwei seitliche Durchgänge, um sie in der Form den übrigen Pfeilerarkaden anzugleichen, die den Vierungsraum allseitig umgaben.

Im Westen der Vierung schloß sich ein schmaler, dreijochiger Raum an, mit dem die Krypta noch um ein Joch in das Mittelschiff vortrat. Die beiden Zugangstreppen führten seitlich hinab und ließen in der Mitte einen geschlossenen Block stehen. In diesem wurde der Stifter Konrad II. beigesetzt.

Der schmale Eingangsraum zur Krypta, allgemein Vorkrypta genannt, setzt voraus, daß mit ihm im Zusammenhang die Fundamente für das Langhaus gelegt wurden, insbesondere die Fundamentzüge für die Mittelschiffarkaden. Mit ihnen zeichnet sich erstmals das Ge-

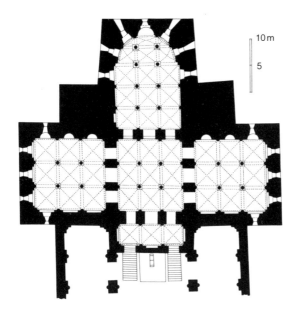

Speyer, Dom, Krypta von Bau I

samtkonzept des Domes ab. Eine deutliche Fuge in den Fundamenten und Spuren einer später abgebrochenen westlichen Abschlußmauer geben zu erkennen, daß das Langhaus erheblich kürzer werden sollte. Diese Fundamentfuge liegt etwa unter den westlichen Seitenportalen, so daß das Langhaus nur neun, wahrscheinlich aber zehn, dafür kürzere Arkadenschritte erhalten sollte. Dieses ehemalige westliche Abschlußfundament läßt nicht die Spur eines Westbaus erkennen. Lediglich seitlich etwas zurückgesetzt erscheinen die Ansatzspuren zweier kleinerer Fundamentblöcke, die den Rückschluß auf zwei kleine, angesetzte Treppentürmchen zulassen, über die man die Pultdächer der Seitenschiffe erreichen konnte. Ob der Dom mit einer einfachen Querschnittfassade enden sollte, was für einen Bau seiner Größe ganz ungewöhnlich wäre, muß der Phantasie überlassen bleiben. Die Fundamente waren stark genug angelegt, um nicht nur die Seitenschiffmauern zu tragen, sondern vor allem auch deren Pfeiler- und Halbsäulenvorlagen. Entsprechendes gilt für die Pfeiler des Mittelschiffs. Deren Fundamente verlaufen genau in der Verlängerung der Pfeilerarkaden in der Krypta, wie dies nach den Grundsätzen des sogenannten »quadratischen Schematismus«, der das Quadrat zur Grundfigur des Plans macht, nicht anders zu erwarten war. Die im Vergleich zur Limburg ungewöhnlich breiten Proportionen der Seitenschiffe, die einer Einwölbung mit Kreuzgratgewölben eher entgegenstanden, waren damit festgelegt.

Über der Krypta steckte man die Oberkirche erneut ab. Daraus ergab sich eine Reihe von bemerkenswerten Abweichungen gegenüber dem Unterbau. Man versuchte, die Achsabweichung des Querhauses zu korrigieren. Die gegenüber der Krypta erheblich geringere Mauerstärke kam als Raum dem Querhaus zugute. Da das Breitenmaß der Vierung festlag, führten die erweiterten lichten Maße des Querhauses dazu, daß die Vierung nun längsrechteckig gestreckt wurde, eine Erscheinung, die noch heute im Bau ablesbar ist. Am ungewöhnlichsten aber ist die Form des Altarhauses. Dort nahm man die Schrägstellung der Außenfluchten auf und übertrug sie auf das Innere, das nunmehr zwei Meter breiter wurde als die anschließende Vierung. Die ostwestlichen Längsbögen der Vierung werden folglich nicht von den Türmen widerlagert, sondern gehen gleichsam ins Leere. Vollends ungewöhnlich sind die östlichen Vierungspfeiler. Durch die schmalere Vierung notwendige Mauerzungen schnüren den Altarraum förmlich ab, wie dies eigentlich eher in der vorromanischen Architektur zu erwarten wäre. Gänzlich unterentwickelt sind die flachen Vorlagen dieser Pfeiler, die nach Westen weisen und zur Aufnahme der Längsbögen bestimmt sind. Sie sind so flach, daß sie niemals einen vollentwickelten Bogen aufnehmen konnten. Diese Bögen verschwinden oben mit ihren Anfängern dann auch in der Mauer. Dies sind jedenfalls nicht die kreuzförmigen Pfeiler einer regelmäßig angelegten ausgeschiedenen Vierung, wie sie gleichzeitig auf der Limburg gebaut wurde. Man ist fast versucht, angesichts dieses Sachverhalts an das Konzept eines altertümlich durchgehenden Querhauses nach römischem Vorbild zu denken. Dem widerspricht freilich die klar angelegte Disposition der Krypta darunter. Ein unsicheres Tasten, ein Schwimmen in den Proportionen ist in diesem Bauabschnitt nicht zu übersehen und unterscheidet sich grundlegend von der klaren Disposition der Limburg.

Eine klare Horizontalfuge, die zwei verschiedene Arten des Kleinquaderwerks voneinander trennt, zeichnet sich in 21 Metern Höhe in den Osttürmen ab und belegt, daß sie und das Altarhaus damals diese Höhe erreichten. Eine ähnliche Abschnittsfuge ist zwischen den verschiedenen Mauerwerktypen neben dem westlichen Seitenschiffportal – also etwa in dem Bereich der bereits besprochenen Fundamentfuge – zu beobachten. Sie steigt schräg nach Osten auf, wie es bei derartigen Abschnittsgrenzen üblich ist. Auf der Nordseite haben sich unter dem Dach der Afrakapelle, direkt unter den Seitenschifffenstern schmalere und tiefer ansetzende Fenstergewände erhalten, die heute vermauert sind. Sie enden in Höhe von 9 Metern über dem Boden und belegen, daß das Seitenschiff damals diese Höhe erreicht hatte. Das Querhaus dazwischen dürfte den Höhenunterschied zu den 21 Metern ausgeglichen haben. Die kleineren Fenster deuten darauf hin, daß das Seitenschiff und damit auch der gesamte Dom erheblich niedriger geplant waren. Dazu paßt auch der kürzere Abstand zwischen den Pfeilervorlagen in den Ostjochen. Eine Lisenengliederung, die an den Ostteilen wahrscheinlich fehlte, war auch hier zunächst nicht vorgesehen. Erst nach einem Planwechsel, der die Gesamthöhe steigerte und größere Seitenschiffenster – zusammen mit einem verlängerten Achsabstand – ermöglichte, führte dieses neuartige Gliederungselement ein. Sehr unbekümmert legte man einen Mauerrücksprung mitten durch die Seitenschiffenster und ließ von ihm an die Lisenen bis zu dem Rundbogenfries aufsteigen.

Auch die westlichen Vierungspfeiler gehören bis in die Höhe der Arkaden zu diesem Bauabschnitt. Sie zeigen zwar nicht die regelmäßige Kreuzform wie auf der Limburg, unterscheiden sich aber dennoch grundlegend von ihrem östlichen Gegenüber. Durch das Einfügen von Viertelsäulen in den Winkeln nehmen sie bereits Bezug auf das Gliederungssystem der Halbsäulen von Seiten- und Mittelschiff. Daß sie die Viertelsäule auch im Querhaus aufweisen, ist merkwürdig, da es dort nur lisenenartige Gebilde gab; demnach sind die Vierungspfeiler ganz aus dem Gedankengut des Langhauses entwickelt worden. Ihre kurzen Kreuzarme zum Langhaus und Seitenschiff hin hängen mit dem dortigen Pfeilersystem zusammen, das hier in halbierter Form auftritt. Die Form der Pfeiler ist also nicht aus sich selbst heraus entwickelt, sondern stellt eine Reaktion auf die verschiedenen in ihm zusammentreffenden Gliederungssysteme dar.

Nach dem veränderten und vergrößerten System wurden die Seitenschiffe bis zur Traufe ausgeführt und ebenso die Pfeiler und Arkaden des Mittelschiffs. Die Vergrößerung der Dimensionen hing sicher mit einem neuen, verlängerten Konzept des Langhauses zusammen, das dann auch den mächtigen Querriegel des Westbaus mit einschloß. Für den Obergaden des Mittelschiffs darf man außen an eine Gliederung aus Lisenen und Bogenfries denken, errichtet aus dem Kleinquadermaterial der Seitenschiffe.

Im folgenden Bauabschnitt vollendete man die Seitenschiffe und den Westbau mit seiner Vorhalle bis zur Höhe eines umlaufenden Horizontalgesimses etwa in der Höhe der Fenstersohlbänke des Mittelschiffs. In dieser Höhe zeigten die Flanken des alten Westbaus einen Rundbogenfries, der sonst nur unter Traufen zu finden ist. Daher darf angenommen werden, daß hier der Westbau mit einem Pultdach abgeschlossen werden sollte, das sich an einen schmaleren, höher aufragenden Mittelbau anlehnen sollte. Auch die Arkaden des Mittelschiffs wurden bis auf die Höhe der Seitenschiffe vollendet.

Im nächsten Bauabschnitt änderte man erneut den Plan. Die Vorlagen der westlichen Vierungspfeiler, die inzwischen 15 Meter hoch standen, wurden zum Mittelschiff und zum Querhaus hin erheblich verstärkt, offenbar in der Absicht, nunmehr einen Vierungsturm zu errichten. Oberhalb dieser Verstärkungen wurden sie einheitlich zu Ende geführt. Im Querschnitt unterschieden sie sich nun noch stärker von den schwach ausgebildeten Vorlagen auf der Ostseite. Chor und Querhaus wurden vollendet, wobei das Altarhaus deutlich niedriger abschloß als das Langhaus. Die Chortonne setzte tiefer als die Vierungsbögen an und ragte vermutlich in den Dachraum über dem Altarhaus hinein.

Auch der Obergaden des Mittelschiffs wurde in zwei Schritten vollendet, die sich entlang einer horizontalen Fuge durch unterschiedliche Steinbearbeitung voneinander trennen lassen. Wegen der Größe der Fenster und der Absicht, deren Gewände aus großen Quadern zu errichten, blieb in dieser Zone kein Spielraum für die Skelettbauweise. Die Großquaderteile rücken hier so dicht aneinander, daß daraus die Entscheidung ersichtlich wird, den gesamten Obergaden gleichmäßig innen wie außen aus großen Quadern herzustellen. Man trennte dabei deutlich zwischen dem roten Material für Vorlagen, Fenster und Außenflächen und dem gelblichen für die Halbsäulen und Kapitelle. Vielleicht deutet sich darin ein Hinweis auf die gesamte Farbgebung an. Die eben genannte horizontale Fuge macht deutlich, daß in diesem Bauabschnitt der gesamte Obergaden in einem Zug auf einer Länge von 70 Metern gleichmäßig hochgeführt wurde. Das spricht nicht nur für reichlich fließende Mittel für den Bau, sondern auch für den energischen Willen, nunmehr zu einem Abschluß zu kommen.

Im letzten Bauabschnitt um 1055 erhöhte man den Westbau bis zur Traufe des Langhauses als geschlossenen Block auch über den Seitenjochen. Man verwendete dabei die hergebrachte, sehr sorgfältige Kleinquadertechnik, die mit allseitigem Verputz rechnete. Das hängt wohl weniger mit einem Rückschritt gegenüber dem Obergaden zusammen bzw. mit dem Tod des Kaisers 1056, sondern ist vermutlich dadurch zu erklären, daß hier wieder große Mauermassen mit wenigen Öffnungen und Gliederungen gefordert waren, die nicht die starke strukturelle Durchformung des Obergadens aufwiesen. Diesem letzten Bauabschnitt wären auch alle Turmaufbauten zuzurechnen, von denen wir bekanntlich nicht wissen, ob sie jemals vollendet wurden und welche Gestalt sie im einzelnen aufwiesen. Ein westlicher Mittelturm zur Aufnahme der Glocken ist wahrscheinlich, ebenso ein Vierungsturm, wogegen die Ausführung von Freigeschossen über den Treppentürmen eher bezweifelt werden kann. Man darf nicht vergessen, daß sich die entsprechenden Rekonstruktionsvorschläge nur an der Anlage des Unterbaus und dem Aussehen des spätsalischen Domes orientieren.

Auch für die Kenntnis des Inneren von Bau I müssen wir uns Lükken unseres Wissens eingestehen. Obwohl das Langhaus in den zweieinhalb Ostjochen nahezu vollständig im Bau II erhalten blieb, wissen wir letztlich nicht genau, wie der obere Abschluß des Mittelschiffs aussah. Eine Wölbung ist mit Sicherheit auszuschließen, doch kann der hölzerne Dachstuhl wie in Italien offen gewesen sein oder aber eine flache Holzdecke bzw. eine Holztonne besessen haben. Die Höhe des noch von Bau I stammenden Vierungsbogens einerseits und die Höhe des Baublocks des Westbaus andererseits, der sich an der Traufhöhe des Mittelschiffs orientierte, machen einen Raumabschluß in ca. 31 Metern Höhe wahrscheinlich. Das ergibt einen Mauerstreifen, der innen etwa 4 Meter über den Blendarkaden, außen dagegen fast 5 Meter über den Fenstern aufstieg. Er ist vollständig durch die Umbaumaßnahmen von Bau II verdrängt worden. Waren hier weitere Fenster, Blendarkaden oder eine Vorform der Zwerggalerie angeordnet? Oder war eine Holztonne in diesen kastenartigen oberen Raumteil eingehängt? Noch weniger wissen wir von der Innengliederung der Ostteile. Dort haben sich zwar im Querhaus lisenenartige Pfeilervorlagen erhalten, doch kann man nicht mit Sicherheit sagen, ob sie wie heute oben durch Blendbögen miteinander verbunden waren. Vor allem fehlt jegliche Kenntnis über die Gliederung der Querhausstirnseiten. Hier wird die in vielem so andersartige Klosterkirche von Limburg an der Haardt zur Rekonstruktion als Vorbild genommen. Von der Gliederung des trapezförmigen Altarhauses und der Apsis kennen wir nur die flachen unteren Blenden und ebenfalls eine Pfeilervorlage, die oben einen Gurtbogen trägt. Ob der vermutete Vierungsturm belichtet war oder die Vierung wie in Hildesheim mit einer Horizontaldecke abschloß, kann nicht mehr mit Sicherheit beantwortet werden.

＊

Die Bedeutung von Bau I für die europäische Architekturgeschichte haben wir bisher nur am Rande angesprochen. Sie besteht in erster Linie in der Entwicklung eines einzigartigen Wandgliederungssystems aus Pfeilervorlagen, Halbsäulen und verbindenden Blendbögen. Die Genese dieses Systems von der Krypta über die Seitenschiffe bis zum Mittelschiff läßt sich im Bau gut verfolgen. Wir wollen dies im Zusammenhang mit der Besichtigung tun. Die großartige Kryptenanlage insgesamt wie auch der monumentale Westbau, der freilich nicht aus einem Guß war, sind ebenfalls besonders hervorzuhebende Leistungen. Für den deutschsprachigen Raum, für den ehemals ostfränkischen Teil des alten Karolingerreiches, stellt die Wiedergewinnung der antiken Großquadertechnik in verschiedenen Entwicklungsstufen eine besondere bautechnische Leistung dar, wobei es dafür in Aachen und in Lorsch schon Vorstufen gab. Der radikale Verzicht auf jegliche Bauornamentik und die Reduzierung der komplizierteren Gesimsprofile auf die einfache Platte und Schräge sowie die durchgängige Verwendung des Würfelkapitells auch bei den Halbsäulenvorlagen kennzeichnen eine Gesinnung von äußerster formaler Disziplin und Strenge, in der wir heute den reinen Ausdruck der Romanik erblicken. In der Größe der Dimensionen, in den gewaltigen Pfeiler- und Blendarkaden und den riesigen Fenstern lebt aber auch etwas von dem Geist römisch-antiker Ruinen wieder auf, wenn auch in einer typisch mittelalterlichen Form. Im 11. Jahrhundert blieb diese Architektur ohne Parallele und ohne unmittelbare Nachfolge.

BAU II

Auch für den großen Umbau – genannt Bau II (vor 1082 bis nach 1106) – läßt sich eine Abfolge der Bauarbeiten am Dom ablesen, die nicht nur den Ausführungsprozeß betrifft, sondern zugleich mit mehrfachen Wechseln in der Planung verbunden ist. In den schriftlichen Quellen, die sich mit der Gestalt des ersten geistlichen Bauleiters Bischof Benno von Osnabrück beschäftigen, wird als Ursache für den Umbau die Beschädigung der Fundamente durch den nahe gelegenen Rhein angegeben. Das hat sich bei den Bauuntersuchungen als falsch erwiesen. Wahrscheinlich war es aber zu Schäden an der Tonnenwölbung des Altarhauses gekommen, dessen mittlerer Teil erneuert werden mußte. Die eigentliche Ursache dürfte jedoch der Wunsch des kaiserlichen Bauherrn Heinrich IV. gewesen sein, dem strengen, ungegliederten Ostbau eine Gestalt zu geben, die dem prächtigen, stark durchgeformten Langhaus entsprach und dieses nach Möglichkeit noch übertraf, zumal es sich um das eigentliche kultische Zentrum des Bauwerks handelte. Das galt nicht nur für das Innere, sondern griff erstmalig auch auf den Außenbau über, dessen gestalterischer Schwerpunkt nun eindeutig zum Rhein hin gewendet war und nicht zur westlich gelegenen Stadt .

Von dem alten Altarhaus behielt man nur die Schäfte der seitlichen Chorwinkeltürme in voller Höhe bei. Alles übrige wurde bis zur Höhe der Krypta abgebrochen. Diese erhielt man ohne Veränderung. Bei der Erneuerung veränderte man die Form grundlegend, indem man der Apsis auch außen die Gestalt eines Halbzylinders gab, der sich vom Altarhaus deutlich absetzt. Dabei mußte man die vortretenden Ecken der alten rechtwinkligen Ummantelung abbrechen und die

Richtung der Fensterschächte der Krypta leicht verändern. Seitlich wurden die Fundamente, d. h. die Seitenmauern der Krypta, um etwa 1,6 Meter verstärkt. In der Außengliederung benutzte man das niedrige Kryptengeschoß zur Ausbildung eines hohen, monumentalen Sockels, der das gesamte Bauwerk nun denkmalartig emporhebt. Als Gliederung für die Apsis übernahm man die hohe Blendarkatur auf dünnen Halbsäulen vom Inneren des Langhauses und wendete sie zugleich bei der Apsis innen und außen an. Am Ansatz der Apsiskalotte wurde außen ein sich mit Säulchen und Bögen öffnender Umgang gelegt, den wir als Zwerggalerie bezeichnen. Es handelt sich um das früheste erhaltene Beispiel dieser Art. Trotz der eindeutigen stilistischen Weiterentwicklung gegenüber Bau I ist die formale Anknüpfung an das Langhaus nicht zu übersehen und deutet darauf hin, daß zu diesem Zeitpunkt noch nicht beabsichtigt war, das Langhaus zu verändern.

In dem kurzen erneuerten Stück des Altarhauses fügte man innerhalb der Mauerstärke eine kleine Kapelle ein, die sich mit einer Doppelarkade öffnet und innen zwei Konchen in der Längsrichtung aufweist. Sie ist von der Struktur her die genaue Entsprechung zum Motiv der Zwerggalerie außen. Die enorm angewachsene Mauerstärke wird in zwei Schalen aufgeteilt, zwischen denen sich Raum ergibt. Im Bereich der etwas dünneren Apsismauer entspricht dem eine Reihe halbrunder Nischen. Gleichzeitig wurde im Winkel zwischen dem Südquerarm und dem südlichen Seitenschiff mit dem Bau des Untergeschosses der Doppelkapelle begonnen. Die vier Säulenkapitelle dort entsprechen denjenigen der Zwerggalerie am Chor. Nach der ornamentlosen Phase von Bau I hält mit ihnen die Bauzier ihren Einzug in Speyer in vielgestaltigen Einzelformen, jedoch noch ohne die enge Annäherung an die Antike. Diese charakteristische Ornamentik ist später beim Dom nicht mehr anzutreffen. Daraus muß man den Schluß ziehen, daß der Steinmetztrupp, der sie schuf, nach getaner Arbeit aus Speyer abzog. Ob damit Nachrichten in Verbindung zu bringen sind, die von Unregelmäßigkeiten in der Bauführung nach Bennos Tod und vor Übernahme der Leitung durch Otto berichten, muß offenbleiben.

Die Anlage der Doppelkapelle unmittelbar an der dünnen Westmauer des noch aufrecht stehenden alten Querhauses ist ein Indiz dafür, daß ein Umbau des Querschiffs vorerst nicht geplant war. Das Altarhaus behielt zunächst seine geringere Höhe, die die Apsis nur wenig übertraf und den Ostgiebel über dem Apsisdach auf einen schmalen Mauerstreifen reduzierte. Am Außenbau benutzte man jetzt

weiter Seite 85

Die Bildseiten

Speyer. Der Dom

10.

15

vollständig das Großquaderwerk, das wegen der stärkeren Durchgliederung auch im Inneren vorzuherrschen begann.

Wahrscheinlich wurden die oberen Teile des Altarhauses schon von einem neuen Steinmetztrupp zu Ende geführt. Das zeigt sich weniger in der formalen Durchbildung als in der Technik der Steinbearbeitung. Die mit dem Zweispitz gepickten Oberflächen der Quader, die auch schon für Bau I charakteristisch waren, werden jetzt von solchen mit dem Flächbeil beglätteten abgelöst. Offenbar entschloß man sich jetzt auch zu einem Umbau des gesamten Domes, zumindest aber des Querhauses. Man ging dabei ähnlich vor wie beim Altarhaus, indem man die gesamte Oberkirche abbrach, die Krypta und die Osttürme unberührt ließ und durch Ummantelung des Fundaments im Kryptabereich einen mächtigen Sockel schuf für die großen Mauerstärken des auf Gewölbe berechneten Neubaus. Jeweils auf der Westseite mußten wegen des zu erhaltenden Langhauses Mauerteile von Bau I miteinbezogen werden. Daher begann man grundsätzlich mit den Ostmauern und den beiden Fassaden zur Nord- und Südseite. Auf der Südseite setzte man zunächst die begonnenen Arbeiten an der Doppelkapelle fort und vollendete sie mit ihrem Obergeschoß. Mit ihrer Traufe war auch die Höhe des ersten Bauabschnitts im Südquerarm festgelegt, dessen Fundament man 2 Meter stark ummantelte. Ost- und Südmauer der Oberkirche folgten darauf, während die Westmauer unverändert stehenblieb. Sie konnte auch später als einzige Wand des Querhauses nicht verstärkt werden, weil dies durch die bereits errichtete Doppelkapelle unmöglich geworden war. Aus diesem Grunde legte man sofort asymmetrisch auf der Südseite einen mächtigen, weit vorspringenden Strebepfeiler an, durch den man wenigstens einen Teil des zu erwartenden Diagonalschubs der neuen Gewölbe aufzufangen hoffte. Die Priorität des südlichen Querarms vor dem nördlichen geht nicht nur aus der noch etwas geringeren Mauerstärke hervor, sondern wird vor allem durch die einfachere Ausführung der Mauerkapellen bestätigt, die denjenigen des Altarhauses noch nahe stehen. Bei ihnen treten genauso wie im Obergeschoß der Doppelkapelle erstmals die vollendeten Nachbildungen korinthischer Kapitelle auf, die nicht durch einen Entwicklungsprozeß aus der älteren Bauornamentik hervorgegangen sein können, sondern eindeutig auf andere, am antiken Formengut seit langem geschulte Bildhauer verweisen. Die neugewonnene Mauerstärke erlaubte es auch, auf der Ostseite des Querhauses Konchen für die Nebenaltäre anzulegen, die bei Bau I fehlten. Um sie tiefer erscheinen zu lassen, umgab man sie mit vorspringenden Säulenädikulen, die ursprünglich oben wohl einen Dreiecksgiebel trugen. Diese Gebilde, für die es in der römischen Architektur keine unmittelbaren Vorbilder gibt, wirken jedoch so antikisierend, daß man sie für nachträgliche Einbauten der Renaissance oder des Barock halten könnte.

Da man zunächst wohl nicht recht wußte, wie man auf der Westseite des Südquerarmes im einzelnen verfahren sollte, begann man inzwischen auch den Nordquerarm. Dessen Fundament verstärkte man auf bis zu fünf Meter, so daß in der Oberkirche nunmehr Mauerstärken zwischen 3,5 und 4 Meter möglich wurden. Auch hier errichtete man zunächst das Untergeschoß, was außen an einem kräftigen Mauerrücksprung der Nord- und Ostseite sichtbar wird. Nicht nur die große Tiefe und Weite der Mauerkapellen, sondern auch die reichen Profilierungen ihrer Bogenstirnen und des übergreifenden Entlastungsbogens sowie begonnene Bauzier an einem der seitlichen Pfeiler weisen sie als die Höhepunkte der Entwicklung aus. Die reich profilierten, aber noch nicht ornamentierten Fenstergewände des Außenbaus folgen im Typ denen der Südseite. Das gilt auch für das Obergeschoß des Nordquerarms, allerdings nur auf der Ost- und der östlichen Hälfte der Nordseite.

Nachdem der Nordquerarm den südlichen in der Ausführung überholt hatte, setzte man die Arbeiten auf der Südseite fort. Hier erscheinen im Obergeschoß nun jene berühmten Speyerer Schmuckfenster mit ihren Rankenbordüren und der dichten Folge aneinandergereihter Akanthusblätter. Daß es sich dabei um eine erneute Steigerung des Bauprogramms handelt und nicht nur um eine generell reichere Durchgestaltung des über alle Anbauten hinweg sichtbaren Obergeschosses, beweist die einfachere Ausführung auf der Nordseite. Dort wechselte man innerhalb der Nordfassade das Programm und versah das westliche Fenster genauso wie die Fenster auf der Westseite mit einem abermals gesteigerten Reichtum der Profile und Formen. Eine Ornamentierung gelangte dort nicht über Ansätze hinaus. Über den Fenstern erhielten beide Querarme eine allseitig umlaufende Zwerggalerie, die von den durchgehenden Pfeilern rhythmisch gegliedert wurde. Ihre Kapitelle verblieben zumeist in Bossenform, weil Geld oder Zeit nicht mehr zur Ausführung ausreichten. Die Westseite des Südquerarmes wurde zwar auch oberhalb der anschließenden Dächer der Kapelle und des Seitenschiffs erneuert. Sie mußte aber so dünn bleiben wie ihre Vorgängerin. Daher weicht hier die Form der Fenster und der Zwerggalerie etwas ab. Die Fenster schmückte man mit einer vorgeblendeten Ädikula, die in dieser Form nur beim Mittelfenster des Westbaus wieder auftauchen sollte.

Ein besonderes Problem der Bauforschung stellt die Frage der Einwölbung der beiden Querarme dar. Hier waren zunächst riesige Kreuzgratgewölbe vorgesehen, was man aus der Form der Pfeilervorlagen in den Winkeln ableiten kann. Heute befinden sich hier soge-

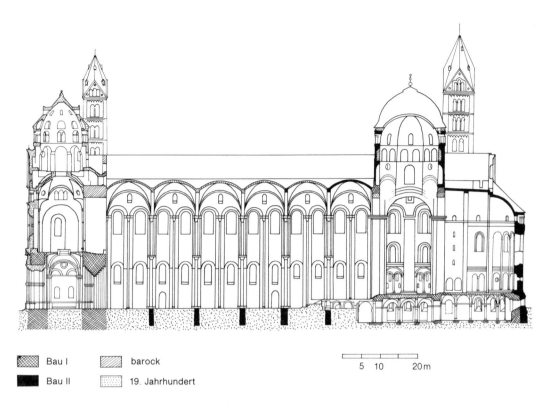

Speyer, Dom, Längsschnitt des heutigen Baus

nannte Bandrippengewölbe, deren Rippen die Form sich durchkreu-
zender Gurtbögen aufweisen. Da Gewölbe dieses Typs bisher von der
Forschung nicht vor der Mitte des 12. Jahrhunderts für möglich gehalten wurden, setzte man ihre Ausführung in die Zeit nach dem Brand
von 1159 an. Es schien denkbar, daß die zunächst ausgeführten Gratgewölbe 1159 einstürzten oder aber daß sie bis zu diesem Zeitpunkt
überhaupt nicht existierten. Der Baubefund ist widersprüchlich. An
drei der vier äußeren Winkel wurden die Polsterkapitelle nachträglich
umgearbeitet und über Eck gestellt, eine Maßnahme, die ganz eindeutig auf die diagonalen Rippen bezogen war. Im vierten Winkel unter-
ließ man dies. Bei den ohnehin äußerst knappen Auflagermöglichkei-
ten neben dem Vierungsbogen von Bau I beschränkte man sich auf
Notmaßnahmen. Oberhalb der Kämpfer bestehen andererseits die
Rippen und die seitlichen Schildbögen drei bis vier Schichten hoch aus
denselben Werkstücken. Eine nachträgliche Auswechslung ist hier
nicht zu beobachten, so daß der unvoreingenommene Beobachter
nicht auf den Gedanken käme, zwischen Schildbögen und Rippen
eine zeitliche Differenz anzunehmen. Es kommt hinzu, daß über der

dünnen Westmauer des Südquerarmes die dünne Drempelmauer, die im Dachraum die horizontalen Balken über die stark kuppelig ansteigenden Gewölbe anhebt, nicht auf der Mauerflucht, sondern bereits auf dem Gewölbe steht. Durch eine hölzerne Ringankerkonstruktion, die in sie eingelassen war und heute nur noch als Balkenkanal sichtbar ist, steht sie im Zusammenhang mit dem Südgiebel und ihrem östlichen Gegenüber sowie dem zugehörigen Teil des Turmschaftes. All diese Bauteile gehören ohne Zweifel dem Bau II an. Die westliche Mauer setzt aber die Existenz des Gewölbes bereits voraus.

Neuerdings trug die Baugeschichte des Wormser Domes zur Lösung des Problems bei. Dort fand man in den oberen Partien der Mauern des Ostbaus Gerüstriegel, die sich zwischen 1132 und 1137 datieren ließen. Damals wurde in gleicher Höhe mit der Ausführung der Bandrippen über dem Chor und den beiden Querarmen begonnen. Sie sind den Speyerern sehr ähnlich, im Detail jedoch etwas weiter durchgebildet, nicht zuletzt durch ihre leicht spitzbogige Führung. In Speyer selbst zeichnen sich die Rippen des Nordquerarms durch eine dichte Folge von Steinmetzzeichen aus. Sie kehren an Teilen der Afrakapelle wieder, von der wir nicht nur durch ihre Bauzier wissen, daß sie zu den letzten Teilen von Bau II gehört hat, sondern vor allen Dingen, daß sie beim Tode Heinrichs IV. 1106 noch nicht geweiht war, so daß der noch nicht vom Kirchenbann gelöste Kaiser dort aufgebahrt werden konnte. Diese Argumente führen zu dem Schluß, daß die Bandrippengewölbe der Querarme zwar ihre Entstehung einem Planwechsel verdanken, daß sie aber in den Bauvorgang von Bau II gehören und im ersten Jahrzehnt des 12. Jahrhunderts ausgeführt sein dürften. Sie gehören damit zu den frühesten Rippengewölben der europäischen Architektur und sind zugleich diejenigen mit der größten Spannweite.

Zusammen mit den Zwerggalerien des Querhauses, die um ein Geschoß höher liegen als die zunächst ausgeführte Galerie des Altarhauses, wurden auch die Turmschäfte von Bau I um eben dieses Stück erhöht. In mancherlei technischen Einzelheiten beziehen sie sich ganz eindeutig auf das neue Querhaus. Formal setzen sie ohne grundsätzliche Änderung die alten Turmschäfte fort. Dies gilt insbesondere für die Mauertechnik aus hammerrechtem Kleinquaderwerk. Der Unterschied zwischen Bau I und Bau II ist an dieser Stelle geringer als bei der Baunaht innerhalb von Bau I in Höhe von 21 Metern (vgl. Seite 62). Diese nahezu vollständige Angleichung an Bau I läßt den fast zwingenden Schluß zu, daß die Turmschäfte ursprünglich nicht diese Höhe besaßen. Warum hätte man sie zum Teil abbrechen und in gleicher Form wiedererrichten sollen, wenn man sie unterhalb völlig unangetastet ließ?

Noch ehe diese Teile des Querhauses vollendet, geschweige denn unter Dach waren, setzte auch der Umbau des Langhauses ein, den man zunächst offenbar nicht im Auge gehabt hatte. Dessen Bauzier – soweit sie uns erhalten ist – tritt dort erst in den obersten Partien auf und gehört so eng mit derjenigen des Querhauses zusammen, daß man darin auch eine zeitliche Verbindung sehen muß. Für die liturgische Nutzung des Domes bedeutet dies, daß er in weiten Teilen außer Funktion gesetzt war. Lediglich die Krypta und das vollendete Altarhaus standen zur Verfügung. Vielleicht hatte man den alten Abschluß der Vierung bewahrt, doch hätte man die offenen Vierungsbögen provisorisch schließen müssen. Bei der Ausführung des Langhauses konnte man allerdings rasch in große Höhe gelangen, weil der Unterbau nahezu vollständig integriert wurde und die punktuellen Verstärkungen nicht viel Mauerwerk erforderten.

Die Einwölbung des Mittelschiffs mit 14 Meter Spannweite über einem statisch dafür nicht vorgesehenen Unterbau war ein kühnes Unterfangen. Die Gründe für diesen Schritt kennen wir letztlich nicht. In der gesamteuropäischen Entwicklung, in der in der zweiten Hälfte des 11. Jahrhunderts, vor allen Dingen gegen 1100, immer häufiger Wölbungen auch bei großen Bauten gewagt wurden, spielte der Gedanke der Feuersicherheit vermutlich eine gewisse Rolle. Auch der anspruchsvolle Rückgriff auf die römische Antike darf als Argument herangezogen werden, obwohl nicht zu übersehen ist, daß römische Wölbungen in Thermensälen und Zentralbauten bzw. den daraus hervorgegangenen Mischformen der großen frühbyzantinischen Kirchen üblich waren. In keinem einzigen Fall kam es zur Einwölbung einer frühchristlichen Basilika. Aus statischen wie aus ästhetischen Gründen gehört das Gewölbe nicht zu diesem Bautyp. In Speyer selbst hatte man keinen Brand erlebt, so daß es eigentlich nur ästhetische Gründe und solche des kaiserlichen Anspruchs gewesen sein können. Jedenfalls gab es für die Einwölbung eines so hohen und weitgespannten Raumes keine Vorbilder und Vergleiche. Die zeitlichen Parallelen in der Normandie (Lessay) und in England (Durham) sind erheblich kleiner, und im Südwesten Frankreichs (Toulouse) ging man von Emporenhallen aus, die bessere statische Voraussetzungen boten. Bei der dritten Klosterkirche von Cluny, die von der Kunstgeschichte immer im Kontext zum Speyerer Dom gesehen wird, wählte man nicht umsonst einen sehr viel niedrigeren Obergaden und dazu die Längstonne aus dem französischen Südwesten, die den Obergaden gleichmäßiger belastet.

Die dichte Folge der Seitenschiffjoche ließ für das erheblich breitere Mittelschiff keinen Spielraum für eine gleichartige Jochfolge. Hier wäre nur eine Längstonne in Frage gekommen, doch kennen wir

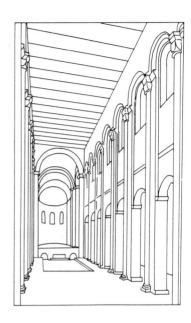

*Speyer, Dom, Bau I,
Langhaus nach Osten*

nördlich der Alpen und nördlich der Loire keine Beispiele für tonnengewölbte Basiliken. Man kann dies mit einer Ablehnung des fremd-
artigen Bautyps begründen, ebensogut aber von der prägenden Kraft
der frühesten Beispiele ausgehen, die eben das Kreuzgewölbe bevor-
zugten. Glücklicherweise besaß Speyer zwölf Seitenschiffjoche, deren
Zahl durch zwei geteilt zu sechs annähernd quadratischen Einheiten
im Mittelschiff führte. Jeweils zwei und zwei Arkaden mußten in diesem Verfahren zusammengespannt werden. Dadurch entwickelte sich
das gebundene System, das für Speyer sicher eine genuine Erfindung
darstellte. Doch sollte man dabei nicht vergessen, daß kurz zuvor bei
flachgedeckten Bauten durch Stützenwechsel oder – wie in der Normandie – durch entsprechende Wandvorlagen die grundsätzlichen Voraussetzungen dafür geschaffen worden waren. Die gleichmäßige,
nicht rhythmisierte Folge von zwölf riesigen Blendarkaden auf jeder
Seite des Baus I wies allerdings genau in die andere Richtung, und es
bedurfte der phantasievollen Kraft eines großen Architekten, um dieses System zu durchbrechen und trotzdem gleichzeitig zu integrieren.
Hatte der Chronist dies gemeint, als er über Otto – Bauleiter und später Bischof von Bamberg – schrieb, er habe seinem Kaiser eine kluge
Anordnung der Fenster vorgeschlagen?

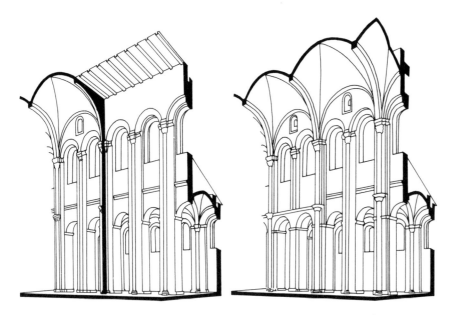

Speyer, Dom,
Wandsystem Bau II und Bau I

Wandsystem Bau II,
Plan und Ausführung

Da Vierungsbögen, Blendarkaden, Obergadenfenster von Bau I durchgehend die gleiche Kämpferhöhe besaßen, lag es nahe, sie auch für die neuen Gewölbe beizubehalten. Diese nahmen nun nichts von der Raumhöhe von Bau I weg und wurden gleichsam in jenen kastenförmigen Raumteil gelegt, der sich durch die hohen Mauern über den Blendarkaden ausgebildet hatte. Die formal sehr befriedigende Lösung führte jedoch dazu, daß in Speyer die Gewölbe fast über den Obergadenfenstern liegen und damit höher angeordnet sind als in jedem anderen vergleichbaren Bau, ja als es selbst in den meisten gotischen Kathedralen der Fall ist. Die statischen Gefahren liegen auf der Hand, und folglich korrigierte man diesen Punkt bei den beiden Nachfolgesystemen in Mainz und Worms. Trotzdem hat diese Konstruktion keine Zeichen von Schwäche erkennen lassen. Sie war ursprünglich durch hölzerne Zuganker gesichert, die den Raum am Fuß der Gurtbögen durchquerten. In den blinden Schildwänden wurde ein kleines, reich profiliertes Fenster eingelassen, das außen auf die Zwerggalerie mündet. Es wurde zugleich zu einem formalen Akzent über den beiden großen Fenstern und Blendarkaden, der das Joch zu einer Einheit verschmelzen läßt. Außen gliederte man diese Gewölbezone durch die Fortsetzung der Zwerggalerie in gleicher Höhe wie im

Querhaus. Die Verbindung von Gewölbezone und Zwerggalerie war ja bereits bei der Apsis eingeführt worden. Die Erleichterung der Mauermasse gerade an diesem Punkt, wo schwere Lasten einen Ausgleich für die fehlende seitliche Verstrebung bilden könnten, war nicht ganz ungefährlich, führte aber zu keinen statischen Schäden.

Bei der Ausführung des Umbaus beschränkte man sich zunächst auf alles, was mit dem Gewölbe zusammenhing. Jeder zweite Pfeiler wurde durch ein Querfundament, eine sogenannte Spannmauer, mit den gegenüberliegenden verbunden und mit einem Fundamentvorsprung versehen. Danach wurden die dünnen Dienste von Bau I mit einer rechteckigen Pfeilervorlage ummantelt, vor die eine neue, sehr viel dickere Dreiviertelsäule gestellt wurde. Im Gegensatz zu Bau I wurde beides in durchgehenden Schichten ausgeführt. Noch unterhalb des Horizontalgesimses von Bau I erhielten diese mächtigen Säulenvorlagen ein rundes, mit Zungenblättern versehenes Zwischenkapitell mit einer weit ausladenden, tellerförmigen Kämpferplatte. Darüber verjüngt sich der Querschnitt von Pfeiler- und Säulenvorlage, so daß eine zweigeschossige Ordnung entsteht. Vor die alten Würfelkapitelle setzte man bei den Gewölbepfeilern als Abschluß ein reich ausgebildetes korinthisches bzw. korinthisierendes Kapitell. Den alten Kämpfer aus Platte und steiler Schräge führte man verkröpft über die neuen Kapitelle fort, um eine formale Angleichung zu erzielen.

Oberhalb der oberen Blendarkaden von Bau I brach man sämtliches Mauerwerk ab. Eine horizontale Trennlinie ist hier jedenfalls nicht erkennbar. Große Schwierigkeiten hätten die Blendbögen über den Gewölbevorlagen bereitet, weil sie von Gurtbögen, Graten und Schildbögen überschnitten worden wären. Aus diesem Grund brach man sie dort bis etwa zu ein Drittel ihrer Höhe ab und versetzte sie mit denselben Steinen genau in die Flucht der neuerrichteten Pfeilervorlagen. Dort, wo sie auf die stehengelassenen Teile der alten Bögen trafen, paßte naturgemäß der Anschluß nicht mehr, so daß jeweils ein oder zwei neue Steine eingefügt werden mußten. Sie tragen nunmehr die glatt geflächte Bearbeitung von Bau II. Nur der geübte Betrachter wird erkennen, daß diese Blendbögen in den zweieinhalb Jochen, die vom romanischen Langhaus 1689 stehengeblieben sind, einen Knick aufweisen, während beim barocken Wiederaufbau reine Halbkreisbögen verwendet wurden, die aber mit denen der Fenster nicht mehr konzentrisch verlaufen konnten. Die Gewölbe selbst führte man mit einer kräftigen Busung aus, so daß auch die Linie der Gewölbegrate in einem gestelzten Halbkreis verlaufen konnte. Die Gewölbe steigen sowohl in der Längs- wie in der Querrichtung mit einem gerundeten Scheitel an, d. h., ihre Flächen sind gebust. Im mittleren Teil nähern sie sich dem Ausschnitt aus einer kugeligen Schale an.

Die Seitenschiffe blieben bei dem Umbau ebenso unverändert wie die Krypta. Für das Mittelschiff aber hatte man über die Einwölbung hinaus eine sehr viel weitergehende Veränderung vorgesehen, deren Spuren bei der letzten Restaurierung zutage traten. Die tellerartigen Kämpfer der Zwischenkapitelle sind für eine seitliche Fortsetzung als Horizontalgesims bestimmt. Um diesem ein Auflager zu geben, hätte man eine Wandschicht vor die Zwischenpfeiler setzen müssen, die mit einem Bogen vor den alten Arkadenbögen mit den Gewölbevorlagen verbunden worden wäre. Diese zusätzlichen Bogenstufen waren tatsächlich vorbereitet, denn ihre Spur hat sich über den Kämpfern der Hauptpfeiler seitlich neben den Vorlagen erhalten. In dem Bereich zwischen Kämpfer und Zwischenkapitell sind die neuen Vorlagen auch nicht mit sorgfältigen Kanten versehen, sondern weisen Verzahnungen auf, weil sie eben nach rechts und links als vorgelegte Mauer hätten fortgesetzt werden sollen. Die dünnen Dienste von Bau I, die sich an Zwischenpfeilern unverändert erhalten haben, wären im unteren Teil vollständig verdeckt worden. Natürlich hätte man das Horizontalgesims von Bau I beseitigen müssen. Ob darüber hinaus eine Veränderung des Zwischengeschosses unter den Fenstern geplant war, etwa im Sinne eines dreigeschossigen Wandaufbaus, kann nur vermutet werden. Der strenge Vertikalismus von Bau I, der durch die Folge runder Gurtbögen und kuppeliger Gewölbe ohnehin abgemildert worden war, wäre durch diesen vollständig zweigeschossigen Wandaufriß im Sinne einer monumentalen Geschoßordnung verändert worden, bei der die ausgleichende Horizontale ein erhebliches Gewicht erhalten hätte. Diese als statisch offenbar nicht mehr wichtig eingestufte ästhetische Umwandlung wurde einstweilen zurückgestellt und unterblieb schließlich ganz. Zu welchem Zeitpunkt die Abarbeitung der begonnenen Bögen erfolgte, ist unbekannt. Sorgfältige Kanten stellte man in diesem Bereich nicht her. Ob diesem Verzicht der überhastete Abschluß der Bauarbeiten nach dem Tode Heinrichs IV. zugrunde lag oder die ästhetische Einsicht, entscheidende Werte von Bau I in dem neuen System stärker bewahren zu wollen, wissen wir nicht.

Bei der Umgestaltung des Westbaus beschränkte man sich auf das Notwendigste. Bis auf ein großes westliches Mittelfenster veränderte man den Unterbau überhaupt nicht. Dieses große Fenster führte in den dahinter liegenden Hauptraum über dem mittleren Joch der Eingangshalle. Es belegt, daß der Westbau von Bau I an dieser Stelle im Obergeschoß nicht zweigeschossig geteilt war, wie es für die Seitenjoche nachweisbar ist. Oben setzte man auch hier eine umlaufende Zwerggalerie auf, die aber um ein Geschoß höher lag als am Langhaus. Im Gegensatz zu diesem erlaubte die Struktur des Westbaus kei-

*Speyer, Dom, Westbau, nach einer Ansicht von 1606
(Kölner Zeichnung)*

nen Eingriff an dieser Stelle, und so ging man den Weg des geringsten
Widerstandes.

Im Norden fügte man kurz nach 1100 zwischen Querhaus und
nördlichem Seitenschiff die Afrakapelle an, die in einem Zuge mit dem
sogenannten »Kleinen Paradies« entstand, das vor dem östlichen der
beiden Seitenportale lag. Es folgte dem seit der Antike bekannten Typ
der Eingangshalle, die quer vorgelagert ist und an den seitlichen

Schmalseiten Konchen besitzt. Dieses Paradies war durch einen doppeljochigen Raum, der einem Kreuzgang ähnelte, mit der Afrakapelle verbunden. Schon frühzeitig mauerte man seine ehemals offenen Arkaden zu und benutzte ihn als Verlängerung der Afrakapelle – als der er sich auch heute erhalten hat. Die kompositen Kapitelle der Afrakapelle zeigen nun auffällige Ähnlichkeiten mit den Kapitellen der oberen Galerie des Altarhauses. Diese fügte man als eine der letzten Planänderungen hinzu, damit auch dieser Baukörper die gleiche Höhe wie Langhaus und Querhaus erreicht. So wurde die klassisch ausgewogene Form des nischengeschmückten Giebels über dem Apsisdach möglich und der Kreuzform der Kirche sinnfälliger Ausdruck verliehen.

Dem letzten Abschnitt von Bau II gehören zweifellos die sechs Türme an, die sich über den Bau erheben. Erst mit der Errichtung des östlichen Vierungsturmes und der Aufhöhung des Altarhauses konnten die endgültigen Dachanschlüsse hergestellt und der Bau in einem zentralen Bereich in Gebrauch genommen werden. Es ist allerdings denkbar, daß man hier einen provisorischen Abschluß eingezogen hatte, über dem man gefahrlos weiterbauen konnte. Mit seinen inneren Nischengliederungen entspricht der Vierungsturm ganz dem Formenkanon von Bau II. Das gilt auch für die äußere Zwerggalerie, die den Turm am Fuße seines achtteiligen Klostergewölbes umzieht. In dieser Form ist er typbildend für die Vierungs- und Chortürme von Mainz, Worms, Straßburg und Freiburg geworden. Ein Nachlassen des Gestaltungsaufwandes ist jedoch nicht zu übersehen. Bei der Galerie verwendete man eine Reihe von Kapitellen, die nicht mehr den hohen Standard aufweisen. Auch wenn es Gewichtsgründe waren, die zur weitgehenden Verwendung von Tuff führten, so wirkt sie mit ihren verputzten Flächen gänzlich anders als die Galerien des Querhauses darunter. Flache Lisenen und Bogenfriese stammen – auch wenn sie aus großen Quadern geschnitten sind – aus dem Formenrepertoire von Bau I. Bogenfriese tauchen im Bereich von Bau II erst wieder bei den Giebeln des Querhauses und Ostchores auf, die sich auf demselben Niveau in der Dachzone befinden. Letztere waren ehedem möglicherweise nicht aus großen Quadern, sondern aus Kleinquaderwerk mit verputzten Flächen wie der Vierungsturm auch. Vielleicht wünschte man die durch den Putz leichter wirkende Gliederung für die oberen Abschlüsse.

Dennoch ist damit die Rückkehr zu traditionelleren Bauformen nicht zu übersehen. Dasselbe gilt nun auch für die Türme, von denen sich ja nur die östlichen erhalten haben. Ihre Schäfte führte man in der ungegliederten Form noch ein erhebliches Stück über die Trauflinien hinaus, was unsere obigen Rückschlüsse auf ihren Vollendungsgrad bei Bau I nur bestätigt. Die Gliederung aus flachen, gequaderten Kantenlisenen und Bogenfriesen, die ehemals verputzte Kleinquaderflächen umrahmen, wirkt ebenmäßig schön, aber doch auch traditionell, wobei zu berücksichtigen ist, daß wir kaum Türme dieses Typs von älteren Bauten besitzen, hingegen sehr viele Nachfolger, was uns den Blick in dieser Hinsicht leicht verstellt. Als neues Element treten hier die Sägefriese hinzu, die die Geschosse voneinander trennen. Die konsequente Verwendung des Würfelkapitells unterstreicht die Tendenz, daß diese letzten Teile des Domes sich der heimischen Tradition wieder sehr viel stärker einfügen als der übrige Umbau. Die Vermutung liegt daher nahe, daß diese Teile nach 1106 ausgeführt wurden, als die reichlichen Zuwendungen unter Heinrich IV. versiegten und sein Sohn Heinrich V. den Bau sparsamer zu Ende führen wollte. Auch zwischen den beiden Osttürmen läßt sich eine Zeitfolge ermitteln. Der südliche geht aufgrund mancher Einzelformen dem nördlichen voran. Dort nehmen die Arkaden im Obergeschoß an Weite zu, wie dies bei den meisten der vor allem in Italien verbreiteten Türme zu beobachten ist, während der nördliche die Geschosse gleichartig ausbildet.

Auch dem Westbau wurden nun seine Türme aufgesetzt. Der mittlere, der sich über dem horizontal durchlaufenden Abschluß der Galerie erhob, war dem östlichen Vierungsturm bewußt angeglichen worden, obwohl er eine andere Struktur besaß. Als Glockenturm konnte er auf ein Gewölbe verzichten, so daß auch die vermeintliche Zwerggalerie aus offenen Schallarkaden bestand. Wegen der fehlenden Galerierückwand mußten die Kanten kräftiger ausgebildet werden, so daß hier die Lisenen weiter nach oben laufen konnten und den Bogenfries über der Galerie aufnahmen. Einen gleichartigen Nachfolger fand er in dem ebenfalls unbelichteten Vierungsturm von Maria Laach. Die westlichen Winkeltürme mußten mit dem stark querrechteckigen Grundriß, der ihnen im Unterbau zur Verfügung stand, auskommen. Sie waren erheblich flacher, dafür aber breiter als die östlichen Türme, so daß sie in der üblichen Diagonalansicht das gleiche Volumen erzeugten. Ihre niedrigeren und schlankeren Nachfolger des 19. Jahrhunderts reduzierten die Grundrisse auf ein Quadrat. Insgesamt fällt auf, daß die westliche Turmgruppe genau dieselbe Disposition wie die östliche wiederholt: zwei schlanke Winkeltürme mit einem achteckigen, nach Westen versetzten niedrigen Mittelturm, der über dem Kreuzungspunkt der Dachfirste errichtet ist. Diese gewollte Analogie ist ein Ergebnis von Bau II., von der keinesfalls sicher ist, ob sie auch für Bau I galt.

Die Bekrönung der vier hohen Winkeltürme mit Giebeln, in denen Dreibogenstaffeln von Kleeblattbögen gerahmt werden, und steinernen Helmen mit gebrochenen Rautendächern, die erst seit 1930 mit Kupfer verkleidet sind, gehören dem frühen 13. Jahrhundert an. Sie beziehen sich eindeutig auf Anregungen vom Niederrhein. Ursprünglich dürfte es sich um pyramidale Zeltdächer mit einer Holzkonstruktion gehandelt haben, ebenso wie bei den achtseitigen Zeltdächern über den mittleren Türmen.

BESICHTIGUNG

Wer sich Speyer von Osten aus der Rheinebene nähert oder von Norden oder Süden anreist und die mächtige sechstürmige Silhouette des Domes aus dem flachen Niederungsgebiet aufsteigen sieht, dominierend, aber auch im Wettstreit mit den übrigen Türmen der Stadt, die sich ihre Ansicht bis auf ein einziges weiter entferntes Hochhaus bewahrt hat wie kaum eine andere im industriell geprägten Rheingraben, der erkennt sofort seine für unsere mittelalterlichen Städte ungewöhnlich exzentrische Lage ganz im Osten. Die Topographie scheint dafür die Bedingung abzugeben. Eine Terrasse von der Form eines Dreiecks schiebt sich sechs Meter in das Niederungsland vor und bestimmt den Umriß der alten Stadt, ehe das Gelände westlich noch einmal um weitere sechs bis acht Meter ansteigt. Sie war ehedem umflossen von einem Rheinarm und dem Speyerbach im Norden. Auf ihrer östlichen Spitze steht der Dom (Farbtafel Seite 51 und Titelbild des Schutzumschlags). Die Stadt liegt westlich davon – durchzogen von einem fächerartig auf den Dom zulaufenden Straßennetz. Die breite Hauptstraße, die den Typus des sonst eher im Südosten verbreiteten Straßenmarktes vertritt, führt gerade auf die Westfassade des Domes zu und wird am anderen Ende durch einen mächtigen Torturm des 13. Jahrhunderts, das sogenannte Altpörtel, begrenzt. Immer wieder hat man diese Straße als *via triumphalis* bezeichnet, den Weg- und Prozessionsgedanken vorbereitend, der sich in dem langgestreckten Dom mit seiner westlichen Portalanlage und dem Verzicht auf die sonst im Reich verbreitete Doppelchörigkeit fortsetzt. Obwohl die Stadt römischen Ursprungs ist und Jahrhunderte vor dem Dom eine Bischofskirche besaß, könnte man aus der Lage von Dom und Straßensystem den Schluß ziehen, es handle sich um eine planvolle Neuanlage im Zuge des großartigen Neubaus des Domes unter den Saliern. Das Areal des Domes war in römischer Zeit besiedelt, wie entsprechende Kulturschichten und zahlreiche Funde belegen; von einer Bebauung kann man sich jedoch kein zusammenhängendes Bild machen.

Im Mittelalter war der Dom wie die meisten kontinentalen Kathedralkirchen von zahlreichen Gebäuden umgeben. Auf seiner Südseite schloß sich der Kreuzgang an, der schon in romanischer Zeit von beachtlicher Größe war und dessen gotischen Nachfolger wir im Boden markiert sehen können. In seiner Mitte erhebt sich der berühmte Ölberg (1505–1512), der leider seine Arkaden und seine Einwölbung verloren hat, ebenso wie die Figuren, die im 19. Jahrhundert ersetzt wurden. Der Kreuzgang war umgeben von den üblichen dazugehörigen Gebäuden, obwohl das Domkapitel wie überall bereits im Mittelalter die *vita communis,* das gemeinsame Leben, aufgegeben hatte und in einzelnen herrschaftlichen Domkurien westlich des Domes wohnte. Diese säumen in barocker Gestalt noch heute den Domplatz. Östlich des Doms lag als dreiflügelige Anlage die Domdekanei, während die Stadtmauer, von der sich das sogenannte Heidentürmchen und ein Stück des gestaffelten Zuges von Haupt- und Vormauer erhalten haben, genau der Form des Geländespornes folgte. Auf der Nordseite, hinter die Achse des Querhauses zurückgesetzt, lag die langgestreckte bischöfliche Pfalz, die ursprünglich sicher als Königspfalz anzusprechen ist. In einer älteren Ansicht sind bei ihr die typischen, von Säulchen getragenen Rundbogenarkaden erkennbar, die wir von romanischen Pallasbauten dieser Zeit kennen. Später wurde sie zu einem frühbarocken Schloß umgeformt mit vier achteckigen Türmchen an den Kanten. Diese Anordnung – Dom und Pfalz im rechten Winkel zueinander, die Flucht des Querhauses aufnehmend, davor ein großer freier Platz – ist charakteristisch für königliche, später bischöfliche Pfalzanlagen. In Bamberg wurden beide gleichzeitig in spätottonischer Zeit errichtet und waren ebenso in Worms und im Prinzip auch in Mainz anzutreffen. Noch die Neugründung Heinrichs des Löwen, die Braunschweiger Stiftskirche (Dom) mit der Burg Dankwarderode, folgte diesem Prinzip. Um von dem Platz aus feierlich in den Dom einziehen zu können, wurde jeweils eines der Seitenportale reicher ausgestaltet. In Speyer war dies das sogenannte Kleine Paradies, in Worms das Nordportal, in Mainz das Marktportal mit seinen Bronzetüren, in Bamberg das prächtige Fürstenportal.

Alle diese Gebäude fielen in Speyer der Zerstörung von 1689 zum Opfer und wurden anschließend nur notdürftig repariert. Am Anfang des 19. Jahrhunderts bestanden sie teilweise nur noch als Ruinen, so daß man sie, die man ohnehin nach den einschneidenden Veränderungen der Französischen Revolution und der nachfolgenden Säkularisation nicht benötigte, leichten Herzens abriß, obwohl der bedeutende Münchener Architekt Leo von Klenze dringend davon abgeraten hatte. Man legte nun einen Englischen Garten an, in den der Dom mit den begleitenden Platanenreihen einbezogen ist, ganz im Sinne romantischer Ideen, die das historische Bauwerk als Zeugnis der Vergangenheit eingebettet in die ewig bleibende Natur sahen. Heute vermissen wir schmerzlich den damit verlorengegangenen Bezug zur Geschichte und den fehlenden Maßstab für den riesigen Dom, den uns die umgebenden Bäume nicht vermitteln können. Auf der Westseite hatte sich ein querrechteckiger Platz herausgebildet, auf den in diagonaler Richtung das Historische Museum vom Anfang dieses Jahrhunderts Bezug nahm. Sein bescheidener, der Größe des Domes durchaus angemessener Charakter genügte den ehrgeizigen Plänen der Stadt nicht mehr, so daß sie ihn 1988 durch den Architekten Ungers im Stile kalter Anlagen der dreißiger Jahre neu gestalten ließ. Weitergehende Pläne scheiterten glücklicherweise.

Das Äußere

Der neuromanische Westbau, mit dem sich der Dom der Stadt zuwendet und über den Georg Dehio einst sagte, »er sei unter den Unglücksfällen, die den Dom betroffen hätten, nicht der geringste«, ist bis in unsere Tage immer wieder heftig umstritten gewesen. Dennoch kommt ihm das Verdienst zu, daß er in der Grundstruktur des Querriegels mit bekrönendem achteckigen Mittelturm und zurückgesetzten Winkeltürmen das Prinzip des alten Westbaus wiederhergestellt hat. Gleichwohl liegt seine Zwerggalerie zu niedrig, der Giebel mildert den ursprünglichen Ernst in gewollter Weise ab, und die Türme sind viel zu schlank; ganz zu schweigen von der Überladenheit seiner architektonischen Formen und der aufdringlichen Flächendekoration. Man wollte damals den alten Westbau bewußt verbessern. Dasselbe gilt für die offene Eingangshalle mit ihren Rippengewölben, über denen sich heute verdeckt die Schildbögen des alten Westbaus erhalten haben.

Von Süden aus offenbart sich die ganze ungewöhnliche Längserstreckung des Domes, die letztlich auf die Verlängerung des Langhauses im Bau I zurückzuführen ist (Bild 12). Von hier aus kann man aber auch in der Gegensätzlichkeit von Materialien und Bauformen die wechselvolle Geschichte gut ablesen. Sehen wir vom üppig gestreiften Mauerwerk des Westbaus ab, so fällt uns am deutlichsten der Kontrast zwischen dem unregelmäßig kleinteiligen Mauerwerk des Seitenschiffs und dem sorgfältigen Quaderwerk des Obergadens ins Auge. Bis auf die Zwerggalerie stammen jedoch beide Mauerzüge vom Bau I und sind zeitlich nicht voneinander zu trennen. Beiden gemeinsam ist der flächenhafte Charakter der Mauern, wobei am Obergaden sogar die Lisenen und Bogenfriese fehlen. Auch die Fenster mit ihrem nur wenig geschrägten, kantig eingeschnittenen Gewände und dem weit an der Außenseite liegenden Fensteranschlag sind in ihren Proportionen einander ähnlich, zumal die Seitenschiffenster erst 1772 um mehr als einen Meter nach unten verlängert wurden und barocke Fenstersohlbänke erhielten. Die riesigen Obergadenfenster wirken in ihren Proportionen fast römisch. Zwei kleinere Seitenportale, die ihre gequaderten Gewände teilweise bewahrt haben, führen in das Innere. Östlich des westlichen Portals steigt die Abschnittfuge auf, die innerhalb von Bau I verschiedene Formen des Kleinquaderwerks voneinander trennt. Sie ist etwas verwischt durch die zahlreichen Verletzungen der Oberfläche infolge des hier angrenzenden Kreuzgangs und der mit seiner Geschichte verbundenen Veränderungen. Ein Stück des horizontalen Dachanschlags seines Pultdachs kann man noch erkennen; viel deutlicher aber sind die steilen, quergestellten Satteldächer abzulesen, die zwischen den Fenstern an die Seitenschiffmauer anschlossen. Die zahlreichen, im unteren Teil sichtbaren Bögen gehen auf eine Reparaturtechnik des 19. Jahrhunderts zurück, mit der die teilweise zerstörte äußere Mauerschale ersetzt wurde. Der Plattensockel ist ebenfalls eine Ergänzung des vorigen Jahrhunderts. Ursprünglich wuchs Bau I wie die meisten vor- und frühromanischen Bauten unmittelbar ohne jeden Sockel aus dem Erdboden heraus. Am Westende unterhalb der Westtürme ist ein fensterloser kurzer Abschnitt zu sehen, der innen der mächtigen, sechs Meter starken Westmauer entspricht und eigentlich zum Westbau gehört, der hier ohne jeden Absatz einst in das Seitenschiff überging. Darüber erhoben sich die Westtürme.

Am Obergaden ist neben dem siebenten Fenster von Westen die Grenze zwischen dem dunkelroten Mauerwerk des romanischen Teils und dem hellroten des barocken Wiederaufbaus gut zu erkennen. Die romanischen Fenster haben gestufte Bogenrücken, wie sie überall im Quaderwerk von Bau I zu beobachten, hier aber besonders gut zu erkennen sind. Die horizontale Fuge auf ganzer Länge im unteren Teil des Mauerwerks stammt von dem steileren barocken Seitenschiffdach, das 1960 beseitigt wurde. Die Zwerggalerie, die im Bau II aufgesetzt wurde und eine ältere unbekannte Mauerzone verdrängte, ist flacher als die des Querhauses, weil hier die Mauerstärken geringer sind. Ihre sichelförmig nach oben ansteigend profilierten Bögen sind ein Versuch, auf beinahe perspektivische Weise eine ähnliche Reliefbildung zu erzielen, wie dies mit der Mauermasse an den Querhäusern geschieht. Neben dem östlichen Fenster kann man bereits in der Wand des Querhauses eine vertikale Naht erkennen. Hier stößt die Pfeilerstruktur des Langhauses am Vierungspfeiler mit senkrechter Naht gegen Bau II, weil ehemals das Kleinquaderwerk des Querhauses ohne Verbund dagegengesetzt war.

An der flachen Wand des Querhauses, die ohne Absatz in den schräg gestellten Strebepfeiler übergeht, zeichnen sich eine Reihe verschieden hoher Dächer der Doppelkapelle im Winkel ab. Diese ist niedriger als ehemals und in ihrer äußeren Erscheinung vollständig aus dem vorigen Jahrhundert, während dies im Inneren nur für das Obergeschoß gegeben ist. Da sie in den Kreuzgang einbezogen war und in der Flucht des östlichen Kreuzgangtraktes lag, besaß sie ursprünglich fast keine selbständige Außenerscheinung. Allerdings hatte sie einen kleinen, wahrscheinlich belichteten achtseitigen Mittelturm, der das Dach überragte.

Zu den großen unvergeßlichen Eindrücken der Speyerer Architektur gehören die beiden Querschiffassaden (Bild 11). Sie sind im Prinzip gleichartig, wenn auch die südliche wegen der geringeren Mauerstärke und des Verzichts auf Ummantelung auf der Westseite erheblich schlanker und durch den Strebepfeiler asymmetrisch ist. Wie nie zuvor und kaum jemals danach werden hier Mauermassen gestaltet. Sie finden ihren Ausdruck in den mächtigen, glatt aufsteigenden Pfeilervorlagen an den Kanten und in der Mittelachse und den tief gestaffelten Fenstergewänden, die schluchtartig die Mauerstärke veranschaulichen. Als drittes Motiv tritt die raumhaltige Zwerggalerie mit ihren kräftigen, doch im ganzen zierlich wirkenden Säulchen als horizontaler Abschluß hinzu. Die Zweischaligkeit der Mauer wird von den 1963/65 rekonstruierten Giebeln anschaulich demonstriert. Sie stehen auf ihren erhalten gebliebenen Unterbauten, nicht auf der Außenflucht der Fassade, sondern zurückgesetzt über der festen Rückwand der Galerie, um die Säulchen nicht zu belasten und der Galerie die Leichtigkeit eines abschließenden Halbgeschosses zu erhalten. Sie ist mit einem querlaufenden Pultdach abgedeckt, das sich oben an den Giebel anlehnt. Von der Seite in der Ostansicht bewirkt dies zugleich ein stufenweises Zurücknehmen der Baumassen in der Dachzone zum Vierungsturm hin.

Die spannungsreichen Kontraste zwischen der zum Teil sehr feingliedrigen Profilierung der Fenster und den mächtigen, glatten Pfeilervorlagen, zwischen die die Fenster eingespannt zu sein scheinen, bewirkt eine wechselweise Steigerung und folgt damit einem gestalterischen Grundgesetz. Die im Mittelschiff des Langhauses teils sichtbare, teils verborgene Pfeilerskelettstruktur wird hier weiterentwickelt und zur Monumentalisierung des Außenbaus eingesetzt – freilich ohne die Tendenz zum Gerüsthaften der späteren Gotik. Die Pfeiler wachsen oben durch die Galerie hindurch, gleichen sich aber durch profilierte Öffnungen und Blenden ihrer Kleinteiligkeit an. Während sich das Fußgesims mit kräftigen Vor- und Rücksprüngen verkröpft, läuft die Traufe des Pultdaches mit einem mächtigen Gesims glatt durch. Dies ist möglich, weil die Pfeiler mit einer zusätzlichen Wandschicht vor der Galerie miteinander verbunden sind in der Art eines überdimensional großen Rundbogenfrieses, der zugleich die Galeriebögen rahmt und darum nicht als gesondertes Motiv wahrgenommen wird. Unten stehen die Pfeiler auf dem hohen, kräftig zurückgestuften Sockel der Krypta, wobei deren mittleres Fenster unter dem Mittelpfeiler mündet. Dieser Widerspruch erinnert daran, daß das alte Querhaus möglicherweise drei Fensterachsen besaß. Er fällt nicht störend ins Auge, weil die Pfeiler oben ebenfalls von Öffnungen zur Galerie durchbrochen sind (Bild 13). Die kleinen Fenster über dem Sockel – auf der Südseite je zwei, auf der Nordseite je fünf – belichten die Mauerkapellen.

Auf der Südseite ist die Strebepfeilerflanke von drei Fenstern durchbrochen, die Unter- und Obergeschoß der Doppelkapelle belichten. Das mittlere gabelt sich, um der Oberkapelle einst ein weiteres Fenster zu erhalten, dessen Lage zunächst nicht mit der gewaltigen Mauerstärke von Bau II rechnete. Die oberen Fenster der Südseite mit ihrem reichen Schmuck aus flachen Ranken und frei stehenden, hinterarbeiteten Akanthusblättern sowie gedrehten Taustäben, Perlstäben, Akanthuskapitellen und in Speyer seltener Tierskulptur von noch ganz abstrakter Durchbildung haben wir im Zusammenhang der Baugeschichte bereits besprochen (Seite 86, Bild 14). Dazu gehören auch das obere westliche Fenster der Nordfassade und die Westfenster des Nordquerhauses.

Im Blick zurück auf das Langhaus offenbart sich der ganze fundamentale Unterschied zwischen Bau I und Bau II, die an dieser Stelle maximal 30 bis 40 Jahre trennen. Die knapp geschnittenen Langhausfenster von Bau I mit ihren riesigen Glasflächen haben übrigens einen ähnlichen Umriß wie diejenigen von Bau II, bei denen jedoch das Einfügen der reich gegliederten Gewände zu einer erheblichen Verkleinerung der Lichtöffnung mit sehr schlankem Umriß führte. Es wäre falsch, aus der Architektur des Querhauses auf einen spätsalischen Stil zu schließen, denn sie ist fast voraussetzungslos und einzigartig. Durch ihre Mauermassen, ihre Zwerggalerien und ihre Fensterformen hat sie aber erheblich zur Entwicklung einer spätromanischen Baukunst im ganzen Oberrheingebiet beigetragen.

Im Winkel zwischen Chor und Querhaus sind die ungegliederten Schäfte der Osttürme von Bau I aus kleinteiligem Mauerwerk fast wie Fremdkörper sichtbar geblieben (Bild 10). Die verstärkten Mauern von Bau II verdecken sie teilweise und scheinen sie zu umklammern, was besonders auf der Nordseite spürbar ist. Dort ist ein doppelter Strebebogen von 1759 stehengeblieben, der sich ehemals gegen einen der Ecktürme der bischöflichen Pfalz lehnte, um den Turm zu sichern. Auf der Südseite erhebt sich an dieser Stelle die dreigeschossige gotische Sakristei von 1409, die sich mit Rundbogenfenstern im Sokkel und Obergeschoß dem romanischen Bau anzugleichen sucht. Die Maßwerke ihrer Hauptfenster sind seit 1689 verloren.

Die Ostansicht des Domes gehört zu den klassischen Formulierungen der romanischen Architektur in Deutschland (Farbtafel Seite 51). Die Baukörper erscheinen sowohl in der Horizontalen wie in der Vertikalen gestaffelt. Dem Rund der durch die Zwerggalerie bekrönten Apsis antwortet das Achteck des Vierungstturmes, der das Galeriemotiv wieder aufnimmt. Beide trennt das Altarhaus, wobei dessen nachträgliche Erhöhung mit der Ausbildung eines abschließenden Giebels (Rekonstruktion von 1965) als ästhetische Notwendigkeit für das Ganze so recht erfahrbar wird. Die Säulenstellungen der Galerien werden auch in den offenen Schallarkaden der Türme als Motiv wiederholt. Die Apsis stellt eine der klassisch gewordenen Formulierungen der romanischen Architektur dar, wobei man sich in Erinnerung rufen muß, daß sie wahrscheinlich die erste dieses Typus überhaupt ist. Als sie errichtet wurde, war das Mittelschiff von Bau I noch unverändert und sollte vermutlich überhaupt nicht umgebaut werden. Daher erscheint es naheliegend, daß man die gleichmäßige Abfolge schlanker Dienste mit Würfelkapitellen, verbunden durch rundbogige Blendarkaden, von dort als Gliederungsmotiv sowohl auf das Innere als auch auf das Äußere der Apsis übertrug. Für die Entwicklung dieses in Deutschland, aber auch in Italien weit verbreiteten und variierten Typus bestanden also in Speyer einmalige, ganz spezifische Voraussetzungen.

Fast gleichzeitig dürfte man am Dom in Pisa eine ähnliche Lösung entwickelt haben. Das gilt vor allen Dingen für die Zwerggalerie, für die wir Vorformen aus Oberitalien kennen, aber auch vom Westbau des Domes in Trier. Kurz nach 1082 konzipiert, dürfte sie dennoch die älteste ihrer Art sein. Sie öffnet sich in voller Höhe, wobei ihre Säulchen jeweils einen profilierten Steinbalken als Architrav tragen, der wiederum den quergestellten, insgesamt radial angeordneten kleinen Tonnengewölben als Auflager dient. Dieser Typus wurde für den Oberrhein prägend und unterscheidet sich deutlich von den etwa 70 Jahre jüngeren Galerien des Niederrhein-Kölnischen Raums. In Italien ist er nicht nur im Norden, sondern auch in der Toskana weit verbreitet, wo er die berühmten Pisanischen Fassaden ziert, bis hin zu entlegenen Beispielen in Rom. Da jedoch ein Abhängigkeitsverhältnis nicht nachweisbar ist, wird man eher an parallele Entwicklungen denken müssen, weil ohnehin ein lebhafter kultureller Austausch bestand, wofür die sicher von italienischen Kräften geschaffenen Akanthuskapitelle Zeugnis ablegen. Der mächtig vorspringende Sockel, der die

Kryptafenster aufnimmt, ist eine formale Entsprechung zur Leichtigkeit des Galeriegeschosses und tritt hier ebenfalls erstmals in Erscheinung. Die drei Fenster sind alternierend angeordnet und besitzen noch relativ sparsame Gewändeprofile. Eine ganz zart aufgelegte Blende rahmt die Wandfelder in ganzer Höhe.

Merkwürdig isoliert erscheinen an einem Halbsäulenschaft die ersten, sehr primitiven Skulpturen: Menschen zwischen Löwen, gedeutet als Paradiesdarstellung (Bild 27).

An den kurzen Flanken des Altarhauses kann man nicht nur die beiden Galerien übereinander sehen, sondern zugleich die Unterschiede zwischen ihnen, die den Entwicklungsprozeß innerhalb von Bau II bezeichnen. Die Strebepfeilervorlage an der Kante des Altarhauses ist in dem oberen Galeriegeschoß nicht weitergeführt, sondern endet mit deren Fußgesims.

Im Winkel zwischen Nordquerhaus und Nordseitenschiff liegt die Afrakapelle, die tief in den Boden versunken zu sein scheint, weil hier das Außenniveau im Laufe der Zeit angestiegen ist und bei der letzten Platzgestaltung leider nicht korrigiert wurde. Ihr Äußeres wird durch kräftig vorspringende Pfeiler mit reich profilierten Gesimsen und ebenso differenziert profilierten Blendarkaden gegliedert. Der Anschluß des Kleinen Paradieses ist nur noch in einem vermauerten Gurtbogen auf der Westseite der Kapelle und in einem Rest der östlichen Nebenkonche sichtbar. Über der Kapelle und dem westlich anschließenden Seitenschiffportal des Domes hat sich die alte Seitenschiffmauer erhalten, die von einer deutlich sichtbaren Naht an nach Westen bis fast zum Westbau aus der Zeit des Wiederaufbaus von 1772 stammt.

Das Innere

Man betritt den Dom im Westen durch das große, einst doppelseitige Stufenportal, das auf der Außenseite im 19. Jahrhundert vollständig verkleidet wurde (Bild 15). Im Inneren zeigt es sich trotz Reparaturen in ganzer Schönheit. Wahrscheinlich ist es das früheste und zugleich größte reine Stufenportal überhaupt. Beim Durchschreiten wird man den gewaltigen Raum auf sich wirken lassen (Bild 17). Sein Schicksal aus Zerstörungen und Restaurierungen hat ihn fast vollständig seiner historischen Ausstattung beraubt, was manchem Besucher den Zugang erschwert. Es fehlt sozusagen eine spezifische Atmosphäre, und das verlangt vom Betrachter eine hohe Konzentration auf die reine Architektur. Wer die Entwicklungsgeschichte dieser Architektur nacherleben will, beginnt sinnvollerweise im ältesten Bauteil.

Die im Jahre 1041 geweihte Krypta des Doms zu Speyer ist in ihrer flächenmäßigen Ausdehnung und auch in der Höhenentwicklung von über sechs Metern eine der größten Kryptenanlagen des Abendlandes (Bild 22 und 23). Obwohl ihre Gewölbe nach 1689 großenteils mit dem alten Material erneuert wurden, bietet sie nahezu unverändert den Eindruck der frühsalischen Architektur aus der ersten Bauzeit. Die vier Raumeinheiten werden durch jeweils drei Pfeilerarkaden voneinander getrennt. Die Pfeiler mit ihren beiden jeweiligen Halbsäulenvorlagen bilden das Modell für die späteren Langhauspfeiler. Über vier Freisäulen entstehen 3 x 3 Joche, kreuzgewölbt mit horizontalen Scheiteln, die Joche durch kräftige Gurt- und Scheidbögen voneinander getrennt. Die geraden Säulenschäfte über steilen attischen Basen verjüngen sich nicht und sind aus einzelnen Trommeln aufgeschichtet. Die mächtigen Würfelkapitelle zeigen ganz zart den Ansatz ihrer halbkreisförmigen Schilde. Über den Freistützen sind die Kämpfer differenziert mit vielen kleinen Absätzen und Karniesen profiliert, während wir an den Wänden die typisch salisch vereinfachte Kämpferform aus Platte und Schräge finden. Die Gurtbögen sind sichelförmig, weil sie sich über dem knappen Auflager, das die Säulen bieten, zu einem Block vereinigen müssen, aus dem auch die Grate hervorwachsen. Diese Sichelform gibt den Bögen eine eigentümliche Spannung. An der Wand ruhen die Gewölbe auf schlankeren Halbsäulen, die ihrerseits kräftige Schildbögen tragen. So ist jedes Gewölbejoch allseitig durch Bögen gerahmt und damit in ein klares, den Raum gliederndes Raster eingespannt. Dies dürfen wir als ein typisches Merkmal der jungen, sich von der älteren ottonischen Architektur absetzenden Romanik ansprechen.

Die Schildbögen, die 1689 nicht zerstört wurden, weisen noch den ursprünglichen regelmäßigen Wechsel zwischen roten und gelben Steinen auf. Die relativ großen Fenster besitzen gestufte, leicht geschrägte Gewände, deren Tiefe durch die enorme Verstärkung des Fundaments durch Bau II verursacht ist. Die Plinthen in den Winkeln sind merkwürdigerweise schräg gestellt. Die Wände sind verputzt. Leider sind alle Werksteinteile im 19. Jahrhundert mit dem Stockhammer überarbeitet worden. In der Krypta stehen insgesamt sieben Altäre, davon sechs im Querhaus, was die Absicht der Erweiterung dieses Raumes deutlich erkennen läßt. Leider kennt man ihre ursprünglichen Patrozinien nicht. Vielleicht wurden sie im Mittelalter nie geweiht, weil bedeutsame Reliquien fehlten. Vier der Altarblöcke stammen noch aus der Bauzeit.

Bei den seitlichen Durchgängen zur Ostkrypta kann man die nachträglichen Veränderungen deutlich erkennen. Dieser Raum mündet in den großen Halbkreis der Apsis. Da sie eingezogen ist, kommt es zu ungelenken Überschneidungen mit dem Gewölbe. Wir dürfen dies als Beweis dafür ansehen, daß der Halbkreis nicht für die dreischiffige Krypta, sondern für den Ostabschluß der Oberkirche konzipiert ist. Der große vierpaßförmige Steintrog in der Mitte, der zwar schon lange, aber nicht von Anfang an an dieser Stelle steht, dürfte eines der ältesten romanischen Taufbecken sein, wie sie uns sonst nur aus der zeitgenössischen Buchmalerei bekannt sind.

In diesem ältesten Bauteil tauchen die etwas unregelmäßigen, zum Teil sich leicht verjüngenden Halbsäulen unmittelbar in die Wand ein und sind oben durch ein umlaufendes Horizontalgesims miteinander verbunden. An dieser Stelle tritt in der etwas jüngeren Querhauskrypta eine Veränderung ein. Auf ihrer Ostseite sieht man die halbrunden Altarnischen, die das Gesims unterbrechen und die Mauer plastisch aushöhlen. Vielleicht gaben sie die Anregung, an den übrigen Wänden flache Rechtecknischen in fast ganzer Jochbreite anzuordnen. Da sie nicht bis zum Boden hinabreichen, darf man sie als Eintiefungen in die Mauer verstehen, obwohl oben das Horizontalgesims um die Laibung verkröpft ist und dann endet, so daß es nunmehr auch als Kämpfer einer Pfeilervorlage vor der rückwärtigen Wand gedeutet werden könnte. Zusammen mit den Rücksprüngen der Fenstergewände entsteht hier ein kräftiges Mauerrelief, das sich von den flachen Raumbegrenzungen der Ostkrypta gänzlich unterscheidet.

Man betritt die Krypta heute über zwei Treppenläufe, die vom Seitenschiff aus durch große Bogentore in die Querschiffkrypta führen. Dies geht auf eine Veränderung zurück, die noch in der ersten Bauzeit zustande kam, aber erst am Anfang der zweiten Bauzeit ihre heutige Form erhielt. Ursprünglich führten zwei Treppenläufe vom Mittelschiff aus in die Vorkrypta, die sich wiederum mit drei Bogentoren zur Vierungskrypta öffnete. Die beiden seitlichen Bögen sind bis auf zwei Sechseckfenster heute vermauert. Durch den mittleren, 1900 wieder geöffneten Bogen betritt man von der Querhauskrypta aus die Kaisergruft.

Die Kaisergruft der Kaiser- und Königsgräber in der heutigen Form besteht erst seit 1900 bzw. 1960. Dabei wurde die Vorkrypta teilweise wiederhergestellt. Von hier aus führen zwei Treppenläufe etwa an der Stelle der ursprünglichen, aber erheblich schmaler, hinauf in die eigentliche Gruft. Ehedem war dies das Ostende des Mittelschiffs, was man an den beiden mächtigen Säulenbasen, die dort sichtbar werden, ablesen kann. Sie gehören zu den Gewölbevorlagen von Bau II, wofür unter anderem ihre Eckzehen sprechen. Seitlich neben den Treppen kann man durch Öffnungen Mauerwerk erkennen, das zur ehemaligen äußeren Begrenzung der Vorkrypta gehört.

Als 1052 Kaiser Heinrich III. den Dom besuchte, war er mit der Grabstätte seiner Eltern, Kaiser Konrads II. und Kaiserin Gisela, die in der Mittelachse zwischen den Treppenläufen bestattet waren, nicht zufrieden. Vermutlich fand er den Bereich zu eng und durch die Treppenläufe gestört, die jedermann auf dem Weg zur Krypta benutzen mußte. Vor allem aber fehlte das Entscheidende: jeglicher Bezug zu einem nahen Altar, worauf insbesondere der Stifter einen Anspruch hatte.

Vermutlich war dies der Anlaß, die gesamte Vorkrypta einschließlich der Treppenstufen abzureißen und mit Erde aufzufüllen, nachdem man zunächst die seitlichen Zugänge bis auf den oberen Bogen zugemauert und vor die Mittelöffnung ein großes Altarfundament gesetzt hatte. Die Eingänge zur Krypta wurden in die Seitenschiffe verlegt. Der mittlere Bereich wurde planiert und vier Joche weit hinaus in das Mittelschiff verlängert. Er lag eine Stufe unter dem Fußboden des Mittelschiffs, seitlich begrenzt durch einen Streifen, auf dem vielleicht bereits das Gestühl für den sich so entwickelnden Königschor stand. 1056 wurde Heinrich III. neben seinem Vater Konrad II. bestattet. Diese drei Gräber, vor der neu errichteten Abschlußmauer der Vorkrypta und vom Besucher am weitesten entfernt, sind die einzigen, die ihren ursprünglichen Platz bewahrt haben. Das Grab Konrads II. ist an den Eisenbändern zu erkennen, vermutlich weil er 1039 auf der Baustelle bestattet wurde und man seinen Sarkophag vor Plünderungen sichern wollte. Als 1087 die Kaiserin Berta verstarb, brauchte man auf die bereits verschwundenen Treppen der Vorkrypta genausowenig Rücksicht zu nehmen wie 1111 bei der Bestattung ihres Gemahls Heinrich IV. Beide Sarkophage wurden 1900 an die übrigen herangerückt, weil man den Platz für die neuen Treppen brauchte.

Bei der Bestattung des letzten Saliers Heinrichs V. war seitlich wohl kein Platz mehr, so daß man über den bisherigen Gräbern Erde aufschüttete und ihn über seinem ungeliebten Vater Heinrich IV. beisetzte. Damit war im Mittelschiff ein neues Zwischenniveau entstanden, das als Ausgangspunkt für den Königschor bezeichnet werden muß. Um auf dieses Niveau hinaufzugelangen, benötigte man seitlich zwei nunmehr ansteigende Treppen, die bereits die neuen Gewölbevorlagen von Bau II überschnitten. Ihre Spuren sind dort deutlich abzulesen. Sie sind einer der absolut sicheren Beweise, daß der Bau II mit seinen Gewölben vor 1125 abgeschlossen war und mit den zahlreichen Schriftquellen aus der Zeit Heinrichs IV. in Verbindung zu bringen ist.

Bei dem Bau der Gruft 1902 versetzte man das Grab Heinrichs V. in einen modernen Sarkophag in eine Nische seitlich der Treppe. Gleichfalls modern sind die Gräber in der zweiten Reihe vor den Kaisern mit den Königen und den Angehörigen des Staufergeschlechts. Sie lagen ursprünglich in gemauerten Gräbern erheblich höher im aufgeschütteten Erdreich westlich der Kaisergräber. Gleiches gilt für die Bischöfe, die heute in Kammern westlich des Gruftumganges ruhen. Der gesamte Bereich der Gruft war bis 1900 mit Erde angefüllt und damals durch eine archäologisch nicht sehr sorgfältige Grabung freigelegt worden. Um die äußere Erscheinung des Mittelschiffs nicht zu verändern, legte man in dem aufgehöhten Königschor die moderne Gruft an und machte sie von der Krypta aus zugänglich.

Die moderne Gruft und die modernen Grabplatten über den Königsgräbern übertönen die Wirkung der unverändert gebliebenen ersten salischen Kaisergräber in ihrer Schlichtheit. Man muß sich in Erinnerung rufen, daß diese Grablege einst eine der fast heiligen Stätten des alten römisch-deutschen Kaiserreiches war, ebenso wie die Pfalzkapelle in Aachen und vergleichbar den Königsgrablegen in Saint-Denis bei Paris oder Westminster bei London. Sie ist der Schlüssel zum Verständnis für ihre Absichten, welche die Kaiser beim Neubau »ihres« Domes verfolgten. Der nach seiner Erweiterung unter Heinrich II. große Bereich der Gräber war neben dem Hochchor auch ein liturgisches Zentrum mit Altar und Chorgestühl zum immerwährenden Gebet der »Stuhlbrüder« für das Seelenheil der verstorbenen Kaiser.

Das Langhaus: Von der Krypta aus gelangt man wieder in das Seitenschiff und damit in den zweiten, von Bau I unverändert übernommenen Bauteil. Mit 70 Meter Länge, 7,70 Meter Breite und fast 15 Meter Höhe macht es den außerordentlichen Anspruch des frühsalischen Domes deutlich. Wiederaufbau und großenteils neue Gewölbe beeinträchtigen diesen Eindruck nicht. Die gleichmäßige Reihe der Pfeiler mit ihren Halbsäulenvorlagen läßt etwas von der Gesamterscheinung des Langhauses von Bau I ahnen (Bild 17).

Das Gewölbesystem des Seitenschiffs entspricht mit seinen sichelförmigen Gurt- und Schildbögen, die zusammen mit den Kreuzgratgewölben auf Halbsäulen ruhen, demjenigen der Krypta, allerdings mit ungewöhnlich querrechteckigen Jochen (Bild 16). Einzigartig sind jedoch die mächtigen Blendarkaden aus gequaderten Pfeilervorlagen und Bögen im Farbwechsel, die der Außenmauer aufgelegt sind. Die verputzten Füllwände dazwischen bestehen aus Kleinquaderwerk. Dieses neuartige Wandsystem ist aus demjenigen der Querschiffkrypta hervorgegangen. Weil unten die verbindende Sockelbank fehlt und die Vorlagen gequadert sind, erscheint das Verhältnis geklärt: Die Blendarkaden sind der rückwärtigen Wand aufgelegt. Außerdem sind sie um mehr als das Doppelte in die Länge gestreckt worden. Das System tritt hier wiederum in Verbindung mit Gewölben auf. Da in den Ostteilen von Bau I gänzlich andere Bedingungen vorlagen, darf es nicht verwundern, wenn man es dort nicht einsetzte. Das Blendarkadensystem stellt überdies eine genaue Spiegelung der offenen Arkadenreihe zum Mittelschiff hin dar. Die Seitenschiffe werden dadurch zu vollkommen symmetrischen Räumen, eine seltene Ausnahme, weil in der Regel zwischen den Außenmauern und den Mittelschiffarkaden gänzlich unterschiedliche Bedingungen herrschen.

Wenn man versucht, eine Vorstellung von der Wandgliederung des flachgedeckten Mittelschiffs von Bau I zu gewinnen, geht man am besten von den Zwischenpfeilern der Joche aus und denkt sich alles hinweg, was mit der Einwölbung zusammenhängt (Bild 19). Ursprünglich sahen alle Pfeiler gleich aus. Sie sind längsrechteckig und zeigen auch zum Mittelschiff hin eine Halbsäulenvorlage von gleichem Durchmesser wie in den Seitenschiffen. Ihre Kämpfer verkröpfen sich auf der Stirnseite nicht, um nicht an die schlanke Vorlage anzustoßen – ganz im Gegensatz zu Bau II. Überraschenderweise liegen die Bögen der überaus schlanken und schmalen Arkaden nicht in der Ebene der Pfeiler, sondern treten mit der Stirnseite deutlich hinter sie zurück. Dadurch wird es möglich, daß der Pfeiler sich oberhalb des Kämpfers als Vorlage fortsetzt, wie es der Seitenschiffgliederung entspricht. Da die ungewöhnlich großen Fenster fast die Weite der Arkaden erreichen, die die ganze Wandfläche aufzehren, erscheint der zu den Vorlagen gehörende Blendbogen wie eine Fensterrahmung. Die Würfelkapitelle über den schlanken Halbsäulen, die man hier bereits als »Dienste« bezeichnen kann, tragen eine weitere Blendarkatur, die den Schildbögen der Seitenschiffe entspricht. Insgesamt handelt es sich um die vollständige Übertragung des im Zusammenhang mit Gewölben entwickelten Wandsystems auf einen ungewölbten Raum. Das ist das eigentlich Erstaunliche an diesem Vorgang. Hinzu kommt die abermalige außerordentliche Streckung, die nun zu einer geschoßübergreifenden Kolossalordnung führt. Sie beginnt nicht erst über den Kämpfern, sondern bereits auf dem Fußboden – nur zehren die Arkadenöffnungen die gesamte Wandfläche auf, so daß man das System unten nicht eindeutig wahrnehmen kann. Es wundert in diesem Zusammenhang nicht, daß die Arkadenbögen selbst fast unwichtig geworden sind. Sie besitzen denn auch wie die Sichelbögen keinen erkennbaren Bogenfuß. In den Laibungen weisen die Pfeiler wie schon in der Krypta Sockelstufen auf. Die einzige Horizontalgliederung dieses Systems stellte ein hohes, nur der zurückliegenden Wand aufliegendes Gesims dar, das erheblich oberhalb der Zwischenkapitelle von Bau I verlief. Da man nach 1957 die Fresken Schaudolphs nicht entfernen wollte, konnte das Gesims nicht an seiner ursprünglichen Stelle wiederhergestellt werden, was sich für den empfindsamen Betrachter als schwerer Nachteil erweist.

Die Veränderungen, die das Gewölbesystem von Bau II mit sich brachte, haben wir im Zusammenhang der Baugeschichte eingehender besprochen. Auch wenn die in dem ausgeführten Projekt vorgelegten Verstärkungen nur wenig Volumen besitzen, so bedeuten sie eine grundlegende Veränderung des Systems. Neben der erheblichen Steigerung des Wandreliefs ist dies vor allen Dingen die Rhythmusbildung innerhalb des ursprünglich gleichmäßig durchlaufenden Rapports der Stützen. Sie bereitet die Zerlegung des oberen Raumabschlusses in eine Abfolge kupplig ansteigender Einzeljoche vor. Man hat sie als eine Abfolge von in den Raum hineingestellten Baldachinen auf jeweils vier Stützen sehen wollen und daran weitreichende Überlegungen für die Bedeutung dieser Architektur geknüpft. Doch gerade die enge Verzahnung mit dem bisherigen Wandsystem widerlegt diese Hypothese. Die strenge, ja fast monotone Architektur von Bau I mit ihrem ungeheuren Tiefenzug wurde zu einem aufregenden Rhythmus abgewandelt, die Tiefe gemildert und zugleich ablesbar gemacht und durch die Gewölbe hoheitlich gesteigert. Die Horizontale erhielt erneut ihr Recht, auch wenn sie durch den Verzicht auf das vollständige Projekt nur moderat zum Tragen kommt.

Q u e r h a u s und C h o r : Der nachhaltigste Eingriff in den Raumzusammenhang der Ostteile stellen die vorspringenden Verstärkungen der Vierungspfeiler mit ihren Bögen von 1759 dar (Bild 18). Die verbindende Schräge auf ihrer der Vierung zugewandten Seite, die an die Pfeiler von Neu-St.-Peter in Rom erinnert, verändert auch den Raumeindruck der Vierung selbst. So kann man die Ostteile eher in ihren Einzelräumen erleben. Angrenzend an die östlichen Vierungspfeiler erscheinen jeweils die glatten Flächen der Osttürme mit ihren kleinen Fenstern, die die Wendeltreppen belichten. Die jeweils begrenzenden Wandvorlagen im Chor und im Querhaus gehören noch zu Bau I – im Chor den Gurtbogen der Tonne tragend, im Querhaus eventuell schon früher für eine Blendengliederung bestimmt. Im übrigen aber wird der Charakter hier rundum von der vollständigen Erneuerung durch Bau II bestimmt. Von der Übernahme der Blendarkatur der Apsis aus dem Mittelschiff von Bau I haben wir schon am Außenbau gesprochen. Neben den beiden Mauerkapellen in ihrer einfachsten Ausführung seitlich im Altarhaus treten hier in der Apsis die Muldennischen auf, die wir auch aus der Querschiffkrypta kennen, die aber hier als reines Wandgliederungsmotiv eingesetzt sind. Darüber erscheint ein mächtiges dreiteiliges Abschlußgesims, das in seiner Abfolge aus Wulst, flachem Streifen und mehrteiligem Profil den Gedanken an ein antikes Gebälk anklingen läßt. Es setzt sich nicht nur auf gleicher Höhe im Querhaus fort, sondern erscheint auch unter der Apsiskalotte und dem anschließenden Tonnenkompartiment. Vor einem Anstoßen an die vertikalen Dienste hat man jetzt keine Angst mehr. Mit der feierlichen Abfolge der Blendarkaden von Bau I hatte man für die Überhöhung des kultischen Zentrums in der Apsis genau den richtigen Ton getroffen. Die Einzelformen werden noch weitgehend von den teilweise ornamentierten Würfelkapitellen beherrscht.

Von den beiden Querarmen wirken vor allen Dingen die beiden Stirnseiten als eine eigenständige Architektur, während man sich auf den übrigen Seiten zu Kompromissen wegen der stehengebliebenen und angrenzenden Bauteile genötigt sah. Eine die Geschosse übergreifende Vertikalordnung aus Pfeilervorlagen und nunmehr reich profilierten Blendbögen führte man gleichwohl auf allen Seiten um. Der Blick auf die kargen Wände der benachbarten Dome in Mainz und Worms macht aber auch hier den außerordentlichen Anspruch der Architektur deutlich. In den Raumwinkeln ordnete man bezeichnenderweise keine Viertelsäulen wie im Langhaus an, sondern kräftige rechteckige Rücksprünge, die die Bogenglieder und die ursprünglich vorgesehenen Gratgewölbe aufnehmen sollten. In der Achse der Stirnwand erscheint jeweils eine breite flache Vorlage, die genau der äußeren entspricht und damit den strukturellen Zusammenhang von Innen- und Außenbau verdeutlicht. Ein Vergleich der Mauerkapellen zwischen Süd- und Nordseite veranschaulicht den schnellen Formenwandel zu steter Bereicherung und das Eingehen der Planung darauf.

Von den beiden so klassisch antik wirkenden Altarädikulen auf der Ostseite haben wir im Zusammenhang der Baugeschichte schon gesprochen. Nur bei ihnen und den Mauerkapellen erscheinen die köstlich gearbeiteten korinthischen Kapitelle, nicht jedoch bei den Gewölbevorlagen. Bei ihnen setzte man das dreiteilige Gesims aus der oberen Zone der Apsis fort, beschränkte es jedoch auf die Vorlagen. Die glatte »Frieszone« beginnt sich bei einigen Vorlagen zunächst ganz sachte und dann immer stärker polsterartig vorzuwölben, so daß sie den Charakter eines eigenen, sehr abstrakten Kopfgliedes annehmen, das eine entfernte Verwandtschaft zum Würfelkapitell aufweist. In den beiden Querarmen kann man so die Genese des Polsterkapitells verfolgen, das für die hoch- und spätromanische Architektur des Oberrheins, insbesondere des Wormser Raumes, prägend werden sollte und möglicherweise hier entstanden ist. Als bewußte Steigerung der gesamten Architektur empfindet man die mächtigen, diagonal geführten, gurtartigen Rippen. In der Westwand sind über den Seitenschiffarkaden jeweils zwei kleinere Rundbogenöffnungen angeordnet, die in die Dachräume der Seitenschiffe münden. Auf der Nordseite ist sie zweischalig mit einem kleinen Kreuzgratgewölbe ausgebildet. Später befand sich hier eine Schwalbennestorgel, die den Chorgesang begleitete. Wahrscheinlich handelt es sich hier um einen Vorläufer für eine kleine tragbare Orgel, wie wir sie häufiger auf der Nordseite von Choranlagen ausmachen können.

Die Vierung nahm in der Tat den alten Psallierchor des Domstiftes auf. Sie war mit Schranken gegen die Querarme und den Königschor abgetrennt, wo später ein Lettner errichtet wurde. Der achteckige, belichtete Vierungsturm mit seinem Klostergewölbe, der das kultische Zentrum zu überhöhen scheint, tut dies erst seit dem 18. Jahrhundert, denn im Mittelalter stand der Hochaltar natürlich in der Apsis. Bei der Verstärkung der Pfeiler wurden auch die nischenartigen Trompen mit einer zusätzlichen Schale versehen. Dazwischen werden die drei übereinanderliegenden romanischen Vierungsbögen sichtbar, von denen der untere den schwarzen Basaltbogen nicht berührt und daher nicht tragend ist (Bild 20). Die kleinen Rundfenster konnten nach Befund anstelle barocker Öffnungen wiederhergestellt werden. Die 16 Blenden darüber sind keine vermauerten Fenster, sondern ehemalige Muldennischen, die aus statischen Gründen nicht wieder geöffnet werden konnten. In den Diagonalseiten sind sie teilweise Rekonstruktion. Ein Gesims unter den ehemaligen Nischen wurde leider nicht wiederhergestellt. Mit der weitgehenden Ausnischung der Mauern durch die Trompen, die großen Nischen und den oberen Nischenkranz behält der Tambour fast kaum mehr durchgehende Mauermasse. Formal schließt er damit an das Untergeschoß der Apsis an. Hinsichtlich der ohnehin geringeren Mauerstärken in dieser Höhe mit darüber liegender Wölbung geht er als Wagnis weit darüber hinaus. Trotzdem hat das Klostergewölbe die außerordentlichen Beschädigungen durch tiefe Risse bis heute überstanden. Die schlanken Fenster in seinem Fuß führen auf die äußere Zwerggalerie hinaus. Insgesamt ist man fast versucht, daran zu denken, hier sei das Innere der Aachener Pfalzkapelle auf die kreuzförmige Basilika getürmt worden. Ähnliche Gedanken hatten die Baumeister der Renaissance hinsichtlich des Pantheons, als es um den Neubau von St. Peter in Rom ging.

Die Kapellen: Die heutige Taufkapelle St. Emmeram im Winkel zum Südquerarm stellt mit ihrem leider im 19. Jahrhundert gänzlich erneuerten Obergeschoß St. Katharinen die früheste Doppelkapelle dieses Typus überhaupt dar, der sich später als Burg- und Pfalzkapelle größter Beliebtheit erfreute. Im Gegensatz zur Krypta ist hier das Mitteljoch betont und von schmaleren Jochen allseits umgeben, so daß ein Zentralraum entsteht, bei dem Mittel- und Querachse jedoch betont sind (Bild 21). Tiefe Rechtecknischen bzw. Konchen auf der Ostseite ersetzen auch hier den geschlossenen Eindruck einer Wand. Die achteckige Mittelöffnung konnte 1960 wieder geöffnet werden. Sie führt in den lichteren, ehemals sehr viel höheren Raum des Obergeschosses, bei dem nur die vier korinthischen Kapitelle vom Vorgängerbau stammen. Ein wahrscheinlich offener achtseitiger Turm bildete den Abschluß des mittleren Raumschachtes. Über die Bedeutung dieses Typus als formaler Ausdruck der Sozialstruktur des Feudalismus ist oft nachgedacht worden, doch wissen wir auch bei den Palastkapellen wenig über die Nutzung. Das mittlere Achteck kann, muß aber nicht als Anspielung auf die Palastkapelle Karls des Großen in Aachen verstanden werden. In Speyer diente sie sicher nicht als bischöfliche Palastkapelle, weil die Pfalz auf der anderen Seite lag und das Untergeschoß sich in großen Arkadenstellungen auf den Kreuzgang hin öffnete. Dies gleicht vielmehr einem Kapitelsaal. So wird man sich damit abfinden müssen, daß auch in diesem Fall das erste Beispiel dieses Typus aus einer spezifischen Situation heraus entstanden ist und beide Geschosse zu unterschiedlichen Zwecken genutzt wurden, weil die baukünstlerische Idee das Primäre war.

Über die historische Bedeutung der Afrakapelle im Winkel zum Nordquerarm sprachen wir oben (vgl. Seite 94 f.). Die Reliquien der heiligen Afra brachte Heinrich IV. aus Augsburg nach Speyer, ohne zu ahnen, daß er einst in dieser Kapelle aufgebahrt werden würde. Beim Abbruch eines Altars fand man 1972 neben verschiedenen Reliquien auch ein Blatt der berühmten ostgotischen Ulfilasbibel (um 500), deren übrige Teile sich in Uppsala in Schweden befinden. Der Raum besaß ursprünglich nur die halbe Länge. Seine Gliederung ist bemerkenswert, weil hier die relativ kleinen, die Gratgewölbe tragenden Säulen frei vor die Wand gestellt sind, auch wenn sie unten von einer durchgehenden Sockelstufe als Sitzbank und oben durch die Schildbögen fest mit der Wand verankert sind (Bild 26). Man könnte fast meinen, daß hier der Gedanke frei in den Raum gestellter Baldachine tatsächlich seinen Ausdruck gefunden hätte. Gleichwohl ist es die letzte Konsequenz aus der Entwicklung von Bau II. Die zerstörten Gewölbe konnten 1972 in ihre ursprüngliche Gestalt zurückversetzt werden. Auch der Fußboden wurde damals abgesenkt. Beim ehemaligen Durchgang in das Kleine Paradies erscheinen zwei eingestellte Säulen, die heute zum Teil in die spätere Vermauerung dieser Öffnung eingebettet sind. An ihren Kapitellen erscheinen Bananen verzehrende Affen – offenbar eine Wortanspielung auf die Patronin der Kapelle. Sie sind großenteils jedoch zutreffend erneuert. Die übrigen Kapitelle sind hoch entwickelte antikisierende Kompositkapitelle, von denen einige einen unvollendeten Zwischenzustand aufweisen (Bild 24 und 25).

Bau I kennt rigoros keinerlei ornamentalen Dekor und beschränkt sich ganz auf das wunderschön durchgestaltete Würfelkapitell. Mit geometrischen Mustern, einem großen Kreuz als Relief und einem eingravierten Vortragekreuz ist eine Grabplatte verziert, die heute im Südseitenschiff in der Nähe der Krypta aufgestellt ist. Sie stammt von einem Bischofsgrab in der Domachse, vielleicht dasjenige Reginbalds, Bischof unter Konrad II. Sie lag unter dem Bodenbelag.

Um so reicher entwickelt sich das Ornament von Bau II, das einer gesonderten Abhandlung würdig wäre. Hier sind entsprechend der Baugeschichte verschiedene Gruppen zu unterscheiden. Die Kapitelle in der Apsis und im Untergeschoß der Doppelkapelle sind deutlich von den übrigen Teilen zu trennen. Neben eher kerbschnittartigem Ranken- und Blattwerk sind bereits Vorformen antikisierender Kapitelle zu beobachten, zum Teil von erstaunlich vegetabilem Zuschnitt. Auch eine Vorform des Kelchblockkapitells ist anzutreffen. Einmal sind Weinbergschnecken an den vier Kanten eines Kapitells der Apsisgalerie zu erkennen. Die Kapitelle der Taufkapelle sind vom korinthischen Typus abgeleitet, aber noch nicht diagonalansichtig, sondern streng auf die vier Seiten ausgerichtet. Statt der Voluten zieren Blütensterne die Kanten. In diesem Zusammenhang gehört auch das oben genannte Relief außen an einem der Apsisdienste (Bild 27) und ein kleines flaches Figürchen am rechten Gewände des südlichen Kryptazugangs. Es ist ganz isoliert im gepickten Quaderspiegel – sicher kein Steinmetzzeichen: »Tänzerin« oder Soldat im kurzen römischen Waffenrock?

In den späteren Abschnitten nach 1090 tritt neben den rein antikisierenden Formen, für die es in Deutschland keine Vorformen und nur wenige Nachfolger gibt, weiterhin kerbschnittartiges, aber auch vegetabiles Rankenwerk auf, darunter solches mit Weintrauben. Das unmittelbare Nebeneinander romanischer und antiker Formen, insbesondere bei den prachtvollen Schmuckfenstern des Südquerarms, erscheint aus heutiger Sicht kaum verständlich, verdeutlicht aber, daß die Antikenrezeption der Romanik eine gänzlich andere ist als die der Renaissance (Bild 13 und 14). Bei dem Kranzgesims der Nordseite handelt es sich um die fast vollständige Nachbildung eines antiken Gesimses mit Zahnschnitt, Eierstab und Kymation.

Tierdarstellungen in eigentümlich abstrakter Form, in erster Linie Löwen, sind selten. Die Darstellung der menschlichen Figur ist auf das Apsisrelief und eine leider stark verstümmelte Samsondarstellung beschränkt, die sich im Querhaus am Pfeilerkapitell neben der nordöstlichen Mauerkapelle befindet. Die abstrahierende, zum Teil sehr expressive Darstellungsweise, vor allem der Löwen und Fabelwesen, macht im Vergleich zu den ungewohnt organischen antiken Kopien der Kapitelle deutlich, daß die Beherrschung dieser Formen im Ornament noch keineswegs selbstverständlich zu einer Übertragung auf Tierkörper oder gar die menschliche Gestalt führt.

Die beiden gedrungenen Löwen, die sich als Kopien der Originale des Museums in der Krypta befinden, dürften wohl von einem unbekannten Portal des 12. Jahrhunderts stammen (Bild 28). Ihr Zusammenhang mit dem Dom ist nicht nachweisbar.

Im Hinblick auf die Größe des Doms ist die Bauzier trotz ihres Reichtums nur sparsam eingesetzt. Um sie an den Galerien, den Fenstern im Hochschiff sehen zu können, muß man das Fernglas zu Hilfe nehmen. Obwohl vielfach unvollendet und sehr abstrakt, ist sie von hoher Qualität und in ihrer Nähe zur Antike mit Ausnahme von Mainz fast einzigartig in Deutschland.

Man kann die Antikenrezeption der gleichzeitigen in Burgund (Cluny) gegenüberstellen und wird dabei Unterschiede sehen, weil die Steinmetzen sicher teilweise aus Italien kamen. Man dachte dabei an Oberitalien (Lombardei), muß aber auch die Toskana (Pisa, Lucca) trotz des dort verwendeten Marmors einbeziehen. Die Qualität setzt eine lange Übung voraus, die freilich nicht ein Anpassung an deutsche, abstraktere – vielleicht auch ungelenkere – Gestaltungsweise verhinderte. Im Detail des Ornaments ist sicher kein Zitat des imperialen Anspruchs der antiken römischen Kaiser zu sehen. Dieses bezieht sich nur auf das Ganze: den Bau mit seinen architektonischen und ornamentalen Formen.

Literatur

H. E. Kubach und Walter Haas, *Der Dom zu Speyer* (Die Kunstdenkmäler von Rheinland-Pfalz 5) 3 Bände, München 1972; B. H. Röttger, *Stadt und Bezirksamt Speyer* (Die Kunstdenkmäler von Rheinland-Pfalz 3), München 1934; R. Kautzsch, *Der Dom zu Speyer*, Städel Jb. 1, 1921; H. E. Kubach, *Der Dom zu Speyer*, Darmstadt 1976; D. v. Winterfeld, *1689–1957 – zweieinhalb Jahrhunderte Denkmalpflege am Dom zu Speyer*, in: Deutsche Kunst und Denkmalpflege 44, 1986, S. 148–158; D. v. Winterfeld, *Die Rippengewölbe des Doms zu Speyer*, in: Kirchen am Lebensweg, FS Fr. Kardinal Wetter, Jb. d. Ver. f. Christliche Kunst XVII, München 1988, S. 101–112; D. v. Winterfeld, *Worms, Speyer, Mainz und der Beginn der Spätromanik am Oberrhein*, in: Baukunst des Mittelalters, FS H. E. Kubach, Stuttgart 1988, S. 213–250; S. Weinfurter, *Herrschaft und Reich der Salier*, Sigmaringen 1991; S. Weinfurter, *Herrschaftslegitimation und Königsautorität im Wandel: Die Salier und ihr Dom in Speyer*, in: Die Salier und das Reich, Bd. 1, Salier, Adel und Reichsverfassung, hrsg. v. S. Weinfurter, Sigmaringen 1991, S. 55–96.

Der Mainzer Dom im Bild der Stadt von Südwesten. ▷

Der Dom zu Mainz

Patrozinium St. Martin und St. Stefan

Geschichte

Mainz gehört zu den bedeutendsten Römerstädten am Oberrhein. Um 16 v. Chr. gründete hier Drusus, der Stiefsohn des Kaisers Augustus, ein Militärlager, an das sich sehr bald eine Zivilsiedlung anschloß. Noch vor der ersten Jahrhundertwende wurde eine steinerne Brücke über den Rhein errichtet. Etwa gleichzeitig entstand der obergermanische Limes, und Mainz wurde zur Hauptstadt der Provinz Germania superior. Nach der Aufgabe des Limes wurde die Stadt zur Grenzfestung und mit einer Mauer umschlossen. 346 ist der erste Mainzer Bischof bezeugt. In der zweiten Hälfte des 4. Jahrhunderts und der ersten des 5. Jahrhunderts wird die Stadt von Alemannen, Vandalen, Sueben und Burgundern erobert. 406 erleidet der christliche Priester Albanus den Märtyrertod. Über seinem Grab entsteht vor der Stadt die Kirche St. Alban noch vor dem Hunnensturm von 451. Dieses Datum bedeutet auch eine Zäsur in der Mainzer Bischofsliste bis zum Jahre 565. Der große Reformer der ostfränkischen Kirche Bonifatius ist von 747 bis 754 Bischof von Mainz. Er begründet die Erhebung zum Erzbistum. Mainz wird dadurch zur Metropole der größten Erzdiözese Europas mit 15 Suffraganbischöfen, die von Chur im Süden bis Verden an der Aller im Norden und Prag im Osten reicht. Von einer Bischofskirche aus dieser Zeit ist jedoch nichts bekannt. Erst unter Hatto (891–913) ist der Neubau eines Domes nachweisbar, der sich vermutlich in der Johanniskirche westlich des Domes erhalten hat. Erst der nach Bonifatius bedeutendste Erzbischof Willigis (975–1011) verlegte den Dom an seine heutige Stelle – ein damals wohl unbebautes sumpfiges Gelände, das eine umfangreiche Sicherung der Fundamente durch Pfahlroste notwendig machte.

Mit diesem Dombau wurden völlig neue Maßstäbe gesetzt. Als erster unter den oberrheinischen Domen erhielt der Mainzer damals bereits seine heutige Größendimension. Sein weit ausladendes Querschiff lag wie schon beim alten Dom im Westen und stellte damit den unmittelbaren Bezug zur Peterskirche in Rom her. Von diesem Querschiff, das weiter vorsprang als das heutige, hat sich ein Teil der Nordfassade in der heutigen Gotthard-Kapelle erhalten. Wie die westliche Hauptapsis aussah, läßt sich heute nicht mehr sagen. Das Langhaus erstreckte sich in gleicher Länge und Breite wie das heutige nach Osten. Es war sicher flach gedeckt und möglicherweise eine Säulenbasilika. Aus dem Doppelpatrozinium darf man schließen, daß – wie bei vielen großen ottonischen Dombauten – dem westlichen ein östlicher Gegenchor entsprach. Ob er eine Apsis besaß, ist nicht mehr zu klären. Auch wenn wir die Ursachen, die zu der Entwicklung der Doppelchoranlage als eines für das römisch-deutsche Reich charakteristischen Bautyps führten, nicht mehr eindeutig rekonstruieren können, so darf man doch mit Sicherheit ausschließen, daß sie etwas mit den politisch-geistlichen Grundlagen des Reiches zu tun hatten, die in dem Gegenüber von Kaiser und Papst ihren Ausdruck fand. Interpretationen dieser Art gehen letztlich auf das späte 19. Jahrhundert zurück. Nach Osten wurde der Bau von einem Querriegel abgeschlossen, der im Äußeren wie ein zweites Querhaus wirkte, aber nicht über die Flucht der Seitenschiffe vortrat. Da er im Inneren in der Art, wie es sonst bei Westbauten üblich ist, in mehrere Geschosse unterteilt war, wurden an seinen Stirnseiten, jedoch leicht aus der Achse verschoben, runde Treppentürme angeordnet, mit deren Hilfe man die oberen Geschosse erreichen konnte. Sie bilden zugleich die markante Auszeichnung des Ostbaus. Bis zur Traufhöhe hinauf haben sie sich als ältestes sichtbares Zeugnis in dem heutigen Dom erhalten, ebenso angrenzende Mauerteile des alten Ostbaus. Wie der ehemalige Ostchor in den Baukörper integriert war, läßt sich nicht mehr eindeutig sagen. Mit Sicherheit aber gab es Portale, die von den Seitenschiffen nach Osten in ein vorgelagertes monumentales Atrium führten. Die äußere Begrenzung des Atriums hat sich zum Teil in den Mauerfluchten der Häuser um den östlichen Domvorplatz erhalten. Noch am Anfang des 19. Jahrhunderts konnte man die Umgrenzung sehr deutlich ablesen. Wie bei vielen derartigen Anlagen befand sich auf der Ostseite, dem eigentlichen Zugang, mit diesem verbunden eine selbständige Kirche mit Marienpatrozinium. An ihre Stelle trat später eine große gotische Hallenkirche, die Liebfrauenkirche, die auf allen älteren Ansichten vor dem Ostchor steht und 1807 abgerissen wurde. Von einem der Portale des Willigis-Domes stammen auch die beiden schlichten bronzenen Türflügel, die sich im späteren Marktportal erhalten haben. Sie tragen eine schön gestaltete ausführliche Inschrift, in welcher der Erzbischof als Urheber der ersten metallenen Türflügel nach denen Karls des Großen in Aachen gefeiert wird.

Am Vortag der Weihe 1009 brannte der Dom ab. Erst Erzbischof Bardo stellte ihn endgültig wieder her und weihte ihn 1036. Ob er Veränderungen vornehmen ließ, ist im einzelnen nicht bekannt, ebensowenig, ob der neue Dom schon in Benutzung war oder ob man sich mit dem vorhandenen alten Dom begnügte. In der Forschung trägt dieser erste Großbau an der heutigen Stelle den Namen Willigis-Bardo-Dom.

Brände und Beschädigungen sind aus den folgenden Jahrhunderten häufiger überliefert. Es ist naheliegend, daß die Forschung immer wieder versucht hat, die am Bau sichtbaren Veränderungen mit diesen Daten zu verbinden. Da der Umfang der jeweiligen Beschädigungen und die Aussagekraft dieser Nachrichten nicht bekannt sind, ergeben sich für die absolute Chronologie Unsicherheiten. Die Brandnachricht von 1081 läßt sich zwar auf den Beginn eines größeren Umbaus beziehen, der jedoch aufgrund seiner stilistischen Erscheinung erst gegen 1100, also deutlich später, zu datieren ist. Beim Tode des ausdrücklich als Stifter dieser Baumaßnahmen benannten Kaisers Heinrich IV. im Jahre 1106 beklagt man, daß sein Werk unvollendet geblieben sei und daher nicht die Schönheit des Speyerer Domes erreiche. In der Tat kann man am Ostbau ablesen, daß viele Kapitelle in ihrer Rohform belassen wurden und die zunächst reiche Ornamentik aussetzt. Da Ähnliches aber auch in Speyer zu beobachten ist, sind sichere Aussagen über den Stand der Bauarbeiten im Jahre 1106 kaum möglich. Die Nachrichten müssen sich aber eindeutig auf den Ostbau beziehen, der damals eine neue Apsis, neue Portale und neben tiefgreifenden Veränderungen im Inneren einen neuen achtseitigen Chorturm aufgesetzt erhielt. Die beabsichtigte Angleichung an die Ostansicht des Speyerer Domes ist nicht zu verkennen. Die neu konzipierte Schauseite im Osten wendet sich erstmals dem Rhein zu. Im Inneren wurde unter dem Ostchor eine neue Krypta angelegt.

Die zeitliche Einordnung des Langhauses vor oder nach dem Ostbau und seine Baugeschichte im einzelnen waren lange umstritten. Für die Beurteilung dieser Frage spielt die Gotthard-Kapelle eine wichtige Rolle. Als bischöfliche Hauskapelle folgte sie dem Typ der Speyerer Doppelkapelle und wurde unmittelbar an der Nordseite des alten

Querschiffs errichtet. 1137 war sie vollendet, Erzbischof Adalbert I. wurde kurz vor der Weihe in ihr bestattet. In ihren Einzelformen bezieht sie sich nicht nur auf den neuen Ostchor (Zwerggalerie), sondern zeigt in ihren Basisprofilen und Kapitellen engste Verwandtschaft zum Mittelschiff des Langhauses. Man kann daher davon ausgehen, daß dieses nach 1106 und vor 1137 ausgeführt wurde. Die Verbindung mit dem Ostchor ist so angelegt, daß dieser eindeutig vor dem Mittelschiff errichtet sein muß. Ebenso ist heute eindeutig geklärt, daß das Mittelschiff von Anfang an für eine Wölbung vorgesehen war, auch wenn diese aller Wahrscheinlichkeit nach zunächst nicht ausgeführt wurde.

Die Außenmauern der Seitenschiffe, die später weitgehend ausgebrochen wurden, um die gotischen Kapellen anbauen zu können, bestehen heute fast nur noch aus ihren Pfeiler- und Halbsäulenvorlagen. Deren Basen und Kapitelle zeigen Formen, die nicht vor dem Ende des 12. Jahrhunderts entstanden sein können. Man hat daher angenommen, daß sie zu einer fast vollständigen und formgleichen Erneuerung der Langhausmauern von 1137 gehören. Nur am Ostende haben sich Halbsäulenbasen erhalten, die denen des Mittelschiffs gleichen und folglich aus derselben Zeit stammen. Da es schwer vorstellbar ist, daß man ca. 50 Jahre nach der Vollendung wesentliche Teile in genau denselben Formen erneuert, ohne daß durch Schäden an dem erhaltenen Baubestand ein Grund erkennbar würde, muß sich der Bauvorgang anders abgespielt haben. Wahrscheinlich errichtete man zusammen mit den Baumaßnahmen des Ostbaus zwei Joche eines neuen Seitenschiffs. Nach Westen zu blieben die Mauern des alten Willigis-Bardo-Domes bestehen. Dessen Mittelschiff wurde daraufhin abgebrochen und durch das neue ersetzt. Dann blieb das Ganze unvollendet liegen. Im Mittelschiff fehlten die Gewölbe, ebenso in den Seitenschiffen, weil die alten Seitenschiffmauern keine entsprechenden Gewölbevorlagen besaßen. Es dauerte mehr als ein halbes Jahrhundert, bis die Bauarbeiten wiederaufgenommen wurden und im Sinne des Begonnenen beendet werden konnten, allerdings mit kleinen Formveränderungen im Detail.

Wann die letzte große Phase in der Baugeschichte des Domes begann, läßt sich nicht ganz eindeutig festlegen. 1183 wird vom Dom berichtet, er sei ohne Dächer und eine Ruine. Wahrscheinlich war das jedoch eine Übertreibung. Stilistische Gründe legen eine Wiederaufnahme der Bauarbeiten um 1200 nahe. Damals erhielt das Langhaus fast vollständig neue Seitenschiffmauern und die zugehörigen Gratgewölbe und das Mittelschiff seine heutigen Rippengewölbe, ohne daß zuvor dort ältere Kreuzgratgewölbe abgebrochen worden wären. Das alte Querschiff des Willigis-Bardo-Domes wurde niedergelegt und

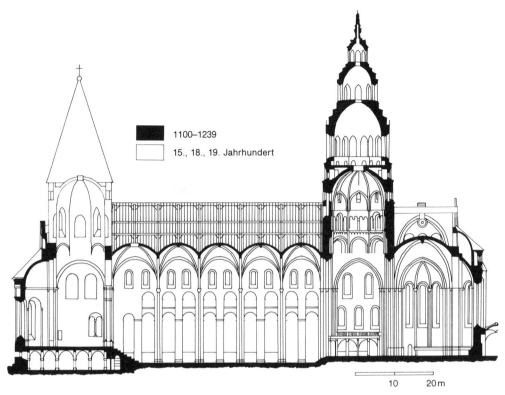

1100–1239
15., 18., 19. Jahrhundert

10   20 m

Mainz, Dom, Längsschnitt des heutigen Baus nach Süden

mit verkürzten Armen wiederaufgebaut, damit man sie einwölben konnte. Der ursprüngliche Westabschluß wurde nunmehr durch einen mächtigen, um ein Quadrat gruppierten Trikonchos ersetzt, der von zwei kleinen Treppentürmen flankiert wird. Schließlich wurde über der Vierung ein großer achteckiger hoher Vierungsturm errichtet. Mit der Weihe 1239 durch Erzbischof Siegfried III. war die Erneuerung des Domes abgeschlossen. Wahrscheinlich stand damals bereits der gotische Westlettner vor der Vierung. Eine weitere Weihenachricht von 1243 ist möglicherweise auf den Ostchor zu beziehen, dessen Fenster man verlängerte und die Krypta darunter einebnete, um einen moderneren Bau mit möglichst einheitlichem Niveau zu erhalten. Auf das ursprünglich hoch liegende Niveau des Westchores hatte man bereits während der Ausführung verzichtet.

Sehr bald entschloß man sich, durch das Anfügen von Seitenkapellen am Langhaus den neuen Anforderungen privater familienbezogener Andacht und als Grablege vor zusätzlichen Altären nachzukommen. Dadurch bot sich die Möglichkeit, mit Hilfe der neuen gotischen

Maßwerkfenster wenigstens in der unteren Zone einen zeitgemäßen Eindruck zu erzeugen. Man darf nicht vergessen, daß damals das Kölner Domkapitel seinen gewaltigen Neubau begonnen hatte, mit dem man Schritt zu halten versuchte. Von 1279 bis 1291 errichtet man zunächst die Nordreihe der Kapellen, während die Südreihe von 1300 bis 1319 folgte. Hier mußte der entsprechende Flügel des Kreuzgangs geopfert werden. Andererseits konnte der im Winkel zum südlichen Querarm gelegene große Kapitelsaal, die sogenannte Memorie, die im Zusammenhang mit dem letzten Bauabschnitt gerade neu errichtet worden war, nicht einbezogen werden. Da die Kapellen oberhalb von niedrigen Trennwänden durch große Maßwerköffnungen miteinander in Verbindung stehen, wird nunmehr der Eindruck eines fünfschiffigen Langhauses erzeugt. Mit dieser Maßnahme erreichte der Dom im Inneren sein endgültiges Aussehen.

1361 erhielt der östliche Chorturm ein hohes offenes Glockengeschoß, das in seiner Gesamtanlage und mit seinen Wimpergen dem Vierungsturm der Oppenheimer Katharinen-Kirche sehr ähnlich sah. Wahrscheinlich übernahm diese den Turmaufbau vom Mainzer Dom. Die Zwerggalerie des niedrigen romanischen Turmes darunter wurde zugemauert. Auch die beiden Treppentürme wurden um gotische Geschosse erhöht. Die Belastung durch das mächtige gotische Obergeschoß machte es nach 1430 notwendig, daß unter dem Chorbogen ein mächtiger Stützpfeiler errichtet werden mußte, der mit zwei spitzbogigen Arkaden den romanischen Bogen unterfing. Der Ostchor kam damit praktisch außer Gebrauch. 1482 wurde auch der Westturm um ein hohes gotisches Glockengeschoß erhöht. Beide Türme trugen steile achtseitige Helme, die verschiefert waren und annähernd gleiche Höhe besaßen.

Zwischen 1390 und 1410 erneuerte man den Kreuzgang in gotischen Formen als dreiflügelige, zweigeschossige Anlage mit kräftigen Strebepfeilern. Vor 1418 entstand im östlichen Teil des Mittelschiffs die doppelgeschossige gotische Grabkapelle für Erzbischof Johann II. von Nassau, deren Untergeschoß sich unter dem Fußboden des Domes erhalten hat. Neben den hohen Türmen waren die gotischen Wimpergreihen über den Kapellen prägend für die äußere Erscheinung des mittelalterlichen Domes.

Schon 1579 mußte der hohe hölzerne Helm über dem Ostturm ersetzt werden, nunmehr in Form eines niedrigen Faltdachs mit Laterne. 1682 wurde der Westlettner abgebrochen – ein erster Schritt in Richtung auf eine vorsichtige Barockisierung und zugleich eine späte Folge des Konzils von Trient. 1767 zerstörte ein durch Blitzschlag ausgelöster Brand die Dächer des Westbaus und der Seitenschiffe. Bei der Wiederherstellung wurden die gotischen Wimperge beseitigt. Von

1769 bis 1774 errichtete Franz Ignaz Michael Neumann die phantasievollen Bekrönungen der drei Westtürme unter Einbeziehung der historischen Formen unmittelbar darunter. Man hat dies als eine frühe Form des Historismus gedeutet, die hier aber ihren Ursprung in der Auseinandersetzung mit dem bestehenden Bau hat und die Einheitlichkeit eines Gesamtstils zu wahren sucht. Über dem Querhaus und dem Westchor errichtete Neumann anstelle eines Dachstuhls steinerne Gewölbe, die unmittelbar die Dachhaut tragen. Damit wurde eine endgültige Sicherung gegen Feuer angestrebt.

Im Zusammenhang mit der Besetzung durch französische Revolutionstruppen 1793 brennt der Dom erneut. Man erwägt den Abbruch des überflüssig gewordenen Kirchengebäudes. 1803 wird der Dom wieder in kirchliche Benutzung genommen. Erst 1822 werden die Notdächer durch endgültige ersetzt. 1828 entsteht über dem gotischen Glockengeschoß des Ostturmes eine ovale Kuppel als Gußeisenkonstruktion, geschaffen durch den klassizistischen Darmstädter Hofarchitekten Georg Moller. 1859 bis 1864 malt Philipp Veit die großen Ölbilder des Langhauses im Stil der Nazarener, durch die Fresken vorgetäuscht werden sollen.

1870 beginnt eine umfassende Domrestaurierung, bei der zunächst sämtliche Turmaufbauten des Ostbaus abgebrochen werden. Damit konnte man den gotischen Stützpfeiler im Ostchor beseitigen. Die damals entdeckte Ostkrypta wurde rekonstruiert. Erst 1873 übernahm der Niederländer Peter Cuypers die Bauleitung und errichtete neuromanische Turmabschlüsse über dem Ostbau. Der achteckige Mittelturm folgt im Prinzip dem vorgefundenen romanischen Chorturm, jedoch mit sehr viel höheren Geschossen des Tambours und einem steileren Helm. Er nahm damit Bezug auf das sehr viel steiler gewordene Dach des Mittelschiffes und den hohen westlichen Vierungsturm – zugleich die Umrisse der beseitigten hohen gotischen Turmabschlusse wenigstens teilweise aufnehmend. Trotz der Angleichung an überlieferte Formen handelt es sich um eine freie baukünstlerische Schöpfung des Historismus.

Die Regulierung des Rheinlaufs 1869 ergab ein drastisches Sinken des Grundwasserspiegels im Bereich des Domes. Die verfaulenden Pfahlroste führten in der Folge zu außerordentlich großen statischen Schäden, so daß man sich entschloß, den Dom auf völlig neue Fundamente zu stellen. Diese umfangreichen Arbeiten wurden zwischen 1909 und 1916 bzw. 1924 und 1928 ausgeführt. Großenteils mußte man dabei in Bergbautechnik vorgehen und die alten Fundamente von unten unterfangen und nach den Seiten verbreitern. Die vorgefundenen Pfähle konnte man damals leider noch nicht dendrochronologisch untersuchen. Auch die archäologischen Untersuchungen durch die dafür nicht ausgebildeten Architekten führten zu rein spekulativen Ergebnissen, die die Baugeschichte des Domes bis heute in der Forschung beeinträchtigen. Auch am aufgehenden Mauerwerk wurden umfangreiche statische Sicherungen durchgeführt, die im Bereich des westlichen Vierungsturms zum Teil mit geringfügigen Formveränderungen verbunden waren. Der gesamte Oberteil des Westbaus, der in den Flächen ursprünglich aus Tuff bestand und verputzt war, wurde nunmehr mit Sandsteinplatten verkleidet.

Zwischen 1942 und 1945 wurde der Dom mehrfach durch Bomben beschädigt und verlor alle seine Dächer abermals durch Brände. Die Beschädigungen am äußeren Mauerwerk waren dadurch erheblich und führten dazu, daß der Obergaden des Mittelschiffs vollständig mit einem torkretartigen Putz verkleidet werden mußte. Im Inneren stellte man die farbig tönende Lasur von 1930 wieder her. Im Äußeren führte man 1971 bis 1978 eine umfangreiche Renovierung durch mit einem einheitlichen rötlichen Anstrich, der sich sehr allgemein an ein historisches Vorbild hält. Über den südlichen Kapellen wurde das Mauerwerk überflüssigerweise vollständig erneuert und außen mit Sandsteinplatten verkleidet.

Im Inneren hat der Dom, der weder im 18. Jahrhundert durchgreifend barockisiert noch im 19. Jahrhundert vollständig historisierend ausgemalt wurde, wesentliche Teile seiner mittelalterlichen und barocken Ausstattung bewahrt. An erster Stelle ist hier die große Zahl erzbischöflicher Grabmäler vom 13. bis zum 18. Jahrhundert zu erwähnen – ein einzigartiger Bestand an Skulpturen von höchster Qualität. In den strengen und monumentalen Westchor fügt sich das Gestühl des Mainzer Schreiners Franz Anton Herrmann von 1767 als ein den Raum steigerndes Kunstwerk in hervorragender Weise ein.

BESICHTIGUNG

Als einer der wenigen Großbauten hat der Mainzer Dom (Farbtafel Seite 117) das spätmittelalterliche und barocke Bild seiner unmittelbarer Umgebung bewahrt, auch wenn die Bauten in der Substanz nach 1945 teilweise neu errichtet wurden. Auf der Südseite schließen sich

Die Ostansicht des Mainzer Doms. ▷

Kreuzgang und Memorie, dazu die umgebenden Bauten des ehemaligen Domkapitels an. Auch dieses Geviert ist in die angrenzende Bebauung so eingebettet, daß es nicht umschritten werden kann. Auf der Nordseite steht neben dem Querhaus die Gotthard-Kapelle, die ursprünglich wohl zur erzbischöflichen Pfalz überleitete (Bild 30). An ihrer Stelle befindet sich ein Geschäftshaus der fünfziger Jahre. Auch wenn die übrigen Bauten sich nicht unmittelbar an den Dom anlehnen, so verdecken sie doch seinen unteren Teil für den Betrachter fast vollständig; auf der Nordseite, zum Markt gewendet, die barocken Markthäuser – Nachfolger der ehemals hölzernen Buden des Marktes, die im Spätmittelalter durch aufwendigere Bauten und schließlich eine einheitliche Platzwand des 18. Jahrhunderts ersetzt wurden. Im Westen umfängt den Chor das neuromanische Kaufhaus von Georg Moller, im Südwesten ein Haus des Domkapitels – errichtet von dem jüngeren Neumann. Der dort liegende Platz trägt gemäß seiner ursprünglichen Funktion seit alters den Namen Leichhof (Bild 29). Nur auf der Ostseite zum Rhein hin steht der Dom als Folge des ehemaligen Atriums ganz frei (Farbtafel Seite 127).

Das Äußere

Am besten erschließt sich die Gesamtanlage des Domes vom Marktplatz auf der Nordseite aus. Hinter den nach dem Krieg in veränderter Form wiederhergestellten barocken Markthäusern erscheint der Obergaden des Mittelschiffs mit breiten Lisenen und einem nicht profilierten Rundbogenfries als Abschluß. Die gestuften Rundbogenfenster sind paarweise zusammengerückt und geben schon vom Äußeren her zu erkennen, daß sie sich innen den Schildbögen der Gewölbe unterordnen. Die Mauerzone über den Fenstern ist verhältnismäßig hoch, weil dahinter die ansteigenden Kappen der Gewölbe liegen. Am Ostende reicht die Gliederung nicht bis an den Ostbau, sondern setzt ein Fenster davor aus. Dies zeigt einen Planwechsel an. Bei dem ersten kurzen Stück, das noch zusammen mit dem Ostbau errichtet wurde, dachte man wie in Speyer an einen glatten Obergaden und entschied sich erst später für die Lisenengliederung. Von den gotischen Kapellen sieht man nur eines der Maßwerkfenster. Die Strebepfeiler tragen hier nach 1767 aufgesetzte barocke Vasen als Abschluß. Vor dem Marktportal errichtete man statt einer Kapelle eine tiefe, barock umrahmte Eingangsnische. Der Ostbau wirkt auf dieser Seite wie ein kurzes Querhaus von gleicher Höhe wie das Mittelschiff. Vor der östlichen Hälfte seines Giebels steht einer der runden Treppentürme, während der westliche Teil durch tiefe Nischen gegliedert ist und damit seine Entstehungszeit im 12. Jahrhundert zu erkennen gibt. Im Westen antwortet das gewaltige Querhaus, das nicht nur weiter vorspringt als der Ostbau, sondern auch erheblich breiter ist und sich somit als der gewichtigere von beiden Baukörpern zu erkennen gibt. Mächtige Strebepfeiler an den Kanten, das große Radfenster in der Stirnseite und eine mehrschichtige, unter dem Traufgesims herumgeführte Blendarkatur zeigen an, daß es sich hier um einen Bauteil aus der Zeit um bzw. nach 1200 handelt. Von dem komplizierten Westbau werden hier nur die beiden kleinen flankierenden Türme in ihren Obergeschossen sichtbar. Die beiden achteckigen Türme auf den Durchkreuzungen der großen Baukörper, nämlich der Chorturm im Osten und der Vierungsturm im Westen, bringen die Zweipoligkeit zum Ausdruck.

Vor der Nordfassade des Querschiffs ist der kubische Baukörper der doppelgeschossigen Gotthard-Kapelle sichtbar (Bild 30). Aus ihrem Walmdach ragte ehemals ein achteckiger, belichteter Mittelturm in der Art eines kleinen Vierungsturmes heraus. Auf ihrer Ostseite treten das kleine Altarjoch und die Apsis aus dem Baukörper hervor. Das geschlossene Untergeschoß wird durch Lisenen und Bogenblenden gegliedert, während das Obergeschoß auf den sichtbaren Seiten nach Osten und Norden von einer Zwerggalerie umgeben ist. Sie gleicht in der Form, wenn auch etwas vereinfacht, derjenigen der Ostapsis. Die vereinfachte Form der Kapitelle weist auch hier auf die Entstehungszeit zusammen mit dem Langhauses vor 1137 hin. Das Fußgesims des Laufganges zeigt jedoch nicht die Höhe der Geschoßteilung im Inneren an, die dort erheblich tiefer liegt, weil das Obergeschoß höher als das untere ist. Bei dem vorwiegend hellen Baumaterial handelt es sich wie beim Langhaus um Muschelkalk aus den südlich von Mainz gelegenen Weisenauer Brüchen. Den Ostbau errichtete man dagegen aus rotem Haardtsandstein, während die Untergeschosse des Westbaus vorwiegend aus gelblichem Mainsandstein bestehen. Die romanischen Teile der drei Westtürme zeigten in ihren Werksteingliederungen Muschelkalk und Sandstein gemischt, in den glatten Flächen wie bei niederrheinischen Bauten kleinformatigen Tuffstein, der ursprünglich verputzt war. Erst 1928/30 verkleidete man dieses immer gefährdete Baumaterial mit großen roten Sandsteinplatten.

Vom Liebfrauenplatz aus, dem ehemaligen Atrium und Standort der Liebfrauenkirche, erschließt sich die Ostfront auf eindrucksvolle Weise (Farbtafel Seite 127). Der mächtige Querriegel mit Satteldach ist nahezu ungegliedert. Die beiden rechteckig gerahmten Säulenstufenportale gehören zu den ältesten ihres Typs (Bild 34). Sie folgen im Prinzip den Altarädikulen im Speyerer Querhaus und zeigen damit wie auch durch die Bauornamentik, daß sie zu den Veränderungen aus der Zeit Heinrichs IV. um 1100 gehören. An dem kleinteiligen, aber lagerhaften Bruchsteinmauerwerk über den Portalen ist abzulesen, daß der Baukörper selbst zu dem ältesten Bestand aus der Zeit Willigis um 1000 gehören dürfte. Nach oben hin wird das Mauerwerk in zwei Abschnitten großformatiger und sorgfältiger bis hin zum Großquaderwerk. Zusammen mit den beiden reich profilierten Fenstern deutet dies auf die Wiederherstellung um 1100 hin.

Zum ältesten Baubestand gehören auch die beiden seitlich angesetzten runden Treppentürme, wobei strittig ist, ob sie vor 1009 oder erst vor 1036 unter Erzbischof Bardo errichtet worden sind. Sie benutzen die Giebelmauer des Querbaus mit und schneiden daher oben in dessen Dächer ein. Mit ihrer reichen Gliederung in vier Geschosse durch Gesimse, die von Pilastern in dichter Folge getragen werden, stehen sie in einem bemerkenswerten Kontrast zu dem Querbau. Die Gesimse wie auch die Pilasterkapitelle bestehen aus vereinfachten Formen von Platte und Schräge, was vermutlich zur späteren Datierung ins 11. Jahrhundert Anlaß gab. Die Pilaster selbst sind flache Steinbänder, die dem wiederum kleinteiligen Bruchsteinmauerwerk eingefügt sind und damit den Westtürmen in Worms und den Querhausapsiden der Limburg ähneln. Die Drehung der mächtigen Wendeltreppen ist an der dichten Folge kleiner Rundbogenfenster – je zwei übereinander in jedem Feld und Geschoß – auch außen gut erkennbar. Im Giebelbereich stammen die Türme wohl aus dem 12. Jahrhundert, während die beiden oberen Geschosse mit ihren auf beiden Seiten unterschiedlich gestalteten Öffnungen nach 1870 errichtet wurden.

Den Hauptakzent der Ostfront bilden natürlich die Ostapsis und der über ihrem Dach risalitartig vorspringende Giebel. Beide zusammen kopieren auf einer jüngeren stilistischen Stufe die Ostansicht des Domes in Speyer, und dies bei ganz anderen Voraussetzungen der baulichen Struktur. In Mainz gehört nämlich zu dem Giebel kein selbständiger Baukörper, vielmehr steht er auf dem verbreiterten Apsisbogen und bildet oben nur eine Schauwand als Überleitung zwischen Apsisdach und Chorturm. In der Substanz wurde er 1870 vollständig erneuert, folgt aber genau der alten Form, lediglich die mit Löwen bekrönten akroterartigen Aufsätze an den Seiten sind eine Zutat des 19. Jahrhunderts. Mit seinen fünf steigenden, nach oben größer und breiter werdenden Nischen vermittelt er uns eine Vorstellung von dem alten Speyerer Ostgiebel, bei dessen Rekonstruktion 1965 eine genauere Anlehnung an die Mainzer Kopie nicht durchgesetzt werden konnte. Die Wahl des von der baulichen Struktur nicht zwingend vorgegebenen Giebels an dieser Stelle macht deutlich, daß man für den Dom eine Schaufront zum Rhein hin wünschte. Wie bedeutungsvoll das

Giebelmotiv für die Gesamtästhetik eines Kirchengebäudes werden sollte, verdeutlicht die Bemerkung von Heinrich Hübsch über den alten Speyerer Westbau, dessen fehlender Westgiebel ihn »einem Palaste ähnlicher machten denn einer Kirche«. Bei dem romanischen Achteckturm verlief die Zwerggalerie unmittelbar über der Giebelspitze. Er war damit halb so hoch wie sein neuromanischer Nachfolger, aber auch niedriger und gedrungener als sein Speyerer Vorbild.

Die Ostapsis ist ebenfalls erheblich niedriger als die in Speyer. Das glatte hohe Kryptengeschoß springt weniger weit vor als dort. Die Zwerggalerie folgt mit ihren profilierten Bögen und dem vorspringenden Fußgesims in vereinfachter Form den jüngsten Galerien am Speyerer Quer- und Langhaus. Neu ist die Integration eines abschließenden Sägefrieses, der auch in Speyer nur an den Türmen erscheint. Die Kapitelle greifen die in Speyer als Rohform belassenen Bossen auf und entwickeln sie als Korb- und Polsterformen, teils glatt, teils mit Ornamentauflage weiter. Besonders auffällig aber ist die Veränderung bei den Blendarkaden des Hauptgeschosses. Die gleichmäßige Speyerer Abfolge wird rhythmisch abgewandelt, indem die Bögen hier über den Fenstern höher aufsteigen und zusätzlich eine profilierte bzw. ornamentierte Kante erhalten. Diese Rhythmisierung – ein typischer Zug der späten Salierzeit – hat sich jedoch bei keiner der späteren Apsiden durchgesetzt, weder bei den zahlreichen zweigeschossigen Anlagen des Niederrheins noch in Oberitalien. Wie die Steinmetzzeichen belegen, wurden die drei Fenster im 13. Jahrhundert vergrößert und erheblich nach unten verlängert, offenbar eine Antwort auf die größeren Fenster des Westbaus.

Die Westanlage läßt sich am besten vom Leichhof aus überblicken (Bild 29). Vollständig von Häusern umgeben, rechnete sie wohl schon immer mit einer dichten Umbauung mit relativ hohen Häusern, denn im unteren Teil sind Querarme und Westchor schmucklos. Um so reicher erscheinen die oberen Teile in ihrer Formenfülle. Diese setzt bei den Querarmen mit den Giebeln ein, beim Westchor mit der umlaufenden Zwerggalerie. Beim Nordquerarm ist die als Blendarkade angedeutete Zwerggalerie nur auf der Fassade und der Ostseite angelegt, also im Blick von dem Marktplatz aus. Nord- und Südgiebel sind etwas unterschiedlich in der Zahl und Durchgestaltung ihrer Öffnungen angelegt. Die reichgestuften Öffnungen mit ihren vielfältigen Profilen lassen kaum Platz für die ungegliederte Mauerfläche bzw. ihr eigentliches Lichtmaß. Auf der Nordseite tritt eine kleine zusätzliche Blendarkatur an der Fußlinie des Giebels auf.

Um den Westchor verstehen zu können, muß man sich zunächst das Grundkonzept seiner Anlage verdeutlichen. Wie in Worms begegnet uns auch hier, wenn auch auf gänzlich andere Weise, die Tendenz, die Apsis in einen selbständigen Zentralbau umzuwandeln. Den Kern bildet hier ein quadratisches Joch, das außen über seinen drei freien Seiten von Giebeln bekrönt wird. Auf der Durchkreuzung der Satteldächer ist seit 1770 die Statue des reitenden Patrons St. Martin aufgestellt. Die Giebel, die mit Speichenrosen und steigenden Bogenfriesen verziert sind, treten mit denjenigen des Querhauses in ein eigentümliches Wechselspiel. Ihre Basis ist nicht erkennbar, weil an den drei freien Seiten jeweils polygonale Konchen aus drei Seiten des Achtecks vorgelagert sind. Mit ihren Mauermassen sind sie breiter als das innere Quadrat, und folglich überdecken ihre abgewalmten Dächer, die in die Giebel hineinwachsen, auch die Ansatzpunkte – keine architektonische, aber eine sehr malerische Lösung. In den Winkeln zwischen den Konchen stehen die achteckigen kleinen Türme und verdecken den unklaren Ansatzpunkt der Dächer. Bei ihnen handelt es sich nicht wie sonst üblich um Treppentürme, denn ihr Unterbau ist massiv, und sie besitzen im unteren Teil auch keine selbständigen Turmschäfte; im Grunde handelt es sich um gewaltige Strebepfeiler, deren Stellung auf das innere Quadrat des Kernbaus bezogen ist. Zwischen den Strebepfeilern ist eine Schräge eingefügt, und gemeinsam tragen sie von der Zwerggalerie ab die Ecktürmchen. Die Kanten der drei polygonalen Apsiden sind ebenfalls mit Strebepfeilern besetzt, die in Höhe der Galerie mit kräftigen Wasserschlägen enden. Die einfachen gestuften Fenster nehmen zwischen ihnen den gesamten Raum ein und zeigen für die Romanik ungewöhnlich lang gezogene Proportionen. Die Zwerggalerie, welche die drei Konchen umzieht, besitzt einen gänzlich anderen Charakter als diejenige der Ostapsis bzw. der Gotthard-Kapelle: Über einem hohen, kassettenartig wirkenden Plattenfries, der ihr als Brüstung dient, erscheint ohne Achsenbezug die Abfolge gekuppelter, kleiner Doppelöffnungen, die in einen dunklen Hintergrund führen. Die Rückwand der Galerie ist nicht erkennbar. Innen ist sie abschnittsweise von Längstonnen bzw. kleinen Kreuzgratgewölben oberhalb der außen sichtbaren Öffnungen überwölbt. Dies ist der niederrheinische Typ der Galerie mit Brüstung, kleinen Öffnungen und Längsüberwölbung. Sie tritt außen als raumhaltiges Element der Mauer in Erscheinung und nicht als plastische Durchgestaltung der Mauer, wie das bei den voll überschaubaren oberrheinischen Galerien der Fall ist. Die sehr viel kleineren Öffnungen über der Brüstung führen zu zierlichen Säulchen, die zwischen den Doppelöffnungen zu Fünfergruppen zusammengestellt sind. Nur an den Kanten erscheinen Pfeiler. Im Gegensatz zu den niederrheinischen Galerien ist hier jedoch eine reiche Profilierung der Übergreifungsbögen erkennbar, dazu ornamentierte Gesimse am Fuß und in Brüstungshöhe, und vor den Kassetten des Plattenfrieses sind zusätzlich

Säulchen angeordnet. Die vielschichtigen plastischen Werte sind also erheblich gesteigert. Dazu gehört auch ein Bogenfries als oberer Abschluß, der nicht auf Lisenen, sondern auf zierlichen Säulchen an den Kanten ruht. Interessanterweise sind die Türme in den Winkeln nicht in die Galerie miteinbezogen, sondern hier läuft nur der Plattenfries um. Niederrheinisch wirken auch die Kleeblattbögen über den gekuppelten Öffnungen der Ecktürme.

Auch der Vierungsturm unterscheidet sich von dem in Speyer geprägten Typus, der dann in Worms, Straßburg, Freiburg und auch über dem Mainzer Ostchor aufgegriffen wurde. Seine unteren drei Geschosse gehören noch zum ursprünglichen Bestand. Das mittlere zeigt jeweils eine gestaffelte Dreiergruppe von gekuppelten Öffnungen, die aus denen der Galerie entwickelt sind. Das niedrigere, obere Geschoß besitzt nur deren zwei, aber mit einer zusätzlichen Wandschicht, die die Bögen rahmt und seitlich jeweils auf kleinen Spitzbögen ruht. Dieses Motiv griff Neumann oben bei seiner pyramidenförmig gestuften Laterne wieder auf. Von den beiden Geschossen mit ihren Säulchen geschmückten Öffnungen ist das untere wiederum als echte niederrheinische Zwerggalerie mit zweischaliger Konstruktion angelegt, deren Fenster in der Rückwand die Gewölbezone des Vierungsturms belichten. Das obere verdeckt dagegen nur den stark ansteigenden Rücken des Gewölbes. Ursprünglich folgte darüber ein achtseitiger Holzhelm.

Das Äußere des Mainzer Domes gibt bereits in charakteristischer Weise seine kunstgeschichtliche Stellung am nördlichen Ende des Oberrheingebiets zu erkennen. Der Ostbau, aber auch das Langhaus sind eindeutig oberrheinisch geprägt. Sie schauen gleichsam den Rhein aufwärts. Der Westbau hat unverkennbar niederrheinische Züge in sich aufgenommen. Das gilt für die Wahl eines vollständigen zentralbauartigen Trikonchos als Westchor zusätzlich zum Querhaus. Auch die Anordnung achteckiger Türmchen in den Winkeln paßt dazu. Im Detail folgt man mit der Anlage der Galerien und den kräftigen Strebepfeilern an den Kanten nicht den von Köln bis Koblenz und Bacharach dominierenden Formen, sondern orientiert sich offenbar am Ostchor des Trierer Domes, bei dem eine Verbindung mit lothringischen Elementen nicht zu übersehen ist. Dies gilt auch für Teile der Ornamentik, etwa omegaförmigen Zungenblattfriesen. Der Westbau schaut also rheinabwärts und westwärts. Hier werden die wichtigsten Strömungen entlang des Rheinlaufs integriert, wie es der Kathedrale des Primas Germaniae und oft auch Kanzlers des alten römisch-deutschen Reiches zukommt. Bei genauerem Hinsehen kann jedoch auch der Westbau seinen oberrheinischen Standort nicht verleugnen. Die schweren Mauermassen von Westchor und Querhaus, insbesondere die gewaltigen Strebepfeiler, aber auch der Reichtum an Profilen im oberen Teil bringen dies zum Ausdruck. Man könnte dabei an Zisterzienserbauten wie Otterberg denken, ohne daß hier ein direkter Zusammenhang bestünde. Der Nordgiebel des Querschiffs läßt an Verwandtes, z.B. in Halberstadt, denken, das wiederum mit bestimmten Strömungen der Zisterzienserarchitektur in Verbindung steht. Eine direkte Beziehung zu Mainz gab es wohl nicht, doch handelt es sich vielleicht um Reflexe ein und desselben Impulses. Die Fähigkeit zur Integration verschiedenartigster Anregungen zeichnet den Meister des Mainzer Westchores aus, wobei nicht ganz sicher ist, ob auch das Querschiff auf ihn zurückzuführen ist.

Das Innere

Das Innere betritt man, wie bei Doppelchoranlagen sehr häufig, von der Seite durch das Marktportal (Bild 31). Trotzdem wollen wir uns zunächst dem älteren Ostchor zuwenden. Sein sehr hoch liegendes Niveau, das ursprünglich sicher noch einen Meter höher anzunehmen ist, wird über eine gewaltige Treppenanlage zugänglich (Bild 36). Sie ist mit ihren Brüstungen ebenso wie das Altarziborium 1928 entstanden, nimmt aber bereits Formen der dreißiger Jahre vorweg. Die Kryptenanlage tritt über den Chorbogen hinaus nach Westen vor, so daß der erste Halbpfeiler der Mittelschiffarkaden zungenartig vorspringt und die Spannweite der ersten Arkade erheblich verringert ist. Vom Seitenschiff her liegen in der abgewandten Stirn dieses vorspringenden Halbpfeilers die ursprünglich erhaltenen Zugänge zur Krypta, die auf der Südseite noch mit ihrer originalen Bauzier ausgestattet sind. Die Treppenläufe selbst sind wie die Krypta eine Rekonstruktion von 1870. Damals fand man deren Umfassungsmauern bis ca. zwei Meter hoch anstehend. Wahrscheinlich erfolgte die Ergänzung in zu gedrückten Proportionen, um darüber das Chorniveau nicht zu sehr ansteigen zu lassen. Die Wandgliederung der Krypta, die als dreischiffige Hallenanlage im Prinzip richtig ergänzt ist, folgt dem sehr viel älteren Speyerer Vorbild, reduziert jedoch deren mächtige Vorlagen im Querschiff auf schmale Pfeilerrücklagen (Bild 43).

Der Ostchor zeigt überraschenderweise zunächst nichts von dem äußeren Querriegel (Bild 39). Er besteht aus einem großen quadratischen Chorjoch, dessen Seitenwände unter einem Schildbogen geschlossen sind. Der gestufte Chorbogen ruht auf einer sehr fortschrittlich wirkenden Pfeilervorlage mit zwei begleitenden Diensten. Der

weiter Seite 153

Die Bildseiten

31

34

38

44

45

WORMS

46

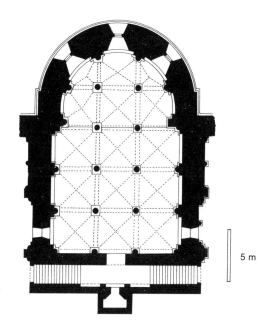

Mainz, Dom, Grundriß der Krypta

5 m

Apsisbogen ist vierfach gestuft mit ebenfalls eingestellten Diensten. Außen ist hier der Giebel angeordnet. Die Apsis selbst ist mit ihren drei einfachen, die Fenster rahmenden Blenden sehr schlicht und nicht mit Speyer zu vergleichen. Über dem gesamten Chorgeviert erhebt sich der achteckige Chorturm mit Klostergewölbe, das, wie oben bereits angedeutet, seit 1870 zu hoch aufsteigt, jedoch nicht ganz so extrem, wie es zunächst der Außenbau vermuten läßt. Insgesamt spiegelt die Anlage, deren Tragebögen und Ansätze der kalottenartigen Trompen noch original sind, den ursprünglichen Zustand. Der Verzicht auf jegliche Horizontalgliederung in Verbindung mit der schummrigen Steinbemalung vermittelt jedoch ein sehr diffuses Bild, das sich von den kräftig artikulierten Vierungstürmen in Speyer und Worms ungünstig abhebt. Nur die großen Öffnungen in den Seitenwänden des Chorjochs machen deutlich, daß hier Räume angrenzen. Jeweils zwei große Rundbogenöffnungen unter den Schildbögen führen in beidseitig angeordnete, hoch liegende Kapellen im Ostbau. Sie sind zweijochig und von Kreuzgratgewölben zwischen Schildbögen überspannt. Der unterteilende Gurt ruht hier auf frei vor die Mauer gestellte, sich verjüngende Säulen mit Würfelkapitellen – ein Prinzip, das wir bereits aus der Afrakapelle in Speyer kennen. Dieses sowie die Basen mit Ecksporen und die reichen Profile der Öffnungen zeigen

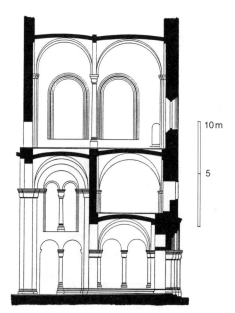

Mainz, Dom, Ostbau,
Schnitt durch den Südflügel

die Entstehung des Raumes nach 1100 an, obwohl das Würfelkapitell und der einfache Kämpfer aus Platte und Schräge in frühsalische Zeit weisen würden. Der Rückgriff auf die vereinfachten Formen aus der ersten Hälfte des 11. Jahrhunderts in Verbindung mit sehr fortschrittlichen Elementen ist charakteristisch für den Ostbau und das Langhaus des Mainzer Domes. Die hoch liegenden Kapellen mit räumlicher wie akustischer Verbindung zum Hauptraum knüpfen an ältere Traditionen von Westbauten (Speyer), Westwerken bzw. Westchören an.

Im unteren Teil des Wandfeldes sitzt, nach Westen verschoben, jeweils eine große Öffnung mit teilender Mittelsäule. Sie führt in das erste Joch des Seitenschiffs, das an dieser Stelle in den Querbau hineinreicht. Der entsprechende Gurtbogen ist dort stärker ausgebildet und ruht wiederum auf Pfeilervorlagen mit begleitenden Eckdiensten. Das östliche Wandfeld ist geschlossen, besitzt aber dicht vor dem Apsisbogen jeweils eine heute vermauerte Tür. Über eine kleine Treppe erreicht man niedrige gewölbte Räume, die wahrscheinlich als Sakristei und Schatzkammer dienten. In diesem Abschnitt ist der Ostbau in zwei Geschosse unterteilt, denn unter den gewölbten Seitenräumen liegen die eigentlichen Eingangshallen, die sich mit einem großen Bogen zum Seitenschiff öffnen und nach Osten die beiden außen sichtbaren Portale aufnehmen. Die Seitenwände dieser quadratischen, kreuzgratgewölbten Eingangshallen werden durch doppelte Blendarkaden gegliedert, die wie die Portale ein umlaufendes, sehr hohes attisches Sockelprofil über einer durchgehenden Bank zeigen. Diese verkröpfte Sockelbildung, die auch weiter nach Westen reicht, stellt ein signifikantes Merkmal der sich weiterentwickelnden Architektur des frühen 12. Jahrhunderts dar. Die Kapitelle der Blendarkaden weisen eine enge Verwandtschaft mit den Kapitellen der Afrakapelle in Speyer auf (Bild 41 und 42). Der Kontakt beider Bauten hinsichtlich der Bauornamentik ist an dieser Stelle am größten. Es ist aber auch nicht zu übersehen, daß im ersten Seitenschiffjoch auch Greifen und andere Fabeltiere auftreten, die es in dieser Form in Speyer nicht gibt und die sich vor allen Dingen durch eine weniger abstrakte, eher organische Oberflächenbehandlung auszeichnen. Hier ist mit dem Zuzug von Steinmetzen aus Oberitalien auf direktem Wege zu rechnen.

Das Langhaus ist eine in allen Teilen gewölbte dreischiffige Pfeilerbasilika im gebundenen System mit fünf großen Doppeljochen im Mittelschiff (Bild 35, 36). Dieses erreicht mit 13,60 Metern Spannweite fast die Breite von Speyer, bleibt aber mit 28 Meter Scheitelhöhe um 5 Meter hinter ihm zurück. Die spürbar geringere Höhe des Obergadens nahm vielleicht auf bestehende Teile des alten Domes Rücksicht, trägt aber wohl vor allem dem von Anfang an geplanten Gewölbebau Rechnung. Die Seitenschiffe sind schmaler als in Speyer, zeigen aber trotzdem querrechteckige Jochgrundrisse (Bild 37). Ungewöhnlich bei dem gebundenen System ist aber vor allen Dingen die deutlich querrechteckige Form der Mittelschiffjoche. Nur das östliche ist annähernd quadratisch, also erheblich tiefer als die übrigen, was mit den besonderen Bedingungen des Anschlusses an den Ostbau erklärt wird. Man hat daraus Rückschlüsse auf die Bau- und Planungsgeschichte des Langhauses ziehen wollen, doch ist dies kaum möglich, denn die in den Raum vorspringende Kryptenanlage verkürzt dieses Joch in seiner Grundfläche auf das Normalmaß. Obwohl das Ostjoch vermutlich als erstes vollendet wurde, ist nicht anzunehmen, daß die übrigen quadratische Grundrisse erhalten sollen, denn dies hätte eine erhebliche Vergrößerung des Arkadenschritts bedeutet. Fest steht, daß das Langhaus nach 1106 und vor 1137 zwischen dem umgebauten und erneuerten Ostbau einerseits und dem stehengebliebenen Querschiff des Willigis-Bardo-Domes andererseits eingefügt wurde.

Die Pfeiler sind annähernd quadratisch (in Speyer längsrechtekkig) und zeigen einen Stützenwechsel, der sich kaum in Abmessungen ausdrückt, sondern darin, daß jedem zweiten Pfeiler eine Halbsäule vorgelegt ist, die den Gurtbogen trägt (Bild 40). Die Zwischenpfeiler sind glatt, während zum Seitenschiff hin sämtliche Pfeiler Halbsäulenvorlagen tragen. Die Halbsäulen sind den Pfeilern nicht nachträglich

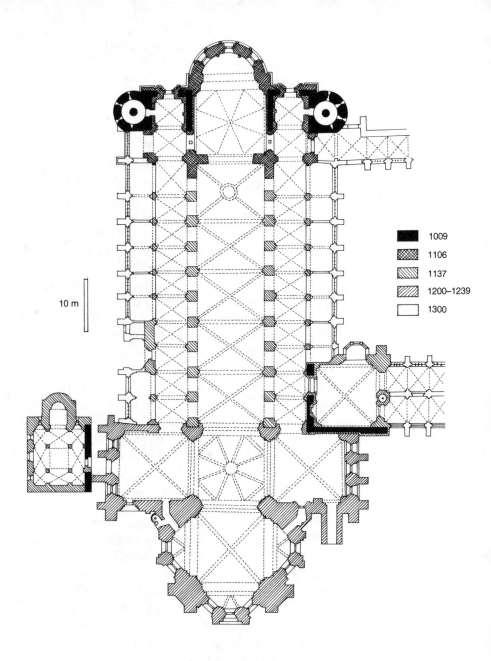

1009

1106

1137

1200–1239

1300

10 m

Mainz, Dom, Grundriß des heutigen Baus

Die Maße des Mainzer Doms

	Meter
Äußere Länge	116
Innere Länge	109
Länge des Langhauses	53
Langhausbreite innen ohne Kapellen	31,55
Lichte Mittelschiffbreite	13,60
Scheitelhöhe der Mittelschiffgewölbe	28
Breite der Seitenschiffe	6,53
Scheitelhöhe des Vierungsturmes innen	43
Turmhöhe des Vierungsturmes	82
Höhe der östlichen Treppentürme	55

vorgelegt worden, wie gelegentlich behauptet wurde, und beweisen, daß man von vornherein das Mittelschiff wölben wollte. Man zog damit die Konsequenz aus dem bereits vollendeten Speyerer Gewölbebau, bediente sich aber des für einen Flachdeckbau in Speyer konzipierten Zwischenpfeilers und wählte ihn als Hauptstütze. Daß es sich um den Typ des ein Jahrhundert zuvor entwickelten Speyerer Pfeilers von Bau I handelt, belegt das Fehlen jeglicher horizontaler Unterbrechung und die Wahl eines schmucklosen, dem Würfelkapitell angenäherten Korbkapitells mit einfacher Platte und Schräge als Kämpfer. Wie bei Bau I enden die Kämpfer bei den Hauptpfeilern seitlich abgeschnitten und verkröpfen sich nicht auf der Stirnseite, um dort den Dienst nicht zu berühren. Die umgebauten Hauptpfeiler von Speyer besitzen zudem außer den Halbsäulen eine kräftige zusätzliche Pfeilerstufe. Die sehr viel kleineren Obergadenfenster mit einfach gestuftem Gewände sind oberhalb der Gewölbekämpfer ganz in die Schildwand hinaufgerückt. Um nicht an den Schildbogen anzustoßen, sind sie aus den Arkadenachsen jeweils paarweise zur Jochmitte zusammengerückt, wie dies außen schon zu beobachten war – ein weiteres absolut sicheres Indiz für die konsequente Planung eines Gewölbebaus. Wegen der querrechteckigen Jochform mußten die Schildbögen mit ihrer geringeren Spannweite und ihrem niedrigeren Scheitel erheblich gestelzt werden.

Die Auseinandersetzung mit dem Vorbild in Speyer geschieht aber noch auf eine andere, eindeutig erkennbare Form. Man bediente sich nämlich des gleichen Gliederungssystems für die Wand, indem man die Arkadenbögen mit ihrer Stirn zurücksetzte und die Vorderseite des Pfeilers als Vorlage vertikal aufsteigen ließ. Sie sind unterhalb der

Hochschiffkapitelle durch Blendbögen miteinander verbunden. Wegen der zusammengerückten und hoch liegenden Fenster konnte man sie nicht wie in Speyer als Kolossalordnung um die Fenster herumführen. Die Blendarkaden zeigen wie die Pfeiler von Bau I in Speyer nur in den Laibungen kleine Kämpfer aus Platte und Schräge, die auf der Stirnseite abgeschnitten sind. Die Gliederung ist insgesamt flacher als in Speyer, besitzt aber noch ein originales Horizontalgesims, ebenfalls aus Platte und Schräge, das sich wie dort nur auf der zurückliegenden Wandebene entlangzieht und nicht verkröpft ist. Als horizontales Wandglied tritt es nur sehr zurückhaltend in Erscheinung. Für die Geschoßgliederung bezieht man es kaum auf den gesamten Aufriß, sondern sieht in ihm eher die Fußlinie für die Blendarkaden. Verstärkt wird dieser Eindruck durch die auf diese Weise gerahmten Wandbilder des 19. Jahrhunderts.

Dadurch ist ein zu dieser Zeit in Deutschland noch nicht übliches, dreigeschossiges Aufrißsystem entstanden, bei dem die Blendarkaden mit dem Horizontalgesims zusammen die Rolle eines Zwischengeschosses übernehmen. Ganz eindeutig ist dies jedoch nicht, denn die Blendarkaden steigen ja von den Pfeilern aus auf und können auch mit diesen zusammen gesehen werden. Mit ihnen greift das Arkadengeschoß hinauf bis zum Ansatz der Hochschiffgewölbe, so daß eine deutliche Trennlinie auch am Anfang des Obergadens unter den Fenstern zu spüren ist. Fast teleskopartig greifen die einzelnen Wandschichten je nach ihrer Rangordnung stufenweise von unten nach oben aus, so daß die vorderste Wandschicht aus Halbsäulen und Schildbögen die unteren Ordnungen übergreifend zusammenfaßt. Das dialektische Wechselspiel zwischen den verschiedenen Interpretationsmöglichkeiten ist mit sparsamen Mitteln eine höchst originelle Leistung des Langhausarchitekten, die an keiner Stelle Nachahmung gefunden hat.

Ebenso interessant ist der Umgang mit dem komplizierteren, aber nicht einheitlich geplanten Vorbild in Speyer. Der Mainzer Architekt kam nicht aus dem Umkreis der Speyerer Architekten von Bau II, sonst hätte er einen Wandaufriß konzipiert, der sich nicht mit den Gegebenheiten von Bau I auseinandersetzen mußte. So aber studierte er das fertige Vorbild, ohne zwischen dessen Elementen historisch zu unterscheiden, und wandelte es mit seinen Mitteln ab, die im Detail denjenigen von Bau I oft sehr verwandt sind. Die Rückbesinnung auf die heimische Tradition spielt dabei sicher eine Rolle. Im Detail ist hervorzuheben, daß die Pfeilerkämpfer nunmehr wieder reich profiliert sind im Gegensatz zu den Hochschiffkämpfern, bei denen man sich an das Speyerer Vorbild hielt. Außerdem besitzen die Pfeiler, ausgehend von den ungewöhnlich steilen Basenprofilen, einen umlaufenden profilierten Sockel, der in Speyer wegen des Umbaus noch fehlt.

Die Kreuzrippengewölbe des Hochschiffs mit ihren mandelförmigen Wulsten und leicht zugespitzten Gurtbögen stammen stilistisch eindeutig aus der Zeit um oder nach 1200. Ihre Kappen schließen nicht an die Schildbögen an, sondern lassen im Scheitel einen deutlichen Zwischenraum. Wegen des knappen Auflagers über den Kapitellen und aus stilistischen Gründen ist davon auszugehen, daß man hier ursprünglich Gratgewölbe vorgesehen hatte. Bisher nahm man an, diese seien beschädigt, abgebrochen und durch moderne ersetzt worden. Da der Abbruch beschädigter Gewölbe fast so aufwendig und gefährlich ist wie deren Neubau, ist eher anzunehmen, daß das Mittelschiff zwar ein vollständiges Dach, aber vermutlich noch keine Gewölbe besaß. Die heutigen wären also die ersten an dieser Stelle, was die Verformung der Bögen und des Obergadens auch nahelegt. Im östlichen Joch erscheint ein schöner Schlußring, von dem einige große Speichen ausgehen, die mittels Konsolen in den Gewölbekappen verankert sind. Der Gedanke geht zweifellos von der Speichenrose aus und versucht, diese, in Verbindung mit dem Schlußring, in das Gewölbe zu projizieren. In der östlichen Hälfte des Ostjochs fehlt die Blendarkade des Hochschiffs. Als man zusammen mit dem Ostbau den vorspringenden Pfeiler und ein Stück Obergadenwand errichtete, hatte man diese Gliederung noch nicht geplant. Dazu entschloß man sich erst oberhalb des ersten Freipfeilers. Die Sonderstellung dieses Jochs, die auch durch den Schlußring betont wird, ist vermutlich nicht nur formal und baugeschichtlich zu sehen, sondern auch liturgisch im Hinblick auf den Standort eines Altars vor der Ostkrypta.

Die gratgewölbten Seitenschiffe haben ihre Außenmauern bis auf die Wandvorlagen wegen der Kapellendurchbrüche fast vollständig verloren. Nur über dem Marktportal und im Bereich der Memorie sind sie erhalten geblieben. Die Halbsäulenvorlagen besitzen nur schwach ausgebildete Pfeilerrücklagen, die das mächtige Speyerer System auf Träger von Gurt und Schildbögen reduzieren. Die flachen Tellerbasen und die ornamentierten Kapitelle, die Kelchblock- und Knospenformen aufweisen, bezeugen, daß die Außenmauern und damit die Gewölbe erst gegen 1200 entstanden sind. Nur im Ostabschnitt des nördlichen Seitenschiffs finden wir die gleichen Basisprofile wie bei den Pfeilern des Mittelschiffs. Die Gliederung ist die gleiche wie sonst auch im Seitenschiff. Warum sollte man also nach knapp 70 Jahren die Seitenschiffmauern abreißen und durch die gleichen wieder ersetzen? Wahrscheinlicher ist, daß der östliche Teil des Seitenschiffs vielleicht schon mit dem Ostbau zusammen errichtet wurde, man dann aber die alten Außenmauern des Willigis-Domes bis gegen 1200 beibehielt, natürlich ohne Einwölbung.

Mit dem Westquerschiff und dem Westchor beginnt der letzte Bauabschnitt bei der Erneuerung des Domes (Bild 35). An den Vierungspfeilern kann man ablesen, daß diese nicht einheitlich sind, weil die letzten Halbsäulen nicht wie in Speyer als Viertelsäulen ausgebildet sind, sondern ohne Kontakt neben den vorspringenden Pfeilern stehen. Diese sind nach Westen zu reich gestuft mit vorgelegten und eingestellten schlankeren Halb- und Viertelsäulen, die eher als Dienste zu bezeichnen sind. Das gleiche System kehrt im Westchor wieder, ebenso in den Winkeln der Querarme. Deren Gliederung erfolgt ausschließlich durch die Anordnung der Fenster. Der Verzicht auf zusätzliche Gliederungselemente in den Querarmen darf als charakteristisch für die hoch- und spätromanische Architektur des Oberrheins im Gegensatz zum Niederrhein angesehen werden. Die Fenstergruppierungen unterscheiden sich nicht nur auf der Nord- und Südseite, sondern auch auf den beiden Ostwänden. Im Südquerarm erscheint, dort mit Rücksicht auf die Mauermasse des anschließenden Westchores aus der Achse gerückt, ein Rundfenster mit zwei Rundbogenfenstern darunter. Mit dem Leichhofportal hat der Dom einen weiteren Zugang von außen. Die Fenster sind erheblich größer als im Langhaus, besitzen aber eine ähnliche Gewändestufe ohne jede Profilierung.

Die räumliche Wirkung des an die Vierung anschließenden Trikonchos erschließt sich naturgemäß erst, wenn man an der Grenze dieses Raumes unter dem westlichen Vierungsbogen steht. Vom Langhaus her ist sie in keiner Weise wahrzunehmen. Nicht die Aufstellung zusätzlicher Altäre, sondern die seitliche Erweiterung des ursprünglichen Altarstandortes zu einem festlichen Zentralbau war die eigentliche Absicht, also eine ausschließlich baukünstlerische Idee. Die dreiseitigen Konchen, also auch die mittlere Hauptapsis, wirken sehr flach. Der eingeschriebene Kreis ist nicht halbiert, sondern lediglich ein Segment. Zusätzliche Tiefe erhalten sie aber durch ungewöhnlich breite Apsisbögen, deren Laibung schon fast wie ein kurzes Tonnengewölbe wirkt. Dadurch wird das quadratische Sanktuarium in besonderer Weise betont. Es besitzt die gleichen Kreuzrippengewölbe wie Querarme und Langhaus, während die Konchen abgewandelte Klostergewölbe zeigen mit leicht gebusten Kappen, die steil hochgezogen, unten von den Fensterbögen angeschnitten und mit flachen Bandrippen unterlegt sind, die konsequenterweise in den Winkeln auf flachen, geknickten, lisenenartigen Pilastern ruhen. Sie haben als einzige im ganzen Westbau ornamentierte Kelchblockkapitelle, während die zahlreichen ein- und vorgestellten Dienste der Einheitlichkeit zuliebe am Würfelkapitell festhalten, allerdings mit scharf geschnittenen und gerahmten Schilden. Das gleiche gilt von dem schlichten Kämpferprofil aus Platte und Schräge, das für diese Epoche als absolut unzeitgemäß anzusehen ist. Die schmalen, langgezogenen Rundbogenfenster nähern sich im Umriß bereits gotischen Proportionen.

Die architektonisch reiche Form des Westbaus ist im Inneren ungewöhnlich streng in Szene gesetzt. Zwar ist die Zahl der gestuften Rücksprünge bei den Pfeilern und in den Raumwinkeln ebenso wie diejenige der Dienste erhöht, doch fehlen die gerade für die oberrheinische Spätromanik so charakteristischen Kantenprofile, Nischen und Blendarkaden. Der äußerste Kontrast, der sich damit zur reichen Fülle der oberen Teile des Westbaus im Äußeren ergibt, kann nur auf eine bewußte Angleichung an das Langhaus, vor allen Dingen aber an den um etwas mehr als hundert Jahre älteren Ostbau gedeutet werden. Diese archaisierende Tendenz, die vom entwickelten Bewußtsein und Stilgefühl der Architekten zeugt, hat die Einheit des Bauwerks zum Ziel. Trotzdem vergißt man keinen Augenblick, daß man sich in einem Raum des frühen 13. Jahrhunderts befindet. Der Psalierchor, der sich abgeschrankt in der Vierung befand, war nach Osten von einem Hallenlettner abgeschlossen, der wohl noch während der Hauptbauzeit von einer gotischen Werkstatt ausgeführt wurde. Zu ihr gehörte der Meister des Naumburger Westchors, der die einzigartige Form mit seitlicher Abschrägung wie ein Polygon als nach Osten gerichtete Antwort auf den Trikonchos verstanden wissen wollte.

Der ungewöhnlich steile Vierungsturm schließt mit einem rippenbesetzten kuppligen Schirmgewölbe (Bild 38). Die unteren beiden der drei Geschosse schöpfen als Bekrönung des Baus alle Gliederungsmöglichkeiten aus. Die Blenden und Trompenrahmen sind reich profiliert. Ein umlaufender Bogenfries dient einer alternierenden Blendarkatur, die auch die Fenster rahmt, als Auflager. Die Rippen in den Winkeln werden von zweigeschossigen Säulchen mit reich geschmückten Kapitellen getragen. Wie am Außenbau bedient sich hier die Architektur der Möglichkeiten ihrer Zeit, wobei die Lösung eigenständig ist und nicht den Typus des östlichen Chorturms weiterentwickelt.

Dem letzten Bauabschnitt nach 1200 gehört auch die Memorie im Winkel zwischen Südquerarm und Südseitenschiff an. Der ehemalige Kapitelsaal diente wie üblich den Domkapitularen als Begräbnisplatz und trägt daher seinen Namen. Der quadratische Raum, der fast die Grundfläche eines der Querarme erreicht, ist nicht wie sonst in dieser Zeit üblich durch Stützen in mehrere Joche und Schiffe unterteilt, sondern wird von einem einzigen mächtigen Kreuzrippengewölbe überspannt, das wegen der enormen Radien in den Winkeln sehr tief über gedrungenen, über Eck gestellten Säulen ansetzt. Man fühlt sich fast in die Gewölbezone der Hochschiffräume versetzt. Mit Rücksicht auf den ehemaligen Nordflügel des Kreuzgangs ist die Apsis nach Süden verschoben. Obwohl durch einen gotischen Chor ersetzt, hat sich der portalartig gestufte Apsisbogen erhalten. Auf der Westseite befindet sich eine steinerne Sitzbank mit einem thronartigen Sitz für den Dompropst in der Mitte. Die Wand ist mit Blendarkaden über Konsolen dekoriert, in denen sich heute Epitaphien befinden. Die Verbindung zum Seitenschiff stellt das spätgotische Figurenportal her, das um 1425 von dem berühmten Frankfurter Dombaumeister Madern Gerthener geschaffen wurde. Die zierlichen Heiligenfiguren gehören zu den qualitätvollsten ihrer Zeit. Das ursprüngliche, sehr viel kleinere Portal hat sich im Nachbarjoch in der Memorie erhalten. Es ist mit reicher, vorzüglicher Bauzier in der Art rheinischer Kelchblockkapitelle mit Akanthusblättern an langen Stengeln ausgestattet. Das Tympanon zeigt den Hauptpatron Martin mit dem Dommodell.

Durch ein Portal in der Stirnseite des Nordquerarmes gelangt man in die Gotthard-Kapelle. Das Portalgewände mit seiner gleichmäßigen Abfolge schlanker Säulchen und einer entsprechenden Anzahl von Wulsten in den Archivolten, die von Schaftringen unterteilt sind, gehört natürlich an einen Außenbau. Es stammt vom Heiliggeist-Spital und wurde im 19. Jahrhundert hierher versetzt. Seine geschilderten Merkmale weisen auf den Niederrhein und machen abermals die Verbindung von Mainz dorthin deutlich. Die Kapelle, die die Stirnmauer des alten Querhauses mitbenutzt, wahrt einen gewissen Abstand von der zurückversetzten spätromanischen Fassade. Sie folgt dem in Speyer entwickelten Typ, war ihrer Lage nach zur bischöflichen Pfalz gehörig und daher die Privatkapelle des Erzbischofs. Die vier Stützen umstehen ein großes mittleres Quadrat, um das sich die kleineren Seitenjoche wie eine Art Umgang herumlegen (Bild 44). Die Mittelöffnung zum Obergeschoß ist nicht achteckig, sondern quadratisch. Das Untergeschoß ruht auf Pfeilern, während das höhere Obergeschoß von Säulen getragen wird. Die Betonung des mittleren Raumschachtes und die Hervorhebung des Obergeschosses durch Säulen und sie verbindende Gurtbögen bzw. der östlichen Eckjoche durch profilierte Kämpfer lassen einen ausgeprägten Sinn für die Aussagekraft architektonischer Formen erkennen, die zur Differenzierung verschiedener Rangstufen innerhalb der Architektur eingesetzt werden. Das ist in Speyer zwar angedeutet, aber keineswegs so weit entwickelt wie in Mainz. Unter diesem Aspekt ist auch der Verzicht auf Gurtbögen bei den äußeren Jochen zu sehen. Während die Nebenaltäre nur Apsidiolen in der Mauerstärke besitzen, springt für den Hauptaltar ein quadratisches Chorjoch mit Apsis nach Osten vor. Wahrscheinlich gehörte der auf älteren Ansichten nachweisbare, nach 1767 entfernte achtekkige Turm über dem mittleren Raumschacht zum ursprünglichen Bestand. Vermutlich war er belichtet, d.h. von innen her sichtbar. Über dem Altar der Unterkirche hängt heute ein fast lebensgroßes romanisches Kruzifix aus der ersten Hälfte des 12. Jahrhunderts in streng stilisierter Form, das aus Budenheim (Rheinhessen), ursprünglich aber vielleicht aus St. Emmeran in Mainz stammt.

Die Bauzier

Der figürliche Schmuck beschränkt sich in Mainz im Gegensatz zu Worms auf die schon genannten *Portale.* Bei den beiden frühen Ostportalen blieben die Tympana noch leer. Vielleicht waren sie bemalt. Das Marktportal vom Anfang des 13. Jahrhunderts ist nicht sehr aufwendig, dafür aber in seinen Profilierungen sehr fein durchgestaltet (Bild 31). Den drei flachen Stufen sind nur innen Säulen eingestellt, die einen von Löwen getragenen Rundwulst aufnehmen. Das Bogenfeld zeigt Christus als Weltenrichter in einer von Engeln getragenen Mandorla. Die spätromanisch stilisierten Gewänder sind in ihren Säumen und Faltenläufen äußerst stark bewegt. Die sehr archaisch wirkenden Köpfe machen deutlich, daß es sich vermutlich um Arbeiten von Steinmetzen handelt, die normalerweise Kapitelle herstellten. Qualitätvoller ist das etwas später entstandene, erst 1925 wieder freigelegte Leichhofportal im südlichen Querarm. Sein Tympanon zeigt den thronenden Christus zwischen den Fürsprechern Maria und Johannes dem Täufer sowie den Halbfiguren zweier heiliger Bischöfe. Die Figuren zeigen in ihrer Körperlichkeit und den Gewandbildungen eine deutlich jüngere Stilstufe, die in ihrem Bemühen um organische Zusammenhänge eine erste, wenn auch sehr entfernte Auseinandersetzung mit der Gotik ahnen läßt. Dies gilt insbesondere für die Köpfe. Verbindungen zur Magdeburger Skulptur der gleichen Zeit gehen vielleicht weniger auf tatsächliche Berührungen als vielmehr auf eine Gemeinsamkeit in der Grundhaltung zurück. Die reiche Bauzier des Portals ist wie die des gesamten Westbaus und der Seitenschiffe durchaus qualitätvoll, geht aber nicht über den gehobenen Standard des Niederrheins hinaus. Mit dieser benachbarten Region hat sie auch die engsten Verbindungen.

Sehr viel bedeutungsvoller ist dagegen die oben bereits erwähnte Bauzier des Ostchors am südlichen der beiden Portale und an den Kapitellen der Apsis bzw. der Eingangshalle (Bild 32, 33, und 34). Bemerkenswert an dem Portal ist die friesartige Zusammenfassung der Kapitellzone auch über die Stufen hinweg. Dort finden wir zwei einen Löwen schlagende Widder, einen Greifen und einen Mann, der einen Löwen bekämpft. Die Proportionen sind zugunsten des Ausdrucks stark deformiert. Die pralle Körperlichkeit unterscheidet sich von den sehr abstrakten Fabelwesen in Speyer. In der Vorhalle begegnen uns Tiere der antiken Fabelwelt, kämpfende Greifen, Vögel, die Früchte picken und ihre Flügel putzen, ein Kentaur, der mit Pfeil und Bogen einen Hirsch jagt, ein Adler mit Fischen und Hasen. Die reiche Rankenornamentik, die sich an den Kapitellen der Zwerggalerie und der Apsisarkaden befindet, ist in der Vielzahl ihrer Motive und der organischeren Durchbildung spürbar weiter entwickelt als in Speyer. Für den oberrheinischen Raum wurde sie dennoch nicht traditionsstiftend, denn vieles blieb wie in Speyer unvollendet in der Bosse stehen – so etwa das nördliche Portal –, und in der oberen Zone des Inneren fehlt sie ganz. Die gut geschulten Bildhauer wanderten nach Versiegen der Geldquellen wieder ab. Zur Entwicklung einer eigenständigen Tradition kam es am Ober- wie am Niederrhein erst gegen Mitte des 12. Jahrhunderts.

Die Ausstattung des Doms gehört zu den umfangreichsten, die sich in einer deutschen Bischofskirche erhalten haben, wobei vor allem die große Zahl bischöflicher Grabmäler vom 13. bis ins 18. Jahrhundert beeindruckt.

Zu den frühesten Werken gehören jedoch die Bronzeflügel des Marktportals, die Erzbischof Willigis um 1000 für seinen Dom gießen ließ und die in die jüngere Pforte eingehängt wurden. Eine Zuschrift rühmt ihn: »Erstmalig nach dem Tod des großen Kaisers Karl ließ Erzbischof Willigis aus Metall die Türflügel gießen. Berenger, der Meister dieses Werkes, bittet den Leser, für ihn zu Gott zu beten.« Eine weitere Inschrift enthält ein Stadtrechtsprivileg Erzbischof Adalberts I. von 1118. Die beiden Löwenköpfe mit ihren Türringen sind eine spätere Ergänzung aus der Zeit um 1200.

Literatur

Die Bischofskirche St. Martin zu Mainz, Beiträge zur Mainzer Kirchengeschichte, Bd. 1, hrsg. von F. Jürgensmeier, Frankfurt/Main 1986; darin enthalten die gesamte Literatur zum Mainzer Dom zusammengestellt von R. E. Schwerdtfeger; D. v. Winterfeld, *Das Langhaus des Mainzer Domes,* in: vgl. vorangehenden Titel, S. 21–32; R. Kautzsch und E. Neeb, *Der Dom zu Mainz,* die Kunstdenkmäler im Freistaat Hessen, Bd. 2, Teil 1, Darmstadt 1919; F. Schneider, *Der Dom zu Mainz,* in: ZS für Bauwesen, 34, 35, 1884/1885; F. Arens, *Der Dom zu Mainz,* Darmstadt 1982; A. Schubert, W. Jung, *Der Dom zu Mainz,* Mainz 1972; *Willigis und sein Dom,* FS zur Jahrtausendfeier, in: Quellen und Abhandlungen zur mittelrheinischen Kirchengeschichte, 24, Mainz 1975; darin die Beiträge von F. Arens und K. H. Esser.

Der Dom zu Worms

Patrozinium St. Peter

Geschichte

Der Name Worms ist verbunden mit dem Nibelungenlied, das ein unbekannter Dichter um 1200 in die uns überlieferte Form faßte. Er verband dabei den alten germanischen Sagenstoff mit Bruchstücken historischer Ereignisse, die damals bereits 750 Jahre zurücklagen und den Lebenserfahrungen seiner staufisch, höfisch ritterlichen Gegenwart. Erwähnung findet dabei auch der gerade eben vollendete Dom. Für den Historiker steht Worms ebenso für das 1122 hier geschlossene Konkordat, das nach dem Investiturstreit einen ersten Ausgleich zwischen der geistlichen und weltlichen Macht im römisch-deutschen Reich, zwischen Papst und Kaiser, besiegelt. Es wurde geschlossen auf einem jener über hundert Reichs- und Hoftage, die hier abgehalten wurden. Zu ihnen gehörte auch derjenige von 1521, auf dem Luther sein berühmtes Bekenntnis vor dem Kaiser ablegte und anschließend mit der Reichsacht belegt wurde. Dies war der erste Schritt zur religiösen Spaltung Europas, vor allem aber Deutschlands in Katholiken und Protestanten.

Auch Worms ist eine ehemals römische Stadt, an deren Stelle zunächst Kelten siedelten, die ihr den von den Römern überlieferten Namen Borbetomagus gaben. Sie wurden verdrängt von den germanischen Vangionen. 413 bedienten sich die Römer beim Rückzug ihrer eigenen Legionen der germanischen Burgunder als Hilfstruppe an diesem Ort. Diese gründeten ein selbständiges Reich, wurden aber bereits 435 geschlagen und siedelten sich dann weiter südlich an. Alsbald drängten Alemannen und schließlich die Franken nach, die schließlich das Erbe der Römer als Ordnungsmacht antraten. Um 600 war Worms Residenz eines fränkischen Teilreichs, regiert von der Königin Brunchildis, die aber 613 hingerichtet wurde. Ihr und der Name der Burgunder gingen in das Nibelungenlied ein, ebenso die Grausamkeit, die wir aus der Völkerwanderungs- und frühen Frankenzeit kennen. Worms blieb unter den Karolingern und Ottonen Hauptstadt eines Gaus, Hauptsitz eines Grafengeschlechts, aus dem später die salischen Kaiser hervorgehen sollten. Sie bestimmten schon in der Mitte des 10. Jahrhunderts den Dom als dynastische Grablege – ein für die damalige Zeit in Deutschland ungewöhnliches Verhalten.

Man darf annehmen, daß Worms schon in spätrömischer Zeit Bischofssitz wurde, auch wenn dies erst durch die Synode von 614 zweifelsfrei nachweisbar ist. Zwischen dem 4. und dem frühen 7. Jahrhundert gab es keine Gelegenheit zur Herausbildung einer bischöflichen Autorität.

Römische Mauerreste in größerem Umfang, dazu ein ausgedehnter Fußboden in Form eines Estrichs legen die Vermutung einer ersten Bischofskirche unter dem Dom nahe. Die Lage am Rande der römischen und zunächst auch der mittelalterlichen Stadt ist der typische Standort frühchristlicher Gotteshäuser. Gerade dies spricht aber dagegen, daß sich hier ein Forum befand, das in christlichen Gebrauch genommen wurde. Foren waren öffentliche Räume, die nicht ohne weiteres von einer beliebigen Religionsgemeinschaft übernommen werden konnten, solange es die römische Verwaltung gab. Bemerkenswerterweise handelt es sich aber um den höchst gelegenen Ort innerhalb des Stadtgebietes. Über dem römischen liegen frühmittelalterliche Fußböden, die einen Raum von stattlicher Größe (22 × 45 Meter) erschließen lassen. Vielleicht wurde dieser Bau um 612 von Brunhild errichtet. Zwischen 852 und 872 gab es Erneuerungen und Veränderungen, ohne daß dieser Bau von den älteren genau zu trennen und in seiner architektonischen Form zu rekonstruieren wäre. In ihm konnte der 955 auf dem Lechfeld gegen die Ungarn gefallene Konrad der Rote, Herzog von Lothringen und Vorfahr der Salier, beigesetzt werden. Die Grablege der Salier wurde Anfang dieses Jahrhunderts ausgegraben. Sie befindet sich an dem dafür allgemein üblichen Platz westlich unmittelbar vor der Vierung, d. h. wohl vor dem Kreuzaltar. Sie wurde unverändert in ihrer Lage in die späteren Dombauten übernommen, was belegt, daß der karolingische Dom erheblich weiter nach Osten reichte und den liturgisch angemessenen Platz dafür bot.

Bischof Burchard, dem es gelang, die Salier aus der Stadt zu verdrängen, ließ unmittelbar nach dem Mainzer Bau von Willigis einen neuen großen Dom errichten, der 1018 in Anwesenheit Kaiser Heinrichs II. geweiht wurde. 1020 stürzte sein Westchor ein wegen des schlechten Baugrundes, der bis zur endgültigen Sicherung des Westchores nach 1902 stets Sorgen bereitete. Von diesem Dom haben sich die unteren Stümpfe der beiden runden Westtürme erhalten und damit auch die Westmauer der Seitenschiffe, die fast genauso hoch waren wie die heutigen. Direkt zwischen den Türmen lag die halbkreisförmige Westapsis. Die Fundamentmauern der dreischiffigen Basilika konnten allerdings mit Verstärkungen vom Neubau wiederverwendet werden. Es wird allgemein angenommen, daß auch der Ostbau im Grundriß dem heutigen Dom entsprach mit kurzem Querhaus und flankierenden Rundtürmen am östlichen Abschluß. Dieser war außen gerade; ob er innen halbrund war, ist unbekannt. Hammerrechtes Kleinquaderwerk unter der Ostfront und den benachbarten Türmen und unter dem Südquerarm wurde als Rest des Burchard-Domes angesehen, zumal die Türme nicht genau konzentrisch über diesem Fundament stehen. Dieses Mauerwerk sieht jedoch sehr viel regelmäßiger aus als dasjenige unter den Westtürmen und gleicht eher dem Fundamentmauerwerk von Bau II in Speyer. Da die Türme erheblich dicker sind als die westlichen und die Mauerstärken des Gewölbebaus größer als bei dem Flachdeckbau aus der Zeit Burchards, muß die Zuordnung zu dieser Epoche angezweifelt werden.

Noch im 11. Jahrhundert wurde neben dem Chor zwischen Nordquerarm und Nordostturm der quadratische zweigeschossige Baukörper der Schatzkammer eingefügt. Seine Umfassungsmauern haben sich in dem schönen frühgotisch umgebauten Raum mit Dreistrahlgewölben erhalten. Ob es anstelle der barocken Sakristei auf der Südseite ein entsprechendes Pendent gab, muß offenbleiben. Der Anbau, der die Mauern des alten Domes mitbenutzte, bezeugt jedenfalls die prinzipielle Übereinstimmung in diesem Bereich mit dem heutigen Dom. Auch die Anordnung der Osttürme, abgerückt vom Querhaus, die Ostfront flankierend, zeugt eher von der additiven Denkweise der ottonischen Zeit gegenüber den Tendenzen zu fester Integration aller Baukörper in der Romanik.

Auf der Südseite wurde nachträglich die kleine romanische Nikolaus-Kapelle angefügt, die zunächst den Umbau des Domes überdauerte und erst später einer gotischen Erweiterung weichen mußte. Der sehr kleine Kreuzgang des Domstifts auf der Südseite war merkwürdig weit nach Westen verschoben. Seine geringe Ausdehnung im Vergleich zu Speyer, Mainz oder auch Bamberg ist sehr auffällig. Auf der Nordseite schloß sich unmittelbar am Westende des Seitenschiffs im rechten Winkel die bischöfliche Pfalz an, vor der sich ein großer Platz befand. Diese Disposition finden wir fast gleichzeitig auch an anderen Orten, z. B. in Speyer und Bamberg. Zur Pfalz gehörte eine selbständige Kirche.

Aus dem Jahr 1110 ist eine weitere Domweihe überliefert, mit der sich nichts verbinden läßt. Da der alte Dom verschwunden ist und über Veränderungen keine Auskunft mehr geben kann, ist dies auch nicht verwunderlich. Der Baubeginn des heutigen Domes war zwischen dieser Nachricht und einer gut bezeugten Weihe von 1181 heftig umstritten. Man bezog die Neuweihe von 1181 auf die Ostteile des Domes, wo in der Tat westlich des ersten Langhausjochs eine eindeutige Baunaht auszumachen ist. Demnach war mit einem Beginn etwa zehn Jahre zuvor zu rechnen. Erst 1980 konnten während der Restaurierung zahlreiche Gerüstriegel geborgen und dendrochronologisch datiert werden. Im Nordquerarm, Chor und Südquerarm oberhalb der Gewölbekämpfer konnten nicht weniger als sechs Hölzer geborgen und zwischen 1132 und 1137 datiert werden. Drei weitere Hölzer stammen aus der Mittelschiffmauer oberhalb der Arkaden zwischen dem zweiten und fünften Joch. Sie wurden dort 1161 bzw. 1163 verbaut. Damit steht fest, daß die Weihe 1181 den gesamten Dom, zumindest aber das gesamte Langhaus als vollendet voraussetzt. 1184 stellte Kaiser Friedrich I. (Barbarossa) der Stadt aufgrund ihrer Treue ein besonderes Privileg aus. Es wurde in Bronze gegossen und über dem Nordportal angebracht. Die lateinische Zuschrift lautete: »Von nun an, Worms, blühe dein Ruhm und deine Ehre, weil du fromm, klug und treu bleibst. Durch unsere Huld sei vom Hauptrecht befreit, der Freiheit würdig sollst du ihre Früchte genießen, hohen Lobes wert sollst du, Worms, dich immer freuen. Dich hat das Kreuz mir geweiht, dich hat das Schwert mir geschenkt, bleibe im Schutze deines guten Patrons Petrus« (nach F. M. Illert). Die dabei neu gebaute Ädikula zeigt Kapitelle, die eng mit denen des Westchors zusammenhängen, was die zuvor getroffene Feststellung bestätigt. Kapitelle dieses Typs, die mit solchen in Straßburg eng verwandt sind, treten schon in der Wormser Synagoge auf, wo sie durch Inschriften für 1174 bestimmt werden konnten. Schließlich wurde 1192 Bischof Konrad II. im Westchor bestattet, doch kann man dies nicht als zwingendes Argument ansehen. Der Baubeginn, der mit großer Sicherheit auf der Nordseite des Chores und beim Nordostturm anzunehmen ist, muß eine gewisse Spanne vor 1132, also zwischen 1125/30 stattgefunden haben. Er liegt damit fast zeitgleich mit der endgültigen Einstellung letzter Bauarbeiten in Speyer beim Tode Heinrichs IV., 1125, und mit der Vollendung des Mainzer Ostbaus sowie dem Beginn des Langhauses dortselbst.

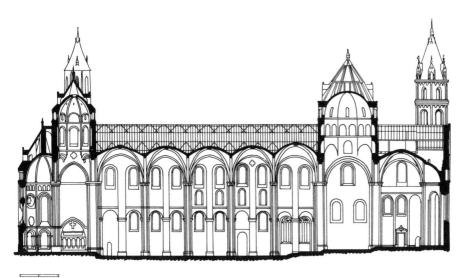

Worms, Dom, Längsschnitt nach Norden

10 m

Die relative Chronologie der Ausführung des Neubaus konnte bisher nicht in allen Punkten zweifelsfrei geklärt werden. Beim Ostbau ist die Abfolge von Nord nach Süd beziehungsweise Ost nach West eindeutig. Klare Abgrenzungen mit Ausnahme derjenigen westlich des ersten Jochs gibt es jedoch nicht. Ein Planwechsel zwischen den beiden Türmen ist ablesbar. Der nördliche hat bei gleicher Gesamthöhe sechs Geschosse mit enger Bindung an die Fassade, der südliche dagegen nur fünf ohne Bindung an die Traufhöhe des Dachs. Bei den drei Ostfenstern nimmt die Zahl der Stufen und Rundstabprofile von Nord nach Süd zu. Innen fehlt auf der Nordwand des Chores das Horizontalgesims. Es wurde erst im 18. Jahrhundert anstuckiert. Schon im ersten Joch des Mittelschiffs unterscheiden sich die Wandaufrisse der Nord- und Südseite erheblich voneinander, was mit einer unterschiedlichen Anlage der beiden westlichen Vierungspfeiler beginnt. Auch dies hat man auf einen Planwechsel bei der späteren Südwand zurückgeführt, was durchaus denkbar ist. Bemerkenswerterweise hat man dann aber die beiden unterschiedlichen Prinzipien auf ganzer Länge beibehalten.

Die Ausführung des Langhauses ist unklar. Die nördliche Seitenschiffmauer wurde offenbar in einem Zuge auf ganzer Länge errichtet, die südliche erfolgte dagegen in Abschnitten, was sicher mit den Anbauten zusammenhing. Die Hochschiffwände zeigen innerhalb ihrer jeweiligen Systeme unterschiedliche Gestaltungen, was auch für die Obergadenfenster vor allen Dingen im Äußeren gilt. Trotzdem hat man auf der Nordseite allem Anschein nach bis in das fünfte Joch hinein in einem Zuge gebaut, während auf der Südseite westlich von jedem Joch eine Naht zu erkennen ist. Hier ging man wohl in Etappen vor.

Beim Westchor, der zwischen die beiden älteren Turmstümpfe eingefügt und nach Westen über den alten Grundriß hinaus verlängert wurde, ist trotz des gleichbleibenden Grundcharakters der Architektur ein Wechsel in allen Einzelformen und bei den Steinmetzzeichen festzustellen. Westlich des Chorbogens setzt also ein neuer Bauabschnitt ein. Zu ihm gehören das Chorpolygon, der Chor mit seinem Turm sowie die Obergeschosse der seitlichen Treppentürme. Obwohl an die Einheitlichkeit der Planung zusammen mit den beiden Westtürmen gedacht werden muß, weicht deren Dekor, der nur noch auf der Südseite eindeutig ablesbar ist, vom Westchor ab und schließt sich stärker an die Ostteile an. Ob dies einen neuen Bauabschnitt oder aber nur einen anderen Bautrupp bedeutet, ist nicht zu entscheiden. Im Inneren reichen übrigens die Treppenspindeln des alten Burchard-Domes sehr viel höher hinauf, als es außen zu sehen ist. Offenbar hat man die Außenhaut der alten Türme bis weiter hinunter entfernt, neu verblendet und mit etwas geringerem Durchmesser und moderneren Gliederungsformen wiederaufgebaut. Nach der Vollendung der Westtürme wurden am Anfang des 13. Jahrhunderts die beiden Osttürme durch ihr fünftes bzw. sechstes Geschoß den westlichen angeglichen und auf ihre heutige Höhe gebracht. Auch sie erhielten damals steinerne Helme.

Ein vollständiger Anbau von Kapellen unterblieb in Worms. Hier erneuerte und verlegte man zunächst das Südportal und gab ihm kurz vor oder um 1300 eine neue aufwendige, gotische Form, die von der Straßburger Westfassade beeinflußt ist. Zunächst dachte man dabei noch nicht an die anschließenden Kapellen. Die drei östlichen folgten etwa bis 1330, wobei man die seitlichen Strebepfeiler neben dem Portal miteinbezog und veränderte. Westlich des Portals erfolgte alsbald die auf zwei Schiffe vergrößerte, als Raum völlig selbständige Erneuerung der Nikolaus-Kapelle mit drei Jochen. Der Kreuzgang und die Stiftsgebäude erhielten ihre gotische Form erst 1484. Zuvor hatte man im Jahre 1482 auf der Nordseite die zweijochige Ägidien-Kapelle angebaut. Schon 1429 stürzte der nordwestliche Treppenturm ein, wobei das ältere Sockelgeschoß erhalten blieb. Erst 1472 stellte man ihn wieder her mit spätgotischen Detailformen, jedoch als Musterbeispiel pietätvoller Anpassung an den älteren romanischen Baubestand.

Wie alle pfälzischen Städte wurde auch Worms im Jahre 1689 im Pfälzischen Erbfolgekrieg von den zurückweichenden Truppen Ludwigs XIV. von Frankreich systematisch zerstört. Die Dächer des Domes brannten ab. Die mittleren drei Gewölbe des Langhauses stürzten ein, die mittelalterliche Ausstattung ging weitgehend verloren. In der Folge wurde das Bistum, dessen Dom völlig isoliert in einer protestantischen Stadt lag, von den Bischöfen der Nachbarbistümer mitverwaltet. Sie ließen die Gewölbe wiederherstellen mit genau dem gleichen Rippenprofil, nur geringeren Abmessungen. Der Dom erhielt eine vornehm zurückhaltende barocke Ausstattung in Form von Kanzel, Chorgestühl und dem großartigen Hochaltar, den Balthasar Neumann als offenes Ziborium in die Ostapsis hineinkomponierte.

Bei der Säkularisation 1803 wurde das Bistum aufgehoben und der Dom zur Pfarrkirche. Die südlich des Südquerarmes gelegene Tauf- und Pfarrkirche St. Johannes, ein großer ungewöhnlicher Zentralbau mit Umgang, wurde damals abgebrochen. Seine spätromanischen Formen weisen Ähnlichkeiten mit Basel und Straßburg auf, neben typisch wormsischen Stilelementen. Es gibt keinen Anlaß für die Vermutung, die Johanneskirche hätte die Tradition eines älteren, möglicherweise eines sogar frühchristlichen Baptisteriums fortgesetzt. Wahrscheinlich handelte es sich in dieser Form um eine neue Anlage, die erst in staufischer Zeit die typische Situation schaffen sollte, wie wir sie bei zahlreichen italienischen Kirchen des 11. bis 13. Jahrhunderts antreffen. 1813 brannte der Kreuzgang ab. Seine Reste wurden 1832 beseitigt.

1902 begannen die Restaurierungsarbeiten, die mit Unterbrechungen bis in die dreißiger Jahre andauerten. Ihnen war eine lange und wichtige Diskussion über den besten Weg zur Sanierung vorausgegangen. Mit großer Sorgfalt trug man den vom Einsturz bedrohten Westchor und große Teile des Chorturmes Stein für Stein ab und baute sie nach Erneuerung und Verstärkung des Fundaments mit den alten Quadern wieder auf. Im Inneren waren die Schäden infolge des Brandes von 1689 jedoch so groß, daß vor allem die unteren Teile des gesamten Westchores fast vollständig erneuert wurden. Insgesamt wurde der Westchor des Wormser Doms zu einem Musterbeispiel für die behutsame Lösung eines Extremfalls der Denkmalpflege. Auch in den übrigen Teilen des Domes mußten größere Partien der Oberfläche durch neue Quader ersetzt werden. Die gotische Nikolaus-Kapelle wurde ebenfalls vollständig abgetragen und etwas verlängert mit denselben Steinen wieder aufgebaut.

Das steinerne Dach des Westchorpolygons bestand ursprünglich nur in den untersten drei Schichten aus großen Quadern. Die Flächen darüber waren verputzt. Sie wurden nach 1902 mit einer Quaderverblendung erneuert. Die barocke Schweifhaube des östlichen Vierungsturms ersetzte man schon im 19. Jahrhundert durch ein verschiefertes Zeltdach, dem dann bei der großen Restaurierung ebenfalls ein steinerner Helm folgte. Er verfälscht den ursprünglichen Eindruck erheblich. 1945 brannten die Dächer abermals ab. Nach ihrer Wiederherstellung folgte 1960 bis 1967 erneut eine umfassende Restaurierung des Äußeren, während 1979 bis 1982 der Innenraum nur gereinigt wurde.

Besichtigung

Das Äußere

Von der Südseite aus überblickt man die Gesamtanlage des Domes fast ungehindert. In der Fernwirkung der Silhouette mit ihren sechs Türmen – zwei gedrungenen achteckigen Mitteltürmen mit umlaufender Zwerggalerie und vier schlankeren Treppentürmen – ist die Ähnlichkeit mit dem großen südlichen Nachbarn in Speyer nicht zu übersehen und sicher auch beabsichtigt. Ebenso charakteristisch ist die dergestalt überhöhte Zweipoligkeit, die innen in den zwei Chören ihren Ausdruck findet. Das basilikale Langhaus wird von einem nur schwach vortretenden Querhaus durchkreuzt. Über dem Schnittpunkt der Firste thront der achteckige Vierungsturm. Er gleicht demjenigen von Speyer fast bis ins Detail. Östlich schließt sich ein gerade geschlossener, langgestreckter Chor an, der an seiner Stirnseite von zwei mächtigen Rundtürmen flankiert wird (Bild 45). Ihnen antworten am Westende der Seitenschiffe die schlankeren, runden Westtürme, die den ebenfalls achteckigen Chorturm zwischen sich nehmen (Bild 47). Er hat etwas geringere Abmessungen als der Vierungsturm. Auf diese Weise ist die Westgruppe dicht zusammengedrängt. Sie isoliert den Westchor vom Langhaus, der, obwohl niedriger als dieses, mit seinem steilen Steinhelm fast die gleiche Firsthöhe erreicht. Von den südlich angebauten Kapellen löst sich nur die sehr viel größere Nikolaus-Kapelle mit einem eigenen steilen Walmdach heraus. Westlich davon besitzt das Seitenschiff keine Fenster mehr, weil dort die Stiftsgebäude und der Kreuzgang anschlossen, wovon mehrgeschossige Blendbogengliederungen Zeugnis ablegen.

Die Ostfront gehört zu den großen Architekturbildern der deutschen Hochromanik (Bild 45). Sie ist seit alters durch eine Häuserzeile von der großen Straße getrennt, eine Situation, die man nach 1945 glücklicherweise wiederhergestellt hat, um den Maßstab zu wahren. Hier war eine fassadenartige Wirkung zur Stadt hin beabsichtigt. Und sicher ist dies auch der Grund für das Heranrücken der beiden

Türme an die Ostfront. Der von Rundtürmen flankierte rechteckige Baukörper darf im Sinne einer Architektursymbolik verstanden werden, denn in der Buchmalerei, auf Elfenbeinen, aber auch an den großen Radleuchtern, die das »himmlische Jerusalem« darstellen sollen, besitzen die Tore und Haupttürme diese Gestalt. Die drei großen Fenster mit ihren unterschiedlichen Gewänden belichten die innen halbkreisförmige Apsis. Wegen der Verglasung kann man nicht erkennen, daß die äußeren beiden Fenster tunnelartige, innen gewinkelte Gewände besitzen, bis sie das Rund der Apsis erreichen. Auf ihren Sohlbänken tummeln sich in freier Bewegung Löwen, Widder und eine Bärenmutter, die mit ihrem Jungen spielt (Bild 46). Letztere spricht eindeutig gegen eine apotropäischen Bedeutung dieser nur zum Teil drohend wirkenden Tiergruppen, auf die man in den Jahrhunderten davor verzichten konnte. Eine theologische Deutung im Sinne der Apokalypse ist nicht auszuschließen, doch dürfte sich hier eher der neu erwachte Wille zur Skulptur, gepaart mit gestalterischer Kraft, Bahn gebrochen haben. Die Zwerggalerie darüber folgt dem Speyerer Vorbild, verwendet jedoch einheitlich Würfelkapitelle und einfache Profile an den Kanten. Unter ihren Basen erscheinen die Büsten von Tieren und Menschen. An eine der Säulen ist die Gestalt eines Mannes angeheftet, der mit seinem Winkeleisen unzweideutig als Baumeister gekennzeichnet ist. Ein Affe schaut ihm listig über die Schulter – vermutlich eine Warnung vor Hoffart und Eitelkeit. Die strenge Gebundenheit der Figur gibt zu erkennen, daß wir es hier mit einem Neubeginn der Bauskulptur zu tun haben. Mit Rücksicht auf die benachbarten Türme, die die Gliederung der Chorfassade teilweise übernehmen, ist das Galeriegeschoß fast doppelt so hoch wie diese selbst, so daß über ihr eine leere Mauerzone erscheint. Den Giebel füllt eine große Kreisblende, die ursprünglich wohl ganz zum Dachstuhl hin geöffnet war.

Ein wesentliches Gliederungsmerkmal der nun ganz aus Großquadern errichteten Ostfassade mit ihren begleitenden Rundtürmen ist ein System aus Rundbogenfriesen und Lisenen. An den Kanten sind sie breit, in den Flächen schmal, meist im Abstand von drei Bögen angeordnet. Die Kanten sind durchweg profiliert, und unten sind die Lisenen in die Verkröpfungen von Sockeln und Gesimsen eingebunden. Um dies zu ermöglichen, enden sie in Hornausläufen. Die Bogenfüße sind nicht mehr selbständige Glieder, sondern in das umlaufende Profil miteinbezogen, nur beim Untergeschoß erscheinen hier zusätzlich große Tier- und Menschenköpfe. Wahrscheinlich ist diese charakteristische Kantenprofilierung mittels Wulst, Kehle und Plättchen oder Karnies und Plättchen nicht in Worms erfunden worden, doch wird sie hier erstmalig in unserer Region geradezu systembildend angewen-

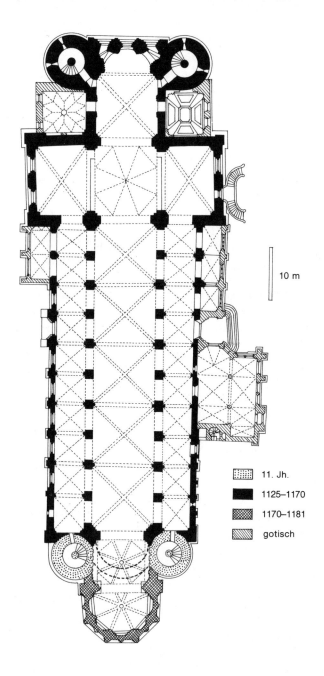

10 m

11. Jh.

1125–1170

1170–1181

gotisch

Worms, Dom

Die Maße des Doms zu Worms

	Meter
Äußere Länge	111
Innere Länge	106,60
Länge des Langhauses	56,60
Äußere Breite des Querschiffs	37,30
Breite des Langhauses außen im Durchschnitt	28,60
Breite des Langhauses innen	25,30
Lichte Mittelschiffbreite	11,60
Scheitelhöhe der Gewölbe im Durchschnitt	27,30
Scheitelhöhe des Vierungsturms	40,60
Höhe der Osttürme	ca. 57

det. Damit wurde für die oberrheinische Architektur ein charakteristisches Gliederungselement entwickelt, das nicht nur weit in andere Regionen ausstrahlen, sondern vor allen Dingen mehr als ein Jahrhundert in Gebrauch bleiben sollte. In der Regel gehört dazu über den Rundbögen ein Zahnfries und differenziert profilierte Horizontalgesimse, die durch schräge, steinerne Abdeckplatten noch verstärkt werden. Sie legen sich wie gewaltige Faßreifen um die prallen Rundtürme, deren Volumen durch die zart aufgelegten Lisenen noch verstärkt erscheint. An der Traufe und in der Schräge des Giebels, der von einem steigenden Bogenfries verziert wird, zeigen die Gesimse zudem stilisierte Eierstab- und Kymationsmotive, die ihre Abstammung von Speyerer Gesimsen nicht verleugnen können.

Gegenüber der reichen, doch klassisch ausgewogenen Gliederung des Ostbaus fällt die Vereinfachung der Querarme und der Chorseitenwände besonders auf, die nicht baugeschichtlich, sondern nur durch ihre von der Stadt abgewandte Lage zu erklären ist. Bis auf die Fußgesimse der Giebel fehlen sowohl alle Horizontalen als auch die Speyerer Zwerggalerien. Anstelle von Lisenen stehen kräftigere Pfeilervorlagen an den Kanten, die jedoch nicht die Mächtigkeit wie in Speyer erreichen. Wichtigstes Gestaltungselement sind die Fenster, die in der Nordfassade 2:1 übereinander angeordnet sind, entsprechend der inneren Schildwand des Gewölbes. In der Südfassade ist eines der unteren Fenster asymmetrisch durch einen Okulus ersetzt, der sich auf das kleine darunter befindliche Portal bezieht. Ob diese Anordnung etwas mit der hier benachbarten Johanneskirche zu tun hat, muß offenbleiben. Unter der Traufe und unter dem Giebel verlaufen

Bogenfriese, die mächtig weit vor die Wand vortreten, plastisch gestuft sind, aber nicht die feine Kantenprofilierung wie am Ostbau besitzen. Diese ist nur bei den steigenden Friesen der Giebel wieder anzutreffen. Träger der plastischen Gliederung sind vor allem aber die tiefen, durch Rücksprünge und eingestellte Wulste reich gegliederten Fenstertrichter, von denen nur die benachbarten der Nordfassade dieselbe Gliederung aufweisen, während bei den übrigen eine große Anzahl von Variationen nicht der Grundelemente, sondern von deren Abfolge und Dimensionierung vorgeführt wird. Fast für jedes Fenster mußten eigene Schablonen angefertigt werden, was als eine Besonderheit der Bauorganisation anzusehen ist. Die Absicht dabei war wohl, auf diesem Wege den Eindruck von Reichtum und Fülle zu erzeugen und dem Betrachter den Wechsel bewußt vorzuführen. Dies sollte zu einem signifikanten Merkmal der Wormser Architektur werden.

Von der südlichen Seitenschiffmauer kann man außen nichts mehr sehen, aber im Inneren der Kapellen gleichwohl feststellen, daß sie derjenigen der Nordseite, sofern sie nicht auf Anbauten Rücksicht nehmen mußte, im wesentlichen glich. Dort ist sie mit Ausnahme der zweijochigen ehemaligen Ägidienkapelle am Ostende in voller Länge unverändert erhalten geblieben und bietet sich als eine der reichsten Seitenschiffgliederungen der romanischen Architektur überhaupt dar. Diese ist vollkommen einheitlich und steht damit in deutlichem Kontrast zu dem Obergaden darüber. Hier begegnen wir wieder der charakteristischen Gliederung aus Lisenen und Bogenfriesen, wobei erstere nun breiter sind als am Ostbau. Unten enden sie in mächtigen, verkröpften Basen über einem Sockel. Die breiten, sehr großen Fenster übernehmen die Stufung des Gewändes von den Querarmen, sind aber zusätzlich von einer flachen profilierten Rundbogenblende gerahmt, die unten zusammen mit den Lisenen beim Sockel beginnt.

Die Grundhaltung plastischer Wandgestaltung ändert sich beim Obergaden nicht, wohl aber das System. Die Lisenen sind hier breit und ohne Kantenprofil. Die Bogenfriese sind wie beim Querhaus dazwischen eingehängt und besitzen statt eines Kantenprofils einen zusätzlichen Rundwulst, was ihre Wirkung in charakteristischer Weise verändert. Die Fenster zeigen eine knappere, feiner differenzierte Profilierung, was sie kleiner als diejenigen des Seitenschiffs erscheinen läßt. Vor allen Dingen wechselt diese Gewändeprofilierung mehrfach, ohne daß dies mit einer vernünftigen baugeschichtlichen Abfolge zu erklären wäre. Offenbar sollte eine gewisse Variationsbreite vorgeführt werden. In den beiden westlichen Doppeljochen bedient man sich zusätzlich der rahmenden Blende wie bei dem Seitenschiff darunter. Als besonderes Charakteristikum der Wormser Architektur sind in jedem Joch neben den Lisenen unterhalb des Bogenfrieses steinerne Wasserspeier angeordnet. Sie deuten nicht auf eine Verzögerung beim Aufbringen des Daches hin, das in der Regel vor den Gewölben ausgeführt wurde, sondern sollten offenbar die Gewölbetrichter entwässern, wenn in jedem Jahr Flugschnee durch die Dachpfannen drang, innen liegen blieb und allmählich taute, nicht ohne die Gewölbe zu durchfeuchten. Das läßt darauf schließen, daß im Gegensatz zu Speyer hier keine Metalldeckung als Dachhaut vorgesehen war, sondern Dachziegel vermutlich in der Form von Mönch und Nonne.

Im vierten Joch des Nordseitenschiffs von Osten befindet sich das Nordportal, das sich zu dem freien Platz vor der bischöflichen Pfalz öffnet und ehemals sicher als feierliches Einzugsportal für den Bischof diente. Bogenansätze und ein Schildbogen deuten darauf hin, daß ursprünglich eine Vorhalle geplant war, die offenbar auch seitliche Joche besitzen sollte, in der Art des Kleinen Paradieses in Speyer. Dafür hat man unter den seitlichen Fenstern auch ein entsprechendes Deckgesims für das Pultdach angebracht. Die Ausführung wurde aufgegeben, offensichtlich bevor man das Portal selbst mit seinen Bogenanfängern versetzt hatte. Anders ist der Befund glatter Quader anstelle der vorgesehenen Gewölbeanschlüsse kaum zu deuten. Dafür brachte man 1184 über dem Portal die Bronzetafel mit dem Stadtprivileg Barbarossas an. Um sie hervorzuheben, wählte man eine kleine Ädikula in der Art wie sie über den Nebenaltären im Speyerer Querhaus als große Architektur bereits bestanden. Der heutige obere Abschluß ist modern. Da die Säulen nicht frei in der Luft hängen konnten, gab man ihnen geknickte Schäfte, damit sie sich wie in der Holzarchitektur an der Wand abstützen konnten. Ähnliche Gebilde stützen den durchbohrten steinernen Turmknauf über dem westlichen Chorturm. Das Säulenstufenportal selbst verzichtet auf Kantenprofile, besitzt aber Kapitellfriese mit einem ungewöhnlich zart und lebendig gearbeiteten Akanthuslaub, in das nicht nur Adler, sondern auch Gesichtsmasken eingelassen sind. Ähnliches ist als Rahmung des Bogenfeldes innen zu finden, das vielleicht mit Rücksicht auf eine geplante Malerei mit der falschen Seite nach außen eingebaut wurde. Von den gemalten Figuren auf dem Bogenfeld und seitlich der Archivolten haben sich nur Umrisse erhalten, vor allem von den eingegrabenen Heiligenscheinen und Gewandbordüren. Dargestellt war neben anderen der Hauptpatron St. Peter. Das Portal dürfte im Zuge der Bauausführung gegen 1155 entstanden sein.

Der südliche Obergaden zeigt nicht nur – wie könnte es in Worms anders sein – abweichende Fenstergewände, sondern ordnet vor allem die Lisenen, die viel schmaler sind als auf der Nordseite, nur nach jedem zweiten Fenster entsprechend der inneren Gewölbeaufteilung an

(Bild 49). Außerdem erscheinen hier von Anfang an die Seitenschiff-blenden, die man fast für eine Gewändestufe der Fenster halten könnte, wenn diese nicht zum Teil aus ihrer Achse und paarweise zusammengerückt wären, wie es für einen Bau des gebundenen Systems eigentlich selbstverständlich ist. Ganz einfache Fenstergewände im Osten werden nach dem dritten Fenster von reich und gleichmäßig profilierten nach Westen zu abgelöst. Die Bogenfriese besitzen entweder eingefügte Wulste oder einfache Wulste als Kantenprofil und weichen damit sehr deutlich von dem Einheitstyp der Ostteile ab, der beidseitig die Seitenschifftraufe ziert.

Das gotische Südportal (um 1300), das ein großes Maßwerkfenster mit Portal und Tympanon samt rahmender Figurengewände und Archivolten verbindet, ersetzte ein älteres romanisches Portal, das ein Joch weiter westlich lag. Es wirkt wie ein Marienportal, enthält aber in den Archivolten die gesamte Heilsgeschichte. Der Tetramorph mit den vier Köpfen der Evangelisten im Wimperg trägt die Ecclesia (Kirche). Die ruinösen Blendarkaden am Westende des Südseitenschiffs, die außer durch Brand auch durch den gotischen Umbau des Kreuzgangs beschädigt worden sind, lassen erkennen, daß dieser Flügel des romanischen Kreuzgangs bereits zweigeschossig war und im Obergeschoß einen prächtigen Raum mit sehr reicher Wandgliederung besessen haben muß. Die fein gearbeiteten Kapitelle mit zum Teil distelig spitzem Akanthuslaub sind denen des Nordportals und einem Kapitell im Südseitenschiff eng verwandt.

Der Westchor stellt wiederum einen Höhepunkt der romanischen Architektur des Oberrheins, ja ganz Deutschlands dar (Bild 47). Seine plastische Kraft und das bewegte Temperament seines Architekten bilden einen deutlichen Kontrast zur fast klassischen Ausgewogenheit des kaum fünfzig Jahre älteren Ostchors. Er wirkt wie ein turmartiger polygonaler Zentralbau, der seine Verbindung zu der dahinter hoch aufsteigenden Dreiturmgruppe nicht recht zu erkennen gibt. Hier zeigt sich das Fehlen eines Giebels als Kennzeichnung eines selbständigen Altarhauses sehr deutlich. Statt dessen steigen die beiden achteckig wirkenden Turmgebilde hintereinander auf. Das solchermaßen lockere Gefüge wird von den beiden flankierenden Rundtürmen, die an den Mittelturm fest angebaut sind, wie durch gewaltige Pfosten seitlich stabilisiert. Die sich steigernde Wiederholung des Turmgedankens macht darüber hinaus deutlich, woher der aus fünf Seiten des Achtecks gebildete Chorabschluß seine Anregung genommen hat: von den achteckigen Mitteltürmen in Speyer, Mainz und dem östlichen Vierungsturm. Unter diesem Aspekt ist die Wahl eines Polygons zeitlich vor den ersten polygonalen Chören Nordfrankreichs nicht verwunderlich, ebensowenig das Fehlen einer Beziehung zu den breiter angelegten, mit mächtigen Strebepfeilern an den Kanten ausgerüsteten lothringischen Polygonalchören der Romanik. Der zündende Gedanke ging hier von einer am Ort vorgegebenen Form aus. Statt Lisenen stehen an den Kanten Runddienste, die oben unter einer umlaufenden Zwerggalerie enden. Diese ist gedrungener als die Galerie des Ostchors mit stämmigeren Säulchen und knappen Segmentbögen. Aber auch hier erscheinen die Büsten von Fabelwesen an den Basen (Bild 48). Der Sockel wird von einer dichten Folge gestufter, mit Zackenprofil ausgestatteter Blendnischen gebildet. Schachbrettartige Röllchenfriese teilen die Geschosse. Nur in den beiden Anschlußseiten gibt es normale, große Fenster mit reich gestuftem Gewände, während die übrigen drei Polygonseiten zur Mitte hin gestaffelte Rundfenster mit gestuften Gewänden und maßwerkartigen Vier- und Sechspässen zeigen. In der Mitte sitzt direkt über dem Sockel eine große Speichenrose, die größer als die entsprechende Polygonseite ist und mit ihrem Gewände an die Rücklagen der Kantendienste anschneidet. Sie wirkt daher wie eingezwängt. Das Motiv ist an dieser Stelle so ungewöhnlich, daß man Erklärungen suchen mußte. Es lag nahe, von dem Gedanken einer Fassade auszugehen, der hier ein wenig gewaltsam auf ein Polygon überschrieben worden war. Ob dies Wunsch oder gar Auflage des Bauherrn war oder der ein wenig ungezügelten Gestaltungsphantasie des Architekten entsprach, wird nicht mehr zu entscheiden sein, sondern hängt davon ab, wie die jeweilige zeitgebundene Forschung glaubt, die Akzente setzen zu müssen. Das Ergebnis ist einzigartig, aber auch antiklassisch und wird daher nicht von jedem Betrachter gleich hoch bewertet. Ungewöhnlich ist auch der mächtige steinerne Helm mit großen, glatt geschnittenen Steingauben, die große Kugeln auf ihren Spitzen tragen. Eine solche sitzt auch in durchbohrter Form auf der Spitze des Helms. Dieser ruht im Inneren auf einer steinernen Stütze, die auf dem Scheitel des Gewölbes aufsitzt.

Bei den Anschlußseiten des Chorpolygons wird eine Pfeilervorlage sichtbar, die unter der Galerie endet und in ihr nicht weitergeführt, sondern lediglich mit einer Bündelsäule markiert wird. Dies ist der eigentliche Ansatz des Altarhauses, das ursprünglich nach oben als Baukörper markiert werden sollte. Von dem Pfeiler schwingt sich ein Bogen zur Rundung der Türme, unter dem die Mauer des schmaleren Westchores deutlich zurückspringt. Durch diese Maßnahme sollten die Türme wohl stärker isoliert werden. Der Chorturm besitzt etwas vereinfacht den gleichen Galerietyp und ist in seinem Tambour durch eine dichte Folge flacher Lisenen streifenförmig gegliedert. Auch er hat einen entsprechend gemauerten Helm mit steinernen Gauben und durchbohrtem Knauf, der durch die besagten geknickten Stege gehalten wird. Die beiden Westtürme tangieren den Mittelturm und übernehmen ungewöhnlicherweise die umlaufende Zwerggalerie, die damit wie ein Band die drei Türme fest zusammenbindet – der notwendige optische Ausgleich für das lockere Gefüge des unteren Aufbaus. Von der schöpferischen und sich doch unterwerfenden Anpassung des nordwestlichen Turmes von 1472 sprachen wir bereits. Bei dem erhaltenen Südwestturm fällt auf, daß die Gliederungselemente aus Lisenen und Bogenfriesen, die am Westchor in dieser Form nicht vorkommen, von den Osttürmen übernommen sind. Gerade bei der Zwerggalerie ist eine engere Anknüpfung an den Ostchor zu beobachten mit einer Umwandlung der Bögen zur Kleeblattform. Es verwundert, daß hier nicht die Galerie des Mittelturmes in exakt der gleichen Form weitergeführt wurde. Trotz der altertümlicher wirkenden Einzelformen ist es denkbar, daß der Südwestturm etwas später als der Chorturm entstanden ist. Darauf deuten auch die Dreibogenstaffeln seiner Öffnungen hin. Die steinernen Helme, die nach 1960 erneuert wurden, stammen ihrer Form nach von 1472. Im Vergleich mit den vom Burchard-Dom übernommenen Turmstümpfen ergeben sich die Unterschiede und Entwicklungen der romanischen Baukunst zwischen 1020 und 1080. Im Inneren reichen die erhaltenen älteren Treppenspindeln bis zum Ansatz der Galerie.

Das Innere

Man betritt das Innere von Süden über das südliche Seitenschiff, in dem sofort die engeren Abmessungen als in Speyer und Mainz spürbar werden. Im Mittelschiff ist man zunächst überrascht von der den Raum erdrückenden plastischen und monumentalen Fülle der ganz in rotem Sandstein gehaltenen Pfeiler und Mauern, die in ihrer Wucht den Raum fast zu erdrücken scheinen. Dies wird an einem dunklen Tag, da das Licht von dem roten Sandstein absorbiert wird, besonders deutlich. Zugleich spürt man die Kraft dieser Architektur. Die doppelchörige Anlage ist hier nun wirklich durch zwei, wenn auch unterschiedlich gebildete Apsiden spürbar, denen die Krypten fehlen.

Das Innere der Ostapsis ist schlicht und tritt ganz hinter dem aufgelösten Ziborienaltar Neumanns zurück (Bild 53). Die Seitenwände des Chorjochs werden im Untergeschoß von je drei an den Kanten profilierten Blenden eingenommen – eine Weiterentwicklung des Gliederungsmotivs der Limburg. Für die Gewölbe sind in den Winkeln Dienste eingestellt. Das Gewölbe steigt von allen Seiten steil und kuppelig an. Die mächtigen Bandrippen bzw. Diagonalgurte sind ganz leicht spitzbogig geführt, obwohl sie im Scheitel noch keinen

Schlußstein besitzen, sondern wie in Speyer aus einem durchgehenden und zwei angesetzten Bögen bestehen. Apsis- und Vierungsbögen sind bereits leicht zugespitzt, so daß eine spätere Entstehungszeit dieser Gewölbe als in Speyer eindeutig ist.

Die gleichen Gewölbe erscheinen auch in den beiden Querarmen, doch wirkt das Zusammenstoßen im Scheitel wegen der schmalen, querrechteckigen Grundrißform dieser Räume sehr ungelenk. Sie sind im übrigen bis auf die Eckdienste glatt und ungegliedert und wirken bei den mächtigen Mauern ungewöhnlich eng. Das hängt sicher auch mit den hallenförmig vortretenden barocken Abschrankungen zusammen, die innen noch die romanische Schrankenmauer besitzen. Auf der Südseite steht hier ein vorzügliches Modell der einstmaligen Domumgebung.

Der Vierungsturm weist exakt die gleiche Grundform auf wie in Speyer, mit muldenförmigen Trompen, großen Nischen, Horizontalgesimsen und einem Kranz aus 16 kleineren Nischen – darüber das Klostergewölbe mit den Fenstern zur Galerie (Bild 54). Lediglich die Proportionen sind etwas gedrungener und gleichsam gestaucht. Die Architekturkopie wird hier offenkundig. Vom Nordquerarm führt eine reich gerahmte Öffnung über dem Seitenschiff in dessen Dachraum. Auch in Speyer ist dort eine kompliziert ausgebildete Öffnung zu finden, so daß man davon ausgehen kann, daß hier ähnlich wie dort zunächst eine kleine Orgel aufgestellt war, die den Chorgesang der Domkapitulare und Kleriker in der Vierung begleiten sollte.

Das Langhaus folgt den Beispielen Speyer und Mainz – als gewölbte Pfeilerbasilika im gebundenen System mit Stützenwechsel (Bild 52, 53). Die Joche des Mittelschiffs sind fast quadratisch, ebenso diejenigen der Seitenschiffe, die folglich schmaler sind als in Mainz und erheblich schmaler als in Speyer. Sie sind gratgewölbt im Gegensatz zum Mittelschiff, das hoch aufsteigende, stark gebuste Rippengewölbe besitzt. In diesem Falle bedeutet dies keine zeitliche Differenz in der Entstehung, sondern eine bewußte Unterscheidung der Räume hinsichtlich ihrer Bedeutung. Die Rippen des Mittelschiffs sind an ihrer Unterseite durch drei fast gleich starke, leicht zugespitzte Wulste profiliert, was sie bei oberflächlicher Betrachtung in die Nähe schon fast gotischer Rippenprofile rückt. Erst bei genauerer Analyse stellt man fest, daß es sich um die dekorierte Unterseite einer Bandrippe handelt. Nur das östliche und das westliche Joch besitzen noch ihre originalen Gewölbe mit dem stärkeren Rippenprofil.

Da der Stützenwechsel nicht zu unterschiedlichen Abmessungen bei den quadratischen Pfeilern führt, erscheinen diese vom Seitenschiff aus wie in Speyer und Mainz mit ihren Halbsäulenvorlagen völlig gleich. Auf der Außenseite entsprechen ihnen Halbsäulen mit

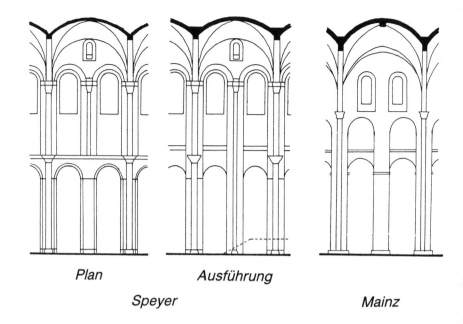

Plan   Ausführung

Speyer   Mainz

schwächeren Rücklagen für die gestuften Schildbögen – ganz ähnlich,
wie dies in Mainz der Fall ist. Das östliche Joch des Mittelschiffs, nach
dem beidseitig eine Baufuge verläuft, ist das älteste und im Zusammenhang mit dem Querhaus entstanden. Seine wiederum etwas ältere
Nordseite zeigt die engste Anlehnung an Speyer, dessen Aufrißsystem
fast vollständig übernommen wird. Bei den Zwischenpfeilern entfallen
die Halbsäulenvorlagen wie in Mainz, doch zeigen die Hauptpfeiler
außer den üblichen Halbsäulen die zusätzliche kräftige Pfeilervorlage, wie dies nach dem Umbau in Speyer der Fall ist. Ein wesentlicher
Unterschied besteht allerdings darin, daß die großen Fenster fast ganz
in die Schildwand hinaufgerückt sind, was nicht nur eine beträchtliche
Stelzung des Schildbogens erforderlich macht, sondern auch die rahmenden Blenden in gefährliche Nähe zu den Schildbögen bringt. Besonders in den folgenden Jochen entstehen an dieser Stelle unschöne
Überschneidungen. Das nunmehr reich profilierte Horizontalgesims
verläuft direkt über den Arkaden, verkröpft sich aber zunächst nicht.
Außer hohen Sockeln mit kräftigem umlaufenden attischen Basisprofil besitzen die Pfeiler mächtige vorquellende Polsterkapitelle und
darüber reich profilierte Kämpfer, die sich bei den Hauptpfeilern
nicht um die Gewölbevorlagen herum verkröpfen. Auch die Gewölbevorlagen enden in mächtigen Polsterkapitellen und reich profilierten
Kämpfern, wie sie bereits im Chor und im Querhaus und an den Vie-

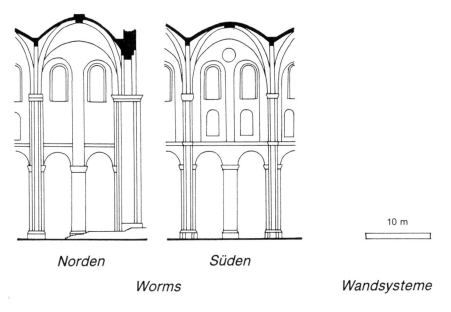

Norden   Süden

Worms   Wandsysteme

10 m

rungspfeilern anzutreffen waren. Die rauher aufgepickten Polster zeigen teilweise flach aufgelegte geometrische Dekoration, jedoch keinerlei Blattornamentik. Diese stark plastisch wirkenden Bauglieder sind für den Wormser Dom und darüber hinaus für die von ihm beeinflußten Bauten konstitutiv.

Auf der Südseite ist im ersten Joch bereits eine signifikante Veränderung zu bemerken. Hier steigen keine Pfeilervorlagen von der Arkadenzone aus auf, sondern die Scheidbögen haben die gleiche Stärke wie die tragenden Pfeiler, denen bei den Hauptstützen wiederum Halbsäulen und ein begleitender Vorsprung vorgelegt sind. Erst über einem durchlaufenden, sich um die Vorlagen herum verkröpfenden Horizontalgesims setzen zwei flache Blenden an, die oben die Fenster umgreifend rahmen. Sie besitzen an ihrer Kante ein kleines Wulstprofil. Die Fenster sind etwas aus den Achsen der Arkaden zusammengerückt, wie das bei Gewölbebauten des gebundenen Systems häufig zu beobachten ist. Infolgedessen sind auch die beiden Blenden zusammengerückt und bilden keine vertikale Fortsetzung der Arkadenöffnungen unten. Zudem sind sie schmaler als diese. Da für dieses System am Vierungspfeiler ein Rücksprung weniger benötigt wird, ist dies bei dem südlichen oberhalb der Arkaden konsequent ver-

weiter Seite 201

Die Bildseiten

48

51

ALTERA LAMENT
INCENDIA
April 15
NON SINT

55

56

57

59

61

wirklicht – einschließlich der Verkröpfung für das Horizontalgesims. An den Vierungspfeilern und später auch am westlichen Chorbogen endet das gesamte System auf beiden Seiten nicht mit einer Viertelsäule, sondern mit eingestellten dünneren Dreivierteldiensten, wie sie auch konsequent im gesamten Ostbau verwendet werden.

Bei dem Aufrißsystem der Südseite ist die Verklammerung der Geschosse in der Vertikalen, die letztlich auch in Mainz anzutreffen ist, aufgegeben zugunsten einer konsequenten Zweigeschossigkeit, wie dies auch bei dem nichtvollendeten Projekt für den Umbau des Speyerer Langhauses geplant war. In Worms stehen sich gleichsam schon im Ostjoch die beiden Speyerer Systeme als Varianten gegenüber: auf der Nordseite das ausgeführte, auf der Südseite das geplante, natürlich in modifizierter Form. Die stilistische Entwicklung, aber auch der Verzicht auf unnötige Elemente von Bau I wie etwa auf die Halbsäulen bei den Zwischenpfeilern, führten zwangsläufig zu Veränderungen. Im folgenden ist es bemerkenswert, daß die beiden in ihrer Tendenz fast gegensätzlichen Varianten dieses Aufrißsystems jeweils auf ganzer Länge als Prinzip beibehalten wurden. Wahrscheinlich fürchtete man, daß ein Wechsel nach dem ersten Joch auf einer der beiden Seiten zu einem ästhetischen Bruch führen würde. Andererseits scheute man sich nicht, nun auch innerhalb der beiden Systeme von Joch zu Joch ins Auge springende Veränderungen vorzunehmen. Wir empfinden den Unterschied zwischen Nord- und Südwand vermutlich deswegen nicht so stark, weil er eingebunden ist in die einheitliche kräftige Rotbraunfärbung des Sandsteins. Im Zusammenhang einer farblichen Differenzierung, wie dies bei den niederrheinischen Putzbauten der Fall ist, würde sich der Unterschied vermutlich stärker zeigen.

Auf der Nordseite bereicherte man in den beiden nächsten Jochen den Aufriß um große, kräftig profilierte Blendnischen unter den Fenstern im Sinne einer Dreigeschossigkeit, wie sie damals überall in Europa angestrebt wurde. In den beiden westlichen Jochen gab man dies jedoch aus unbekannten Gründen wieder auf. Das Horizontalgesims wurde nunmehr über die Hauptvorlagen hinweg verkröpft – wahrscheinlich ein Zugeständnis an die strenge Horizontalunterteilung der Südseite. Bei den Pfeilervorlagen über den Zwischenpfeilern verzichtete man auf die Verkröpfung, um nicht eine unschöne Verdoppelung unmittelbar über dem ungestört umlaufenden Pfeilerkämpfer zu bewirken. Auch auf der Südseite führte man Blenden ein, die allerdings erheblich flacher sind. Im folgenden Joch werden sie unter jedem Fenster verdoppelt, dann wieder auf jeweils eine, aber mit doppeltem Bogen in Art eines Frieses reduziert. Im westlichen Joch wird daraus schließlich ein Bogenfries mit Lisenen, der die Blenden teilt und sie auf den Obergaden beschränkt. Damit ist eine vollständige Dreigeschossigkeit im Aufriß erzielt. Man könnte dies wie in der Musik als Thema mit Variationen beschreiben. An der Grenze zwischen drittem und viertem Joch von Osten gab man sogar dem Pfeiler, der heute die barocke Kanzel trägte, eine abweichende Gestalt. Statt der Halbsäule steht hier eine Pfeilervorlage mit begleitenden Dreivierteldiensten, wie dies bei nicht so ausgeprägter Fixierung auf das Speyerer Vorbild von dem in den Ostteilen angelegten System eher zu erwarten gewesen wäre. Worms ist nach Mainz der zweite und letzte Fall einer intensiven Auseinandersetzung mit dem Gliederungssystem des Domes in Speyer. Trotz manch ungelenker Einzelheiten zeugt es von der Phantasie und der Kraft zu plastischer Gestaltung der oberrheinischen Architektur aus der Mitte des 12. Jahrhunderts.

Einen den Raum abschließenden Höhepunkt bildet wiederum der Westchor (Bild 58). Das Chorpolygon ist breiter als das zwischen den alten Türmen liegende Chorjoch. Darum wirkt der weit vorspringende Apsisbogen mit seinen Vorlagen wie eine Kulisse, hinter der sich die eigentliche Lichtführung durch die beiden großen seitlichen Fenster verbirgt. Der schon durch die tief liegende große mittlere Speichenrose angestrebte Fassadencharakter wird durch Blendnischen im Sockelgeschoß betont, die von portalartig, trichterförmig gestuften Gewänden mit Säulen und Zickzackprofilen gerahmt werden. Die Ausnischung der Mauer wird plastisch anschaulich gemacht durch gesteigerte Wirkung der Masse – in äußerstem Gegensatz zu den Tendenzen der zeitgleichen Frühgotik in Nordfrankreich, die skelettartig dünne Konstruktionen entwickelt. Die Reduzierung der Mauermasse selbst ist dabei im Prinzip durchaus vergleichbar. In den beiden Schrägseiten erscheinen außer den Rundfenstern flache Rundblenden, die von kleinen Rundbögen paßförmig gerahmt sind. Auf diese Weise schweben fünf kleinere Trabanten um die mittlere Westrose. Diese wird heute von den Gewölbediensten im Winkel seitlich überschnitten, weil sie größer als die Polygonseite ist. Diese Überschneidung geht vermutlich auf eine bereits mittelalterliche Veränderung zurück. Ursprünglich – das hat man bei den Untersuchungen 1906 nachweisen können – wichen die Dienste seitlich stufenförmig der Rose auf die benachbarten Felder aus, um dann oben in geschweifter Form zurück in den normalen Verlauf geführt zu werden. Die Polygonwinkel wären an dieser Stelle völlig verschliffen worden, so wie unten die Dienste auch in die Nischengewände übergreifend einbezogen sind. Es ist schwer zu entscheiden, ob dies naive Unbekümmertheit oder ein raffiniertes Spiel mit überkommenen Sehgewohnheiten ist. Auf jeden Fall entfernt es sich von der architektonischen Logik zu einer ungebändigten Gestaltungsfreiheit. Ein klassisch geschulter Betrachter wird das einzigartig Geniale dieser Architektur kaum akzeptieren können.

Die räumliche Wirkung des Westchores, der dem heiligen Laurentius geweiht ist, wird gesteigert durch den außerordentlich steilen Chorturm, der den Blick unwiderstehlich in die Höhe zieht (Bild 55). Er ist sehr viel ruhiger, nur mit flachen Blenden gegliedert, die gestufte Bögen besitzen. Statt eines rippenbesetzten Klostergewölbes wählte man die segelartig gebusten Flächen einer Schirmkuppel, in deren Schildbögen unten Fenster angeordnet sind. Im Detail stimmt hier kaum etwas mit dem Westchor überein, doch darf man daraus wohl kaum den Schluß auf einen Wechsel in der Bauleitung ziehen. Die Seitenflächen des Chores sind bis auf die aufgelegten Schildbögen und ein Horizontalgesims glatt belassen, was wiederum wie ein Innehalten vor dem Creszendo des Westchores wirkt. Unten überfangen große Spitzbogenblenden eine Abfolge kleinerer Blendbögen, die wie die steinerne Rückwand eines Dorsales wirken. In der Tat hat sich darunter die steinerne Sockelbank erhalten, die vielleicht als Chorgestühl diente.

Im ganzen Bereich des Westchors verwendete man statt des Polsterkapitells ein breitlappiges Zungenblattkapitell in Kelchblockform mit kleinen Voluten. Da es in den Ostteilen des Straßburger Münsters auftritt, nennt man es in der Forschung das «Straßburger Kapitell». Einen wichtigen Beitrag zu seiner Entwicklung dürfte die Kirche St.-Fides in Schlettstadt geleistet haben, und es scheint so, als ob es in Worms noch vor Straßburg zu seiner endgültigen Form entwickelt wurde. Spekulationen über die Herkunft des entwerfenden Architekten sind darüber hinaus angebracht. Weder in Lothringen noch im Elsaß gibt es einen Bau, den man mit dem Wormser Westchor in engere Verbindung bringen könnte. Vielleicht war es der *genius loci* der Wormser Bauhütte, der einen hinzugekommenen Architekten zu dieser Leistung beflügelte. Entfernte Anklänge sind in dem ungewöhnlich gestalteten Ostchor der Zisterzienserabtei Otterberg auszumachen. Doch verraten sie uns nicht genug, um an ein und denselben Architekten sowie dessen Herkunft und Werdegang denken zu können.

Die Bauzier

Der fast vollständige Verzicht auf ornamentale Bauzier in den Ostteilen und im Langhaus ermöglichte vielleicht einen für deutsche Verhältnisse bemerkenswerten Reichtum an figürlicher Bauskulptur. Sie ist so typisch wormsisch, daß uns dabei klar wird, daß es in Deutschland kaum regional und zeitlich übergreifende Schulentwicklungen gibt, sondern nur mehr oder minder unabhängig von einander existierende Inseln.

Von der monumentalen, eindrucksvoll bewegten Tierskulptur und den dortigen Halbfiguren unter der Galerie haben wir oben gesprochen (S. 173). Im Inneren des Ostchors zeigt ein Lisenenfuß schöne, regelmäßig gestaltete Palmettenranken, die aus zwei bärtigen Köpfen hervorwachsen (Bild 56). Ähnlichkeiten zur unregelmäßigeren Speyerer Bauzier sind gegeben. Benachbart, ebenfalls an einem Lisenenfuß, befindet sich das Julianarelief, das eine Martyriumslegende mit der Überwindung des Teufels durch den Schutz eines Engels darstellt (Bild 57). Außer dem Monetarius (Schatzmeister) wird der Bildhauer Otto inschriftlich erwähnt. Trotz der fast archaischen Stilisierung der Figuren ist die zarte Belebung der Oberfläche spürbar. Trotzdem wirken sie archaischer als die Tierskulpturen. Die Lisene ist hier wie die Säule der Zwerggalerie als architektonisches Glied Träger, aber auch Ausgangspunkt der Skulptur, für die es noch keinen angestammten Platz gab. Eine Reihe von Eckzehen erscheinen bei den Basen als vorzüglich gearbeitete Löwen- und Widderköpfe.

Von den Bildhauern der Ostteile ist die jüngere Generation, die wohl schon vor 1160 im Langhaus tätig war, deutlich zu unterscheiden, deutlicher als dies bei dem Gleichklang der Architektur zunächst zu erwarten wäre. Ihr verdanken wir die Fragmente des Südportals (Tympanon und Danielgruppe), das Nordportal, das Nikolaustympanon sowie die sparsame Ornamentik im Südseitenschiff und im Kreuzgang. Die kräftigen plastischen Formen, die Vorliebe für Löwen mit gewaltigen Rachen und ornamentalen Mähnen und manches andere Detail deuten Zusammenhänge mit der älteren Gruppe an, offenbaren aber zugleich den großen stilistischen Abstand, der mit einer gleichmäßigen Fortentwicklung nicht zu erklären ist. Woher diese gut geschulten Bildhauer kamen, ist unbekannt. Den besten Eindruck des hochentwickelten Figurenstils vermittelt das Tympanon des alten Südportals (Bild 50), das um 1300 nach innen gewendet wurde, nicht wegen des Steinblocks, sondern anscheinend aus Achtung vor dem älteren Bildwerk und seiner Darstellung des herrschenden Christus, auch wenn man seitlich Figuren beschädigen mußte, wobei der Kopf des Petrus absichtlich geschont wurde. Das Verständnis für einen organischen – nicht naturalistischen – Körperbau und Faltenwurf mit sehr differenzierter Linienführung und Modellierung paart sich mit plastischer Ausdruckskraft. Gleiches gilt für die Köpfe mit zarter Oberfläche, gerundeten Formen und leicht vortretenden Augen. Die Faltenmodellierung kehrt in den Akanthusblättern wieder. Der thronende Christus ist gerahmt von den Hauptpatronen Maria und Petrus, von

Nikolaus und, kniend, von einem Bischof – vermutlich dem Bauherrn. Die gleichen Stilmerkmale sind an dem kleinen Bogenfeld des vermauerten Portals zur Nikolaus-Kapelle zu beobachten, wo der Heilige als Halbfigur zwischen kleinen Köpfen erscheint, die wohl seine Schüler darstellen (Bild 59).

Ebenso sorgsam ging man mit weiteren Fragmenten des Südportals um, die in der Westwand der benachbarten Annen-Kapelle vermauert sind. Da die Kapelle später als das gotische Portal errichtet wurde, stand dieser Teil der Mauer zunächst frei und bildete einen Strebepfeiler. Aus dem Steinschnitt geht hervor, daß die Gruppe nicht nachträglich, sondern gleich beim Bau des Pfeilers versetzt wurde. Es kann sich daher nicht um Reste des im 17. Jahrhundert abgebrochenen Lettners handeln. Beim Einsetzen bildete man ein kunstvolles Arrangement aus nicht zusammengehörigen Fragmenten – nicht ohne Abarbeitungen. Die großen Löwen passen zwar zum Thema, befanden sich aber ehedem entweder auf den Fensterbänken über dem Portal oder an dessen Seite. Obwohl dreiviertelrund, sind sie doch keine Freiplastiken. Das untere Relief stellt »Daniel in der Löwengrube« dar, den unter Gottes Schutz die Bestien wie brave Hunde belecken (Bild 51). Die Figur in der Doppelarkade ist so eingefügt, daß die Verzückung des Betenden zum Ausdruck kommt. Die Gesichtszüge zeigen selige Entspanntheit trotz der Gefahr. Ebenso vorzüglich gearbeitet ist das obere Relief, auf dem der Prophet Habakuk zu sehen ist, wie ihn der Engel am Schopf packt und so seinen Befehl, einen Topf mit Nahrung zu Daniel zu bringen, Nachdruck verleiht. In der künstlerischen und steinmetzmäßigen Qualität lassen sich beide Reliefs mit den Bildhauerschulen Italiens und Frankreichs messen. Besondere Qualitäten zeigen auch die Blattmasken, die im Laubwerk auf der Innenseite des Nordportaltympanons erscheinen.

Der Westchor wurde noch einmal reich mit Bauskulptur ausgestattet, wobei sich wiederum die Frage nach der Kontinuität der Werkstatt am Ort stellt, denn es liegt ja die nicht unerhebliche Zeitspanne der Ausführung des Mittelschiffs dazwischen. In der stilistischen Haltung ist auch diese Gruppe trotz wormsischer Elemente klar von der vorangehenden zu unterscheiden. Obwohl diese Gruppe ein gesteigertes Formenrepertoire besaß und zu phantasievollen Einzelleistungen in der Lage war, ist mit dieser Gruppe der Höhepunkt schon überschritten. Vieles gerät ins Teigig-Quallige, die straffe Zügelung ist verloren. Im Äußeren wählte man wiederum die Basen der Zwerggalerie als Träger. Im Inneren hingegen dienen sie als Auflager der gestuften Trompenbögen des Chorturms. Hier erscheint neben doppelten Löwenköpfen auch »Samsons Kampf mit dem Löwen«. Insgesamt gesehen gehört die Wormser Bauskulptur zu den bedeutendsten Leistungen aus der Mitte und der zweiten Hälfte des 12. Jahrhunderts in Deutschland.

Zusammenfassend dürfen wir das Urteil von Georg Dehio aus dem Jahre 1911 wiederholen: »Unter den romanischen Domen des Oberrheins der kleinste und späteste, aber durch Wucht und Fülle der Formen und Einheitlichkeit der Gesamterscheinung ein Hauptbeispiel des romanischen Stils aus der Zeit seiner Hochreife.«

Obwohl die Vorfahren des Kaisergeschlechts der Salier hier ruhen, sind königliche oder kaiserliche Stiftungen für seinen Bau nicht nachzuweisen. Das gilt insbesondere für Friedrich Barbarossa, der die Bürger der Stadt, nicht aber den Dom im Auge hatte. Gleichwohl gilt der Wormser Dom als Verkörperung staufischer Architektur und Geisteshaltung. Doch dürfte dies eher eine Interpretation des 19. Jahrhunderts sein. Er war die Hauptkirche eines kleinen, aber sehr alten Bistums. Bauherr war vielleicht der Bischof, gewiß aber das Domkapitel und sein Propst.

Literatur

R. Kautzsch, *Der Dom zu Worms,* 3 Bde., Berlin 1938; W. Hotz, *Der Dom zu Worms,* Darmstadt 1981; K. A. Wirth, *Das Westportaltympanon der Aschaffenburger Stiftskirche,* in: Aschaffenburger Jb. 4, 1957, S. 414–417; D. v. Winterfeld, *Der Dom zu Worms,* Königstein i. T. 1985; D. v. Winterfeld, *Neue Gedanken zur alten Diskussion über den Wormser Westbau,* in: Zeitschrift des deutschen Vereins für Kunstwissenschaft 44, 1990, S. 76–91.

DIE GROSSEN KLOSTERKIRCHEN DES 11.–13. JAHRHUNDERTS

Limburg an der Haardt
Die ehemalige Klosterkirche zum Heiligen Kreuz

Geschichte

Der landschaftlich reizvoll und wehrtechnisch günstig gelegene Limburgberg am Ostrand der Haardt oberhalb von Bad Dürkheim war in keltischer, germanischer und römischer Zeit besiedelt. In der schriftlichen Überlieferung erscheint er jedoch erst 1025, als der neugewählte deutsche König Konrad II. aus dem Geschlecht der Salier (ein Synonym für Franken) die Burg seiner Ahnen – so sagt er selbst – in eine Benediktinerabtei umwandelte, in der Absicht, für sein Seelenheil zu sorgen.

Reste dieser Gaugrafenburg wurden östlich der Kirche ausgegraben. Die dreiflügelige Anlage steht mit ihren Achsen und Fluchten in deutlichem Bezug zu der späteren Kirche, ähnlich wie es bei dem axialen Kreuzgang auf dem Heiligen Berg bei Heidelberg der Fall ist, so daß man nicht ausschließen kann, daß die alte Burg zunächst die Funktion der Klosteranlagen übernommen hatte. Einer Legende zufolge fand die Grundsteinlegung am selben Tag wie die des Speyerer Domes statt. Obwohl Legende, bezeugt sie doch den engen Zusammenhang beider Bauten durch die Person des Stifters.

Zwischen 1034 und 1065 wurden auf der Limburg die Reichskleinodien aufbewahrt. 1034 bezog der erste Konvent das Kloster, 1035 wurden die Kryptenaltäre geweiht. 1038 wurde vor dem Kreuzaltar westlich der Vierung die dänische Prinzessin Gunhild, Gemahlin von

Konrads Sohn Heinrich III., beigesetzt, vermutlich weil in Speyer noch keine Möglichkeit dazu bestand. 1042 wurde die Kirche feierlich geweiht zu Ehren des Heiligen Kreuzes mit den weiteren Patrozinien der Jungfrau Maria, der heiligen Lucia und des Evangelisten Johannes. 1047 erhielt die Abtei sogar eine echte Kreuzreliquie.

Mit dem Übergang der Vogteirechte 1471 von den Grafen zu Leiningen an die Kurpfalz wurde die Limburg zum Streitobjekt. 1504 wurde sie von Leiningschen Truppen, die auf der benachbarten Hardenburg stationiert waren, in Brand gesetzt.

Nach den Jahren 1510 bis 1540 versuchte man, das Klosterleben mühevoll aufrechtzuerhalten. Die Kirche blieb Ruine, der Rechteckchor wurde zugemauert und in niedriger Höhe mit einem Notdach versehen und seine großen Fenster durch kleinere gotische ersetzt, um in diesem Raum Gottesdienst halten zu können. Ein kleiner Einbau erfolgte im südlichen Querhaus. Die Mauerkronen sicherte man durch ein aufgelegtes Gesims. Ein neuer Konventsbau, das sogenannte Sommerrefektorium, wurde an der Nordseite des Kreuzgangs errichtet und ein Flügel desselben in spätgotischen Formen erneuert. 1574 wurde das Kloster endgültig aufgehoben und verfiel zur vollständigen Ruine.

Seit 1969 erfolgten umfangreiche Sicherungsmaßnahmen und Teilrekonstruktionen. Von dem Einsturz des hart am Hang gelegenen südwestlichen Treppenturmes und seinem Wiederaufbau in vergrößerter und aufwendigerer Form am Anfang des 14. Jahrhunderts fehlt die schriftliche Überlieferung.

BESICHTIGUNG

Die mächtige Klosterkirche, die mit ihren 73 Metern Länge unmittelbar nach den großen Domkirchen folgt und damit den Anspruch ihres königlichen Stifters zu erkennen gibt, gehört auch als Ruine zu den eindrucksvollsten Zeugnissen der frühromanischen Baukunst in Deutschland (Bild 61). Die Klarheit und Einfachheit ihres Grundrisses und ihrer Raumdisposition bezeugt den Willen zu regelhafter Systematik. Es ist die gleiche Haltung, die auch in dem Würfelkapitell als kleinerer Form zum Ausdruck kommt.

Ausgangspunkt ist das Quadrat der Vierung, umstanden von den regelmäßig kreuzförmigen Vierungspfeilern, die ehedem vier gleich hohe Bögen trugen. Nur der östliche Bogen hat sich in der Notmauer des 16. Jahrhunderts erhalten, die man sich natürlich wegdenken muß. Die Vierungsbögen trugen vermutlich einen achteckigen Vierungsturm mit Trompen als Überleitung. Eine Zeichnung des 19. Jahrhunderts, auf der noch die östliche Seite dieses Vierungsturmes zu sehen ist, bietet einen entsprechenden Anhaltspunkt. Um die Vierung gruppieren sich die Kuben dreier weiterer Räume auf quadratischem Grundriß: die beiden Querarme und der Chor mit seinem geraden Abschluß. Diese besondere Form, die uns von zahlreichen karolingischen und vorromanischen Kirchen bekannt ist und später den Grundtyp der Zisterzienserkirche prägen sollte, erscheint bei einem Bau dieser Größe geradezu programmatisch. Vielleicht spielt aber auch der Zusammenhang mit den östlich gelegenen Teilen der Salierburg eine wichtige Rolle.

Das Mittelschiff des Langhauses besitzt die vierfache Quadratlänge, die Seitenlänge die halbe Breite. Der Westbau, wahrscheinlich eine Doppelturmfront, zeigt ein halbes Quadrat als Vorhalle und entsprechend Viertelquadrate als Grundfläche der Türme. Nur die beiden ungewöhnlich tiefen und sehr steilen Nebenapsiden auf der Ostseite der Querarme und die beiden Treppentürme an den Außenkanten der Westtürme stellen die einzig gerundeten Baukörper dar und lassen sich daher nicht in dieses System einfügen. Die Limburg dürfte der Bau sein, der den sogenannten »quadratischen Schematismus« am reinsten vertritt.

Das Langhaus, von dem sich fast nur die Seitenschiffmauern mit ihren riesigen Rundbogenfenstern erhalten haben (Bild 63), war eine Säulenbasilika. Teile von zwei Säulen und einem Kapitell haben sich am Westende erhalten, ebenso der Ansatz des ersten Obergadenfensters am Ostende. Blickt man nach Osten, so sieht man am Querhaus die Dachschrägen der alten Pultdächer über den Seitenschiffen und kann sich eine gute Vorstellung vom ehemaligen Raum machen (Bild 60). Alle Haupträume waren flach gedeckt bzw. besaßen einen offenen Dachstuhl. Die ungewöhnlich großen Fenster mit nur schwach geschrägten glatten Laibungen gleichen denen des Domes in Speyer. Aber das Fehlen jeglicher Wandgliederung und die Wahl von Säulen mit ihren monolithen Schäften verdeutlichen sofort den krassen Unterschied dieser beiden Schwesterbauten. Selbst die Basisprofile und der Zuschnitt der Würfelkapitelle zeigen deutliche Differenzen. Heute markieren zwei Baumreihen den Standort der Säulen. Über den rundbogigen Arkaden verlief ein Gesims, das wie fast alle Gesimse nur aus Platte und Schräge bestand.

Den vollständigsten Eindruck von der strengen Schönheit des ursprünglichen Raumes vermitteln die beiden Querarme, weil sich hier der obere Mauerabschluß vollständig erhalten hat. Die ungewöhnliche Lichtfülle ergab sich durch jeweils drei in der oberen Zone jeder

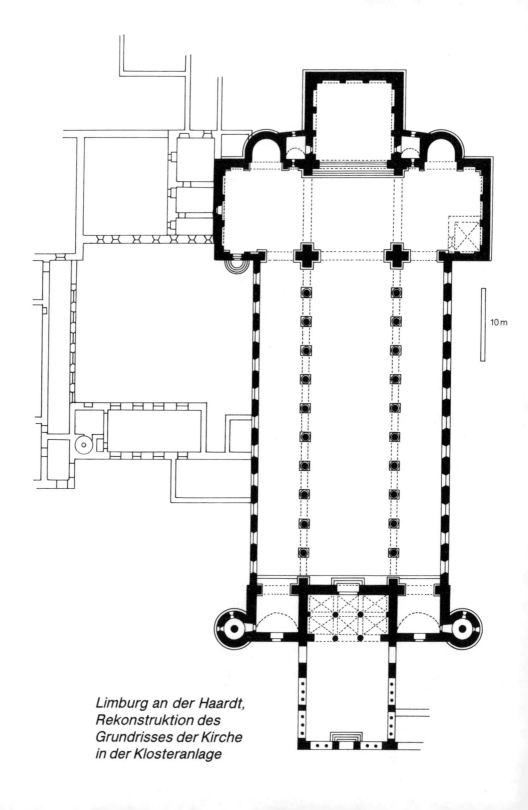

10 m

Limburg an der Haardt,
Rekonstruktion des
Grundrisses der Kirche
in der Klosteranlage

Die Maße der Klosterkirche

	Meter
Gesamtlänge außen	85
Länge des Kirchenschiffs	46
Breite des Langhauses	30
Breite des Mittelschiffs	12
Höhe von Mittelschiff und Querhaus	20
Lichte Weite des Querhauses	38
Höhe der Westtürme ohne Dachhelme	ca. 30
Scheitelhöhe der Krypta	ca. 4,5

Wand eingelassene Fenster. In den Stirnwänden sind in den gleichen Achsen auch unten jeweils drei Fenster angeordnet. Sie werden von einer Blendarkatur aus flachen Pfeilervorlagen und Bögen gerahmt, die oben von einem umlaufenden Horizontalgesims abgeschlossen wird. Dadurch entsteht in einem schichtenweisen Aufbau eine klare Zweigeschossigkeit. Das Motiv der wandgliedernden Blendarkade ist Speyer sehr verwandt, doch wirkt es hier gänzlich anders, weil es nicht mit einem Gewölbesystem verbunden ist und zudem andere Proportionen aufweist. Die Blendarkaden rahmen auch die beiden mächtigen Nebenapsiden, so daß hier eine gestaffelte Dreierarkade entsteht. Ausgehend von den sorgfältig gequaderten Vierungspfeilern sind die Blendarkaden nur an dieser Stelle aus großem Quaderwerk, während sie sich sonst ganz dem kleinteiligen Mauerwerk, das ehemals vollständig verputzt war, einfügen. Die Vierung, die ehedem durch Schrankenmauern ausgegrenzt wurde, war der Platz für den Psalierchor der Mönche, während der rechteckige Chor Standort für den Hochaltar war und daher besser Sanktuarium genannt würde. Da sich hier eine Krypta befindet, liegt sein Niveau fast zwei Meter über dem der Vierung, so daß Mönche und Hochaltar deutlich voneinander getrennt waren. Auch das Sanktuarium ist in seinem unteren Geschoß vollständig von Blendarkaden umgeben, die ursprünglich sämtlich durchfenstert waren. Das ungegliederte und ebenfalls ursprünglich von Fenstern belichtete Obergeschoß fehlt heute weitgehend.

Die Krypta vertritt den Typus des Vierstützenraumes mit neun gratgewölbten Jochen (Bild 62). Die Gewölbe sind neuerdings wiederhergestellt, ebenso die fehlenden Säulen. Als Auflager vor den Blenden verwendete man hier ebenfalls vollrund gearbeitete Säulen mit monolithen Schäften, die in die Wand eingelassen sind. Die Belichtung erfolgt durch Rund-, Sechseck- und Rundbogenfenster. Den

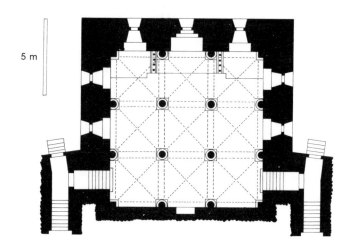

Limburg an der Haardt,
Grundriß der Krypta

Zugang zur Krypta ermöglichen winkelförmig geführte Treppen vom Querhaus aus. Sie liegen in zwei Anbauten, die in der Planung offenbar nachträglich zwischen Nebenapsiden und Chor eingefügt wurden. Im Obergeschoß tragen sie zwei tonnengewölbte Räume, die vom Chor aus zugänglich sind und wohl ehedem als Sakristei und Schatzkammer dienten. Eine ähnliche Situation kennen wir vom Heiligenberg bei Heidelberg und aus den ersten Planungsstufen des Domes in Speyer, der dann an dieser Stelle seine Chorwinkeltürme erhielt.

Das Äußere der Ostteile wird im Obergeschoß jeweils durch flache Lisenen und Rundbogenfriese gegliedert, jenem typisch frühromanischen Motiv, das auch bei den Seitenschiffen in Speyer eingeführt wurde. Bei den Nebenapsiden sind die Lisenen als flache Werksteinbänder ausgebildet und gleichen damit den Westtürmen des Domes in Worms (ca. 1020).

Der dreiteilige Westbau öffnete sich im Mittelabschnitt als Vorhalle nach außen, während im Obergeschoß darüber eine Empore lag, die sich nach innen öffnete. In beiden Fällen waren die Öffnungen als Dreierarkaden über jeweils zwei Säulen ausgebildet. Zwei weitere Säulen in der Vorhalle ermöglichten hier eine Einwölbung mit Gratgewölben zu drei Schiffen und zwei Jochen in der Tiefe. Ein mächtiges Mittelportal, das nach 1510 erheblich verkleinert wurde, öffnete sich in der Mittelachse. Der Typ einer Eingangshalle mit Dreierarkade ist für das kurz zuvor entstandene Wernher-Münster in Straßburg (1015) nachweisbar und hat wohl von dort ausgehend besonders im Elsaß Verbreitung gefunden (Maursmünster, Lautenbach, St. Thomas in Straßburg). Bei der Limburg war die Dreierarkade von Westen jedoch nicht zu sehen, weil hier ein kleines, wohl überdachtes Atrium vorgelagert war, das mit seinem großen Satteldach sehr merkwürdig ausgesehen haben muß. Die beiden seitlichen quadratischen Räume neben der Vorhalle, die außen durch verstärkte Mauern aus der Flucht der Seitenschiffe leicht hervortreten, sind von mächtigen Tonnengewölben überspannt. Sie besitzen nach Westen Portale mit riesigen Türstürzen und offenen Bogenfeldern. Die beiden Treppentürme sind seitlich angesetzt, treten jedoch ganz leicht vor die Westfront vor. Sie dienten wahrscheinlich in erster Linie dazu, die repräsentative Empore zugänglich zu machen. Für die oberen Geschosse, die vermutlich nicht mehr gewölbt waren, benutzte man Leitern.

Ungeklärt ist die Frage der Rekonstruktion der Westfassade. Zwei Möglichkeiten stehen sich einander gegenüber: die Doppelturmfassade mit zwei Türmen über den beiden seitlichen quadratischen Räumen oder ein flacher hoher Querriegel mit einem querrechteckigen Aufsatz über dem Mittelteil und evt. hochgezogenen Treppentürmen, so daß eine Art Querriegel mit Dreiturmabschluß entstand. Letzte Sicherheit wird man bei der Rekonstruktion kaum gewinnen können. Eine Ansicht des 18. Jahrhunderts, auf der noch vier Geschosse über dem nördlichen Eckjoch zu sehen sind und die Mitte gänzlich fehlt, deutet auf eine Doppelturmfassade hin. Das gleiche gilt für die ungewöhnliche Höhe, die der Anfang des 14. Jahrhunderts völlig neu errichtete südliche Treppenturm und der daran anschließende Baukörper erreichen. Schmale, hohe Querriegel dieser Art sind in Süddeutschland, insbesondere am Oberrhein, bisher unbekannt, während sie ein signifikantes Merkmal für den norddeutschen Raum in Niedersachsen, Sachsen und Brandenburg darstellen. Hier wäre noch einmal auf die recht gut gesicherte Rekonstruktion der Doppelturmanlage des Straßburger Münsters zu verweisen, ebenso auf den Westbau des Domes in Trier (1014–1046), auch wenn dort zwischen den Türmen der Westchor mit seiner Apsis angeordnet ist. Bei einer gedachten Mittelbekrönung, die in diesem Fall sehr hoch aufgeragt wäre, wählte man in der Regel einen dem Quadrat angenäherten Grundriß. Dies lehren die zumeist späteren Vergleichsbeispiele. Ein reiner Querriegel ohne mittleren Aufsatz ist weder von der Kunstlandschaft her noch in seiner Kombination mit den beiden Treppentürmen vorstellbar.

Der alte Kreuzgang ist nur in Umrissen zu erkennen. Nach 1504 errichtete man als Nordflügel das sogenannte Sommerrefektorium, das seit langem ebenfalls zur Ruine wurde und mit der Kirche eine Einheit als romantisches Denkmal bildet.

Der strenge schöne Bau, der so ganz auf jegliche Ornamentik verzichtet, mag die Reformer aus Kloster Hirsau angeregt haben, das ja zur Diözöse Speyer gehörte. Hier und nicht in Cluny suchten sie ihr Vorbild für St. Peter und Paul in Hirsau. Zur Ruine im Wald geworden, beflügelt er unsere Phantasie. Stille und Andacht sind angemessen, nicht lautes Treiben, Theateraufführungen oder Rockkonzerte.

Literatur

W. Manchot, *Kloster Limburg*, Mannheim 1892; F. Klimm, *Die Benediktiner-Abtei Limburg a. d. H.*, Speyer 1949; F. Sprater, *Limburg und Kriemhildenstuhl*, Speyer 1948; F. Wellmann, *Kloster Limburg a. d. H.*, Karlsruhe 1953.

Die Klosterkirche von Maulbronn von Südosten. ▷

Maulbronn
Das ehemalige Zisterzienserkloster St. Maria

Geschichte

Das ehemals in der Diözese Speyer gelegene Kloster Maulbronn gehört zu den ältesten Zisterziensergründungen in Deutschland und steht in der Filiation von Morimond. Von Morimond folgte der Weg der Gründungen über Lützel und Neuburg bei Hagenau im Elsaß, von wo die ersten Mönche 1138 in Eckenweiher im Salzachtal angesiedelt wurden. 1146/47 wurde die neue Gründung nach Maulbronn verlegt. Diese Übersiedlung ging wohl in erster Linie auf das Betreiben des Bischofs von Speyer zurück. Damit ist zugleich das früheste Datum für den Baubeginn der Kirche gegeben. 1168 war der Chor vollendet, was aus der dendrochronologischen Datierung des Dachstuhls darüber hervorgeht. 1178 erfolgte die Gesamtweihe der Kirche. 1201 bezeugt eine Inschrift den Baubeginn des Laienrefektoriums, das zugleich den Westtrakt der Anlage bildet. Um 1210 wurde vor der Kirche das Paradies errichtet, ebenso der Südflügel des Kreuzgangs, der sich an die Kirche anlehnt, mit den ersten Jochen des Ostflügels. In dieselbe Epoche gehört auch die Errichtung des Herrenrefektoriums. Die Ausführung der übrigen Teile des Kreuzgangs, vor allen Dingen des Kapitelsaals zog sich bis in das 14. Jahrhundert hin. Um 1340 wurde das große Maßwerkfenster im Ostchor eingebrochen. Im Zuge der Einwölbung des Langhauses 1424 erhielt das Mittelschiff ein aufwendiges Netzgewölbe. Gleichzeitig entstand auf der Südseite des

Langhauses eine Kapellenreihe, und der Außenbau wurde durch ein offenes Strebewerk gegen den Seitenschub der Gewölbe gesichert.

Die Wehrmauer um den Klosterbezirk stammt aus dem 14. und 15. Jahrhundert, ebenso die Mehrzahl der Gebäude um den ausgedehnten Wirtschaftshof. 1493–95 wird der zweigeschossige Parlatoriums- und Oratoriumsbau an den Ostflügel der Klausur angefügt. Schon 1530 wurde das Kloster aufgehoben und 1538 eine evangelische Klosterschule eingerichtet, aus der schließlich ein theologisches Stift zur Ausbildung von Pfarrern hervorging. Der gewaltige Fruchtkasten auf dem Wirtschaftshof entstand 1580, das herzogliche Schloß und der Marstall 1588.

Die Klosteranlage mit ihren ausgedehnten Wirtschaftshöfen und der Wehrmauer stellt eine der am besten erhaltenen Gesamtanlagen in Europa dar, wobei es von großer Bedeutung ist, daß hier auch der gesamte Wirtschaftskomplex als historisches Dokument bestehen blieb. In diesem Zusammenhang ist es selbstverständlich, daß das Kloster auf eine lange, zum Teil gut dokumentierte Baugeschichte zurückblicken kann, die von der Gründung bis in die Epoche des evangelischen Stifts reicht, leider inzwischen auch mit einer Reihe problematischer moderner Zutaten. Im Zusammenhang unserer Darstellung müssen wir uns jedoch auf die romanischen Bauabschnitte konzentrieren, denen wir diejenigen des sogenannten Übergangsstiles in vollem Umfange zurechnen.

Die früheste Baugeschichte der Kirche, d. h. ihrer Ostanlage, ist nicht in allen Punkten geklärt. Das liegt an ihrer ungewöhnlichen Struktur, die zunächst traditionelle Elemente der frühen Zisterzienserarchitektur enthält, dann aber ganz andere Wege beschreitet. Alle bisherigen Versuche, daraus eine Geschichte wechselnder Planungsabsichten und Ausführungsabschnitte zu rekonstruieren, gehen meistens davon aus, die gewohnten Erscheinungen im gleichen Sinne zu einem jeweiligen Gesamtkonzept zu ergänzen. Eine archäologische Untersuchung gibt es bisher nur in Ansätzen.

Um die baugeschichtlichen Fragen verstehen zu können, müssen wir uns ein Bild von der Anlage machen. Die Kirche erscheint von außen als langgestreckte Basilika mit einem sehr weit ausladenden Querhaus von gleicher Höhe wie das Mittelschiff – am Schnittpunkt der Firste nach zisterziensischer Art von einem Dachreiter bekrönt. Nach Osten springt nur der kurze, gerade geschlossene Chor vor. Im Grundriß zeigt sich, daß er entsprechend dem frühen Zisterzienserschema beidseitig von je einer Reihe zu drei annähernd quadratischen Kapellen flankiert wird, die sich zum Querhaus öffnen und normalerweise von einem Pultdach überdeckt werden, das sich an das Querhaus anlehnt. In Maulbronn treten die Kapellen jedoch nicht nach außen vor, sondern sind wie Zellen in das Querhaus eingebaut. Von diesem bleibt vor den Kapellen nur ein schmaler korridorartiger Gang übrig, um zu den Kapellen zu gelangen. Er ist wie die Kapellen auch sehr niedrig und gewölbt. Oberhalb der Kapellen enthalten die Querarme einen hohen, ungewölbten Raum, der liturgisch nicht genutzt werden konnte. Es ist nur konsequent, daß er sich nicht durch Vierungsbögen zum Kirchenschiff öffnet. Auf der Südseite ist er durch eine nachträglich eingebaute Wendeltreppe zugänglich. Auf der Nordseite erreicht man ihn vom Dormitorium aus. Nachträglich wurde er in Geschosse unterteilt und entsprechend genutzt. Unmittelbar anschließend an den Chor öffnet sich beidseitig eine niedrige Rundbogenarkade, die erheblich kleiner ist als die anschließenden Scheidarkaden des Langhauses als Zugang zu den beiden »Korridoren« der Querarme. Das annähernd quadratische Sanktuarium – ursprünglich als einziger Hochraum gewölbt – wird durch einen mächtigen, gestuften Chorbogen vom Mittelschiff des Langhauses getrennt. Dieser Bogen steht mitten in dem Baukörper, der außen als Querhaus erkennbar ist, weil das Sanktuarium zu einem Drittel seiner Tiefe in diesen Querarm hineinragt. Die andere Hälfte des Querhauses zeichnet sich im Mittelschiff durch einen auf Konsolen ruhenden, gotisch umgearbeiteten Rundbogen ab, so daß vor dem Sanktuarium ein schmales Joch entsteht, das schon zu einem früheren Zeitpunkt als das Langhaus mit einem gotischen Kreuzrippengewölbe ausgestattet wurde. Die niedrigen Öffnungen, die zu den beiden Querarmkorridoren führen, besitzen nicht die Rechteckrahmung der größeren Langhausarkaden, und über ihnen verspringt das Langhausgesims in der Höhe. Die leeren Räume in den Obergeschossen der Querarme, insbesondere auf der Südseite, sind ein Beweis dafür, daß diese Baukörper nur für die Wirkung nach außen bestimmt waren und dort den Eindruck einer »normalen« Basilika mit großem Querschiff erzeugen sollten. Für das Anliegen der Zisterzienser, Strenge und Sparsamkeit in ihren Gotteshäusern zu zeigen, dazu noch bei der Lage in abgeschiedener Einsamkeit, ist das ein sehr merkwürdiger Vorgang.

So erhebt sich die Frage nach der Planungsgeschichte. Nach übereinstimmender Meinung der Forschung bilden die jeweils drei Kapellen den ältesten Bestand, offenbar noch ohne jede Gliederung für Gurte und Gewölbe, was jedoch nicht gesichert ist. Diese Anlage deckt sich mit dem weitverbreiteten älteren Bautyp der Zisterzienser und ließe sich etwa mit Eberbach gut vergleichen. Es gibt jedoch nicht den geringsten Hinweis darauf, daß zu diesen Kapellen ein Querhaus von normalen Abmessungen gehören sollte. Schon als man ihre Eingangsarkaden errichtete, sah man die anschließende Wölbung der davor liegenden schmalen Korridore vor. Sie schließen ein Querhaus in üblicher Form aus. Dasselbe gilt für den durchgehenden Steinverband zwischen Kapellen und Querarm auf der südlichen Stirnseite. Es folgte der rechteckige Hauptchor mit offenbar erheblich verstärkten Mauern. Gleichzeitig entschied man sich wohl zu der reduzierten Anlage des Querhauses. Nachträglich legte man dem noch nicht vollendeten Chor und dem Südquerarm kurze, sich nach oben mit langen Schrägen verjüngende, pylonartige Strebepfeiler vor, die teilweise große Blendbögen tragen. Die Einwölbung der beiden Kapellenreihen und der jeweils zugehörigen Gänge erfolgte auf unterschiedliche Weise. Vermutlich plante man zunächst eine ungewöhnlich niedrige Querhausanlage und entsprechend ein niedriges Altarhaus. An ihm ist eine abermalige Erhöhung außen gut abzulesen. Erst in diesem obersten Abschnitt wird der Einfluß wormsischer Architektur so deutlich, daß man ehemals glaubte, darin ein Frühwerk des Wormser Ostchormeisters erblicken zu können, allein, die zeitliche Reihenfolge hat sich geändert. In diesem Zusammenhang erhielt der Chor auch seine mächtigen Bandrippen. Das schlichte Langhaus wurde offenbar in einem Zuge ausgeführt.

BESICHTIGUNG

Die Besichtigung der Klosteranlage wird man als Rundgang außen und innen vornehmen. Wir hingegen ordnen sie nach Bauteilen und verfahren chronologisch, um dem Leser das Verständnis zu erleichtern.

Die Kirche

Das Äußere

Die Kirche ist im Äußeren sehr schlicht, wie es den Zisterziensern angemessen erschien, doch sind kaum charakteristische Merkmale ihrer Baugewohnheiten auszumachen. Sie beeindruckt durch ihre Länge, die nicht weniger als zehn Fensterachsen bzw. Arkaden ausmacht (Farbtafel Seite 217). Die Obergadenfenster besitzen glatte, leicht geschrägte Gewände. Unter der Traufe zieht sich ein Bogenfries bei allen Bauteilen entlang, dessen Profil wormsisch wirkt. Nur an den Kanten sind unprofilierte Lisenen angeordnet. Die baugeschichtlich interessante Ostseite ist nur von einem privaten Garten aus zu betrachten.

Der Nordflügel des Querarms ist ungegliedert und zeigt unten nur die drei Kapellenfenster, während oben ein einzelnes romanisches Fenster neben mehreren spätgotischen Fenstereinbrüchen angeordnet ist. Die Nordflanke des Chores zeigt unten ein, oben zwei sehr reich profilierte und wormsisch wirkende Fenster, während bei dem Baukörper nur der obere Abschluß mit dem Giebel auf eine wormsische Provenienz schließen läßt. Der Umgang mit Strebepfeilern in dieser relativ frühen Zeit deutet zwar auf die Zisterzienser hin, doch ist ihre eigenwillige Form eher mit später im Elsaß auftauchenden Lösungen zu vergleichen. Die daraus hervorwachsenden Kantenpfeiler zeigen mehrfache, sehr unbekümmerte Korrekturen und Versprünge, was wir wie in Otterberg als ausgesprochen oberrheinisch kennzeichnen möchten. Die Anordnung der Strebepfeiler läßt auf eine Dreiteilung der Stirnseite schließen, wie dies oft der Fall ist. Doch spricht der unmittelbar darüber ansetzende, von dem großen gotischen Fenster durchteilte Blendbogen gegen eine solche Lösung. Ein kräftiger Mauerrücksprung auf Dreiviertel der Höhe deutet auf die hier geplante Traufe hin. Ob das Altarhaus ursprünglich noch niedriger werden sollte, steht dahin. Die Strebepfeiler mit den sie verbindenden Blendbögen erscheinen am südlichen Querarm erneut und übergreifen auch die Südseite. Ein gedachter Abschluß in dieser Höhe scheint nicht ausgeschlossen. Erst der wormsisch geschulte Architekt, der auf seinen Firsten wie üblich große steinerne Knäufe anbrachte, steigerte die Höhenentwicklung erheblich und regularisierte die Baukörper.

Die Westseite bot sich ursprünglich als einfache basilikale Querschnittfassade dar mit den üblichen Gliederungselementen von Lisenen und Bogenfriesen (Bild 64). Eine Vorhalle, wie sie bei Zisterziensern fast die Regel ist, war offenbar nicht geplant. Zwei kleine Seiten- und ein mächtiges Hauptportal öffnen sich in die Kirche. Letzteres ist ein Säulenstufenportal mit profilierter Außenkante, dessen Gewände- und Archivoltenproportionen schwer und mächtig wirken. Unter dem gestuften Kämpfer verkröpft sich zusätzlich eine hohe Polsterkapitellzone. Außen läuft wie bei den Seitenportalen der Wulst des Sockelprofils um. All dies wirkt sehr wormsisch, allerdings noch massiger und schwerer, als es in Worms selbst anzutreffen ist. Im Hauptportal haben sich die originalen romanischen Türflügel erhalten, deren Bohlen mit Leder bespannt sind und Zierbeschläge als Bänder und Dreiviertelkreise, dazu viele Ziernägel zeigen.

Unmittelbar an die Fassade schließt sich nach Norden der langgestreckte Westflügel des Klostergebäudes an, der inschriftlich 1201 datiert ist. Neben der Kirche liegt zunächst der große gewölbte Vorrats-

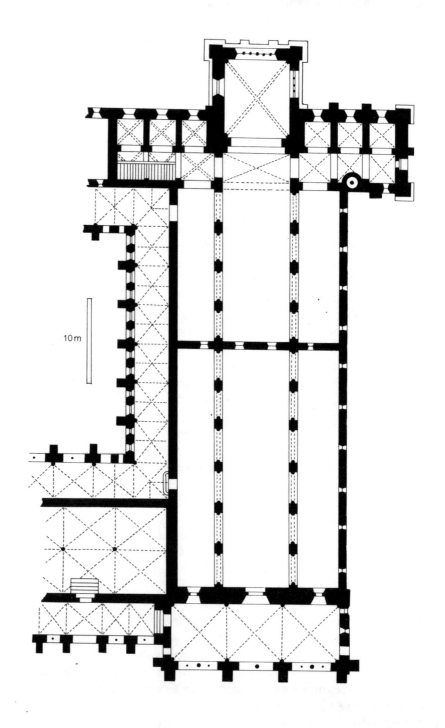

Maulbronn,
ursprünglicher Grundriß der Kirche

Die Maße der Klosterkirche von Maulbronn

	Meter
Gesamtlänge innen	66,80
Gesamtbreite innen (ohne Kapellen)	21,40
Mittelschiffbreite	8,20
Ehemalige Höhe des Mittelschiffs bis zur Balkendecke	17,90
Breite des Querhauses innen	33,90

raum und dann jenseits des Durchgangs zur Klausur das Laienrefektorium und darüber das Laiendormitorium. Auffälligerweise ist die gesamte Front, die heute teilweise von einem gotisch gewölbten Gang und einer Treppenanlage verdeckt wird, durchgehend gegliedert durch eine profilierte rechteckige Felderrahmung mit aufsteigenden Lisenen, um die sich unten ein Sockel verkröpft. Felderrahmungen dieser Art, die wohl aus einer Vereinfachung des Rundbogenfrieses, vielleicht aber auch aus rechteckigen Arkadenrahmungen hervorgegangen sind, treten in der Spätromanik gelegentlich auf, wie etwa bei den östlichen Seitenschiffjochen des oberrheinisch geprägten Domes in Bamberg. Das Sockelprofil läuft wieder um das mittlere Durchgangsportal um. Die Fenster zeigen eine bemerkenswerte Gruppenbildung aus je zwei Rundbogenöffnungen mit darüberliegendem Okulus. Sie deuten damit auf die Schildwände der Einwölbung des Laienrefektoriums hin.

Das Innere

Das Innere der Kirche wird heute stark geprägt durch das auf Konsolen eingehängte, spätgotische Netzgewölbe (Bild 66). Ursprünglich waren alle drei Schiffe flach gedeckt. Die Reste der aus querlaufenden Balken mit eingeschobenen Brettern bestehenden Flachdecke haben sich oberhalb der gotischen Gewölbe erhalten. Der Raum war also etwas höher und streng kastenförmig. Die völlig glatte, kahle Obergadenwand mit ihren sehr hoch liegenden, einfachen Rundbogenfenstern ruht auf einer reicher durchgestalteten Arkadenzone, die gedrungen und schwer wirkt, obwohl das Arkadengesims fast auf halber Höhe verläuft. Die quadratischen Pfeiler besitzen jeweils in der Laibung eine dünne Halbsäulenvorlage mit Würfelkapitell, die einen weit zurückgestuften, relativ schmalen Arkadenunterzug trägt. Die Arkadenbögen sind rechtwinklig geschnitten und zeigen keine Kantenprofile. Reich profilierte Kämpfergesimse decken Pfeiler und Halbsäulen verkröpfend ab. Zwischen den Arkadenbögen steigen schmale, beidseitig profilierte Bänder auf, die sich oben mit dem gleichartig profilierten Horizontalgesims treffen und mit ihm eine rechteckige Umrahmung der Arkaden bilden. Die Kantenprofile enden unten in Hornausläufen. Ob ein Vorläufer derartiger Arkadenrahmungen schon auf der Limburg existierte, worauf dort einige Werkstücke hinzudeuten scheinen, läßt sich nicht mehr sagen. Sicher aber war sie bei der großen Kirche St. Peter und Paul in Hirsau ausgebildet. Von dort hat sich das Motiv ausgebreitet bis nach Mittel- und Norddeutschland und gilt – wenn auch vielleicht nicht ganz zu Recht – als Erkennungsmerkmal hirsauisch beeinflußter Architektur. In dem Hirsau benachbarten Maulbronn, das dazu noch in derselben Diözöse Speyer lag und alsbald in wirtschaftliche Konkurrenz zu ihm trat, ist diese Übernahme nicht einfach zu deuten: ein rein baukünstlerisches Motiv, eine Reverenz vor dem berühmten Reformkloster oder aber Anspruch auf Gleichberechtigung? Die Gliederung der Arkadenzone insgesamt ist nicht ohne weiteres von wormsischen Bauten abzuleiten, sondern kommt in dieser Art am Würzburger Dom vor. Ebenso passen die Würfelkapitelle mit ihren profilgerahmten Schilden nicht in die Wormser Region.

Das Langhaus ist fast in der Mitte, am sechsten Pfeiler, von Osten durch eine der selten erhaltenen hohen romanischen Chorschranken geteilt, die sich auch im nördlichen Seitenschiff fortsetzt, dort aber jüngeren Datums ist. Sie zeigt sehr anschaulich, daß der eigentliche Psalierchor der Priestermönche fast die gesamte östliche Hälfte des Langhauses einnahm, während sich westlich der Schranke streng getrennt der Chor der Laienmönche befand. Deren Gestühl befindet sich heute abgestellt im Seitenschiff. Vor der Schranke erhebt sich der Kreuzaltar mit einem großen Kruzifix, das in der Nachfolge des Nikolaus Gerhaert van Leyden steht. Die Schrankenmauer besitzt zwei rundbogige Durchlässe, um die das schwere Sockelprofil vollständig als Rahmung herumgeführt ist. Dazwischen befindet sich ein ebenfalls profilgerahmtes querrechteckiges Feld mit rundbogigem Aufsatz, das möglicherweise ausgemalt war und eine Darstellung zeigte, die sich thematisch auf den Kreuzaltar bezog. Ein Schachbrettgesims schließt die Schranke ab, die als nachträglicher Einbau zu erkennen ist, obwohl von vornherein klar war, daß der Konvent eine derartige Schrankenmauer benötigen würde.

Die niedrigen Eingangsarkaden in die Querhausgänge und der Ansatz der Mittelschiffarkaden daneben besitzen unter den reich profilierten Kämpfern zusätzlich wormsische Polsterkapitelle. Zum Seitenschiff hin erscheinen hier Eckdienste, die an eine Wölbung denken lassen. Die Uneinheitlichkeit und die wormsischen Elemente dieses Abschnitts machen deutlich, daß zwischen ihnen und dem Langhaus noch ein weiterer Wechsel zu verzeichnen ist. Dem hohen Chorjoch wurden seine Eckdienste und Pfeilervorlagen mit wormsischen Polsterkapitellen nachträglich eingefügt. Sie tragen die breiten Bandrippen und die kräftig vorspringenden Schildbögen. Die romanischen Fenster der Nordseite sind zugunsten der jüngeren gotischen Fenster in der Ost- und Südwand zugemauert.

Auf der Nordseite wird der Quergang fast ganz von der breiten Treppe ausgefüllt, die zum Dormitorium hinaufführt. Der Zugang zu den äußeren Kapellen ist dabei auf einen äußerst schmalen Durchgang reduziert. Sowohl die Kapellen als auch der Gang sind mit rundbogigen Bandrippengewölben überdeckt. Für die Rippen besteht zum Teil kein Auflager. In die östlichen Winkel der Kapellen hat man sich verjüngende Säulen eingestellt, deren abgeschrägte Kapitelle eine sehr altertümliche, meist geometrische Flächendekoration zeigen, die eher elsässischen Ursprungs ist und sich von den wormsischen Polsterkapitellen unterscheidet. Auf der Südseite besitzen die Kapellen und der Quergang spitzbogige Schildbögen und Arkaden, zwischen denen Gratgewölbe eingespannt sind (Bild 65). Die Dienste in den Winkeln stehen nicht über Eck. Die reich profilierten Kämpfer sind gestuft. Trotz des Verzichts auf Rippen handelt es sich eindeutig um eine jüngere Stufe des Ausbaus, die aber nicht ohne die rundbogigen wormsischen Öffnungen zum Chor zu denken ist. Sehr niedrig sind natürlich auch die Durchgänge zu den Seitenschiffen. Insgesamt sind die tastenden Versuche bei Planung und Ausführung der Ostanlage nicht zu übersehen. Sie stehen in einem deutlichen Gegensatz zu dem einfachen, aber großzügigen Langhaus oberrheinischer und nicht zisterziensischer Prägung.

Die Klausur

Der Kreuzgang liegt auf der Nordseite der Kirche und folgt den allgemeinen Regeln, die insbesondere von den Zisterziensern vervollkommnet und zumeist strikt befolgt wurden. So ist er von quadratischem Grundriß und nimmt in seinem Ostflügel die Sakristei, den Kapitelsaal, den östlichen Durchgang und anschließend eine Reihe von Räumen unterschiedlicher Nutzung auf. In seinem Obergeschoß, genau in der Verlängerung des nördlichen Querarmes, befindet sich das Dormitorium. An den Nordflügel schließen sich Küche, Calefacto-

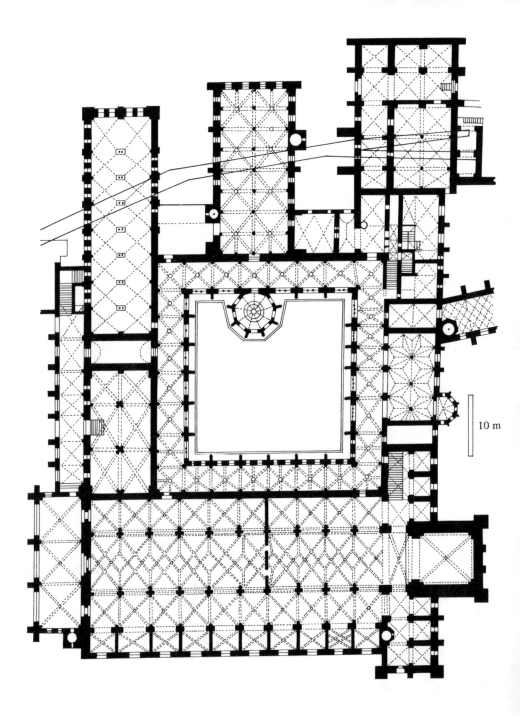

Maulbronn, Gesamtplan des Klosters

rium (Wärmeraum) und vor allem das Herrenrefektorium mit seiner Schmalseite an, vor dem sich in das Kreuzganggeviert hineinragend das Brunnenhaus befindet. In ihm steht der schöne Brunnen, dessen unterste Schale wohl noch aus dem frühen 13. Jahrhundert stammt, während die mittlere 1878 gegossen wurde und die obere vom Abtsbrunnen vor dem Jagdschloß hinzugefügt wurde. An den Westflügel lehnen sich der große Vorratskeller und in seiner Verlängerung das Laienrefektorium an, das ursprünglich ohne direkte Verbindung zur Klausur war. Seine Stellung, getrennt vom Westteil der Kirchen, aber angelehnt an den Kreuzgang, ist sehr ungewöhnlich. Sie führte dazu, daß man in gotischer Zeit einen gewölbten Verbindungsgang zur ebenfalls nachträglich angefügten Vorhalle, dem Paradies, schuf. Sehr charakteristisch für zisterziensische Anlagen ist auch das parallele, aber voneinander getrennte Vortreten dreier Baukörper vor die geschlossene Umbauung des Kreuzganges auf der von der Kirche abgewandten Seite. Sowohl die einzelnen Arme des Kreuzgangs als auch die einzelnen Räumlichkeiten gehören sehr unterschiedlichen Epochen an, was in diesem Falle sicher nicht nur ein Zeugnis ständiger Modernisierung ist, sondern Stufen des allmählichen Ausbaus bei nicht sehr üppigen wirtschaftlichen Ressourcen.

Der dreiseitig fast vollständig freistehende Baukörper des Herrenrefektoriums ist im Äußeren völlig glatt und bis auf seine geraden, ungestuften Strebepfeiler, die an den äußeren Kanten nur in die Querrichtung weisen, ohne Gliederung. Die schmalen, langgezogenen Rundbogenfenster haben einfach geschrägte Laibungen. Nur die Traufe ist durch ein kleines Konsolengesims ausgezeichnet, wie es nur über die Zisterzienser in Deutschland bekannt sein konnte. Es tritt als Abschluß bei den entsprechenden Flügeln des Kreuzgangs ebenso auf wie bei dem Paradies vor der Westfront der Kirche. Im glatten Giebel befindet sich oben eine kreuzförmige Öffnung.

Unsere Besichtigung gilt besonders den drei Bauteilen, die zwischen 1210 und 1220 errichtet wurden und für die es bisher keine gut begründete Chronologie gibt. Dabei handelt es sich um das Paradies, den Südflügel des Kreuzgangs und das Herrenrefektorium.

Beginnen wir mit dem ersteren, dem Paradies. Es ist der Westfassade in ganzer Breite vorgelegt, erreicht die Höhe der Seitenschiffe und ist mit einem Pultdach an den oberen Teil der Westfassade angelehnt (Bild 64). Im Inneren entstehen dadurch drei große quadratische Joche, die sich außen durch kräftige Strebepfeiler abzeichnen. Sie reichen nicht bis zur Traufe, sondern enden darunter mit einem kleinen Satteldach mit Plattenabdeckung und haben darunter einen weiteren Wasserschlag. Ein sehr weiches Karniesprofil bildet einen verkröpften Sockel. Die Flächen zwischen den Strebepfeilern werden fast ganz von den Öffnungen eingenommen. In den Seiten sind dies je zwei Doppelarkaden, in der Mitte ein Doppelportal. Die Doppelöffnungen bestehen aus einem Übergreifungsbogen und einem Bogenfeld, das auf einem sehr schlanken Mittelsäulchen ruht. In das Bogenfeld sind jeweils zwei Kleeblattbögen eingeschnitten, zwischen denen ein kleiner Okulus eingepaßt ist. Die Kleeblattbögen sind so umgeformt, daß sie fast wie Rundbögen mit einem kleineren oberen Kreisausschnitt wirken. Mit einem kleinen Wulst sind ihre Kanten profiliert. Der rundbogige Übergreifungsbogen zeigt einen stärkeren Wulst als das Kantenprofil. Außen und in der Mitte ruhen die Doppelöffnungen auf en-délit gearbeiteten Diensten – jeweils einer für jede Wandschicht, so daß zwischen ihnen eine Art Bündelpfeiler entsteht. Sie werden von Schaftringen unterteilt. Das mittlere Portal folgt diesem Gliederungsprinzip mit einer fast aufs Doppelte vergrößerten Spannweite – allerdings hinterlegt von den Türpfosten und Bogenfeldern. In jedem der beiden Bogenfelder sind plastisch ausgearbeitete Blattrosetten mit jeweils drei Ringen eingesetzt – ein Motiv, das für gewöhnlich Schlußsteine verziert. Das Auffällige im Äußeren wie im Inneren ist die durchgehende Verwendung des Rundbogens. Im Blick auf den Kreuzgang und das Herrenrefektorium ist das nicht selbstverständlich und darf hier als Reverenz vor den Rundbogenformen der Kirche verstanden werden. Da die Kreuzrippengewölbe gleich hohe Scheitel besitzen, war ein tieferes Ansetzen der weiter gespannten Diagonalbögen vorgegeben. Wegen der Gliederbauweise machte dies keine Schwierigkeiten, ja dürfte den Neigungen des Architekten sogar entsprochen haben.

Den gestuften Wandvorlagen ist jeweils ein Fünferbündel an Diensten ein- bzw. vorgestellt, in den Raumwinkeln ein Dreierbündel – genau entsprechend den zugehörigen Funktionen, Schildbogen, Diagonalrippen und Gurtbogen zu tragen. Die en-délit gearbeiteten, sehr kräftig wirkenden Dienste sind von Schaftringen unterteilt und erreichen etwas mehr als halbe Raumhöhe. Die Diagonalrippen setzen dagegen über den Schaftringen an, also ungewöhnlich tief. Ihre kurzen Dienststummel sind mit Kapitellen ausgestattet. Die Wandvorlagen empfindet man daher nicht als einheitliche Gebilde, sondern als Bündelung von Diensten mit verschiedenen Funktionen. Die schlanken, oben weit ausladenden Kelchkapitelle markieren im Raum insgesamt drei verschiedene Höhen: für die Diagonalen, für die Scheid- und Gurtbögen und darüber für die Öffnungen. Eine bewegte Unruhe ist die offenbar gewollte Folge. Alle Kanten besitzen Rundstab und begleitende Kehlen als Profil. Die gerundeten Rippen zeigen seitlich eingetiefte Kehlen und flache Schalenschlußsteine. Die kleine seitliche Öffnung bezeugt, daß man damals bereits einen Gang zum

Laienrefektorium plante – mit der Folge, daß die benachbarte Öffnung so schmal wurde, daß sie tatsächlich einen Spitzbogen zeigt.

Das gleiche Formenrepertoire zeigt der Kreuzgang, der merkwürdigerweise mit sechsteiligen Gewölben ausgestattet wurde (Bild 67). Die damit verbundene Rhythmisierung widerspricht eigentlich dem Grundprinzip des langgestreckten Gangs. Die Dienste sind hier teilweise in der Dicke differenziert, vor allen Dingen sind aber Gewölbe und Gurte ausdrücklich spitzbogig geführt. Kirchenseitig ruhen die Vorlagen nach zisterziensischer Art auf Konsolen. Dort und bei den Zwischenpfeilern hatte man keinen Platz für die Schildbogendienste, denen man eigene, kleine Dienststummel oberhalb der Gewölbekämpfer gab, zumal sie beim sechsteiligen Gewölbe ohnehin stark gestelzt werden mußten. So konnte man eine zusätzliche Zone von Kämpfern und Kapitellen verwirklichen. Die schlanken rundbogigen, teils kleeblattförmigen Öffnungen sind wie Fenster mit entsprechenden Falzen für eine Verglasung ausgebildet. Eine einheitliche Systematik existiert nicht, denn zum Teil werden die Rahmenbögen der Fenster wie die Schildbögen vom Boden an behandelt. In einigen Fällen ruhen die Schildbögen auf Konsolen, die seitlich an die Transversalrippen angearbeitet sind. Die Spielfreude im unterschiedlichen Zusammensetzen des an sich einheitlichen Formenvokabulars ist außerordentlich.

Der eindrucksvollste Raum aus dieser Epoche ist zweifellos das Herrenrefektorium (Bild 68). Die hohe zweischiffige Halle erhielt merkwürdigerweise ebenfalls sechsteilige, spitzbogige Gewölbe, die konsequenterweise an den Schmalseiten sogar siebenteilig werden. Die damit verbundenen Rhythmisierungsmöglichkeiten reizten den Architekten offenbar sehr. Die zweischiffige hohe Halle erhielt folglich einen Stützenwechsel zwischen dicken und schlanken Rundpfeilern mit kräftigen Schaftringen in der Mitte. Die dicken Pfeiler besitzen quadratische Plinthen und achteckige Kapitelle, die schlanken jeweils umgekehrt, so daß selbst in diesem Detail der Wechsel forciert wird. An der Wand sind die Dienste bis auf kurze Stummel abgekragt, wobei der Kern der jeweiligen Dreierbündel ein Stück weiter heruntergezogen ist. Für die Schildbögen war keine Unterstützung vorgesehen. Sie sind als Wülste mit kleinen Konsolen den Gewölbekappen untergesetzt, teilweise ohne Kontakt mit diesen. Allein dieses Detail reicht aus, um die gesamte Architektur, die ihr System und ihre Einzelelemente der nordfranzösischen Frühgotik entlieh, doch als oberrheinisch und spätromanisch zu charakterisieren. Plastische Architekturglieder als plastisch verformbares Material zu verstehen – ist das nicht derselbe Geist, der Sockelprofile um Portale herumführt und die Dienste neben der Wormser Westrose ausweichen läßt?

Die Scheidarkaden mußten stark gestelzt werden und erhielten an ihrem Kämpferpunkt noch einen weiteren Schaftring. Sie und die Gurte besitzen dasselbe Profil wie im Paradies, während die Rippen wie im Kreuzgang aus drei Rundstäben bestehen, deren Kehle allerdings hier mit einem Diamantfries ausgesetzt ist. Auch hier gibt es die flachen Schalenschlußsteine mit Rosettenauflage und die Kelch- bzw. Kelchblockkapitelle mit steilem Umriß und weiter Ausladung ganz oben. Die Blätter sind flach und zeigen Varianten zwischen frühgotischen Knospenträgern und spätromanischen diamantierten Stengelblättern. Die Wandflächen sind einfach. Die langen Fenster sind auch innen glatt und schräg eingeschnitten. Auf der Ostseite erkennt man noch die Lesenische mit ihrem Zugang, von der aus während der Mahlzeiten vorgelesen wurde.

Es besteht kein Zweifel, daß diese von sechsteiligen Rippengewölben und en-délit gearbeiteten Wandvorlagen bestimmte Architektur am ehesten ihren Anknüpfungspunkt bei nordfranzösischen Bauten, vor allen Dingen der Kathedrale von Laon, hat. Da diese Architektur vornehmlich in Verbindung mit den Zisterziensern auftritt, bezeichnete man sie auch als zisterziensisch-burgundische Frühgotik und glaubte, ihr Ursprung läge in Burgund. Das ist zwar nicht völlig auszuschließen, weil die großen Zisterzienserkirchen fast alle zerstört sind. Die burgundische Frühgotik jedoch, wie wir sie in Vézelay, in Auxerre oder auch in Dijon antreffen, ist in der Zeitstellung nicht älter, besitzt aber einen ganz anderen Charakter, so daß diese viel diskutierte Frage bis heute noch immer nicht geklärt ist. Den Maulbronner Architekten glaubte man in Walkenried und vor allen Dingen am Emporengeschoß des Magdeburger Domes, dem sogenannten Bischofsgang, am Werk zu sehen, doch geht dies vermutlich nur auf Gemeinsamkeiten im Formenrepertoire zurück. In der eigentümlichen Spielfreude läßt sich keines dieser Beispiele mit Maulbronn vergleichen. Die frühgotischen Formenelemente verwendet er ganz im Geist der oberrheinischen Spätromanik.

Literatur

E. Paulus, *Die Cisterzienserabtei Maulbronn*, Stuttgart, 1890; P. Schmidt, *Maulbronn. Die baugeschichtliche Entwicklung des Klosters im 12. und 13. Jahrhundert ...* (Studien zur deutschen Kunstgeschichte 47), Straßburg 1903; W. R. Deusch, *Kloster Maulbronn*, Maulbronn 1935; I. Dörrnberg, *Das Zisterzienserkloster Maulbronn*, Würzburg ²1938; C. W. Clasen, *Die Zisterzienserabtei Maulbronn im 12. Jahrhundert und der Bernhardinische Klosterplan*, Kiel, phil. Diss. 1956; *Kloster Maulbronn 1178–1978*, Ausst. Kat., Maulbronn 1978, darin vor allem der Beitrag von P. Anstett; H. Giesau, *Eine deutsche Bauhütte aus dem Anfang des 13. Jahrhunderts*, Halle 1912; H. Hahn, *Die frühe Kirchenbaukunst der Zisterzienser*, Berlin 1957.

Die Bildseiten

69

EBERBACH

71

74

77
EUSSERTHAL

Eberbach im Rheingau
Das ehemalige Zisterzienserkloster St. Maria

Geschichte

Im Jahre 1116 gründete der Erzbischof von Mainz an der Stelle, an der sich auch heute noch das Kloster erhebt, zunächst ein Augustiner-Chorherrenstift, das 1131 in ein Benediktinerkloster umgewandelt wurde. 1135 folgten die Zisterzienser, wodurch das Kloster neben Himmerod in der Eifel die einzige deutsche Tochtergründung von Clairvaux wurde – dazu eine der ersten rechts des Rheins, 18 Jahre vor dem Tod des heiligen Bernhard. Binnen kurzem erlebte das der Gottesmutter geweihte Kloster einen unerwarteten Aufstieg. Im 13. Jahrhundert, zur Hochblüte des Ordens, hatte das Kloster zwischen 200 und 300 Mönche.

Über den Baubeginn der Kirche ist nichts bekannt. Sie wurde 1186 von dem Mainzer Erzbischof geweiht, nachdem bereits im Jahre 1178 zwei Altäre des Ostbaus geweiht worden waren. Eine sichtbare Unterbrechung des Baus bringt man mit der Auseinandersetzung zwischen Papst und Kaiser 1160 in Verbindung, die zu einem Schisma führte und insbesondere den Mainzer Erzbischof betraf. In der Folge mußte 1166 der zweite Abt des Klosters nach Rom fliehen. Ab 1170 rechnet man mit einer Fortsetzung der Bauarbeiten. Wenn die politischen Vorgänge überhaupt einen Einfluß auf die Baugeschichte gehabt haben, dann ist der von der Forschung ermittelte Baubeginn 1145 sicher viel zu früh und eher kurz vor 1160 anzunehmen. Zwischen 1313 und

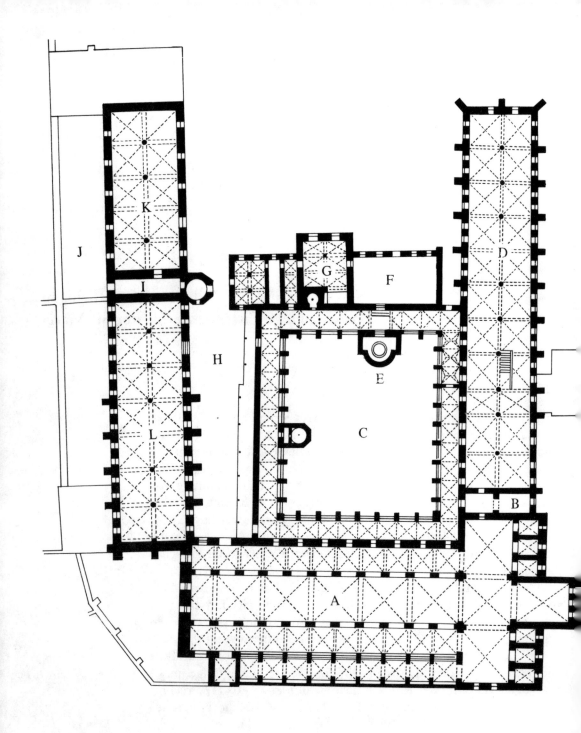

Eberbach, Gesamtanlage des Klosters

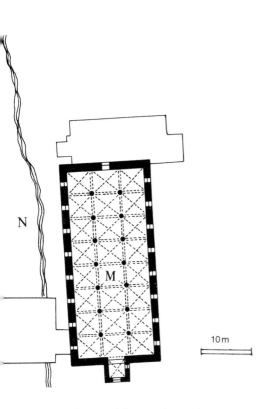

10 m

1335 wurden auf der Südseite kreuzgewölbte Kapellen angebaut, die mit großen vierbahnigen Maßwerkfenstern ausgestattet sind.

Von dem großen gotischen Kreuzgang, der wohl Mitte des 13. Jahrhunderts begonnen worden ist, haben sich West- und Nordflügel erhalten. Von dem romanischen Kapitelsaal sind nur die Umfassungsmauern und die Eingangsöffnung mit seitlichen Bogenstellungen bewahrt worden. Er wurde Mitte des 14. Jahrhunderts mit einem Sterngewölbe überwölbt und damit der Fußboden des Dormitoriums höher gelegt. Von der romanischen Klosteranlage sind außerdem noch das Laienrefektorium und das Hospital erhalten.

Im Bauernkrieg 1525 und im Dreißigjährigen Krieg 1631 erlitt das Kloster schwere Schäden. Ende des 17. Jahrhunderts und vor allem im 18. Jahrhundert erlebte es eine neue Blütezeit, die zu einer bescheidenen Barockisierung führte. 1803 wurde das Kloster aufgehoben und als Irren- und später als Strafanstalt benutzt. Seit 1918 ist es Weinbaudomäne. In der Zeit von 1926 bis 1964 fanden umfangreiche Restaurierungen statt, bei denen viele nachträgliche Veränderungen rückgängig gemacht wurden.

Die Klosteranlage

Die Gesamtanlage des Klosters ist gut erhalten, zeigt aber stärker als Maulbronn nachmittelalterliche Veränderungen und besitzt nicht mehr einen so ausgedehnten Wirtschaftsbereich. Entsprechend der Himmelsrichtung liegt hier die Kirche quer zum Tal, der Kreuzgang wiederum auf der Nordseite (Bild 69). An den Ostflügel angelehnt befinden sich in Verlängerung des Querhauses außer der schmalen tonnengewölbten Sakristei der quadratische Kapitelsaal (Bild 71), ein gewölbter Durchgang nach Osten und die lange, zweischiffige Halle, die Fraternei (Aufenthaltsraum der Mönche). Sie war ursprünglich flach gedeckt und erst um 1260 verlängert und gotisch eingewölbt worden. Darüber liegt das Dormitorium, in dessen Wänden zum Teil noch die romanischen Öffnungen zu sehen sind. An den Nordflügel schließt wie üblich die Küche, aber vor allem das Refektorium an, das später durch einen bescheidenen barocken Saal in Längsrichtung ersetzt wurde. Ursprünglich sprang auch dieser Trakt weit nach Norden vor und lehnte sich mit seiner Schmalseite an den Kreuzgang an. Von ihm haben sich noch das Portal sowie die Fundamente des Brunnenhauses mit einer schönen Brunnenschale erhalten. Die spätromanische Küche mit darüberliegender Wärmestube ist mit ihren Kreuzgratgewölben sehr aufwendig gestaltet. Der Westflügel stand mit seiner Rückwand frei und bildete die Abgrenzung der Klausur gegenüber einem länglichen Hof, der sogenannten Klostergasse. Leicht im Winkel verschoben mit einer Kante die Westkante der Kirche berührend, bildet dessen andere Grenze gegen den Hang hin der mit 93 Metern außerordentlich lange Konversenbau. Die südlichen sieben Joche der zweischiffigen Halle dienten als Laienrefektorium, die nördlichen fünf jenseits des gewölbten Durchgangs, des einstigen Klosterzugangs, als Vorratskeller – in der Reihenfolge genau umgekehrt, wie dies in Maulbronn der Fall war. Die mächtigen Säulen des Laienrefektoriums vom Anfang des 13. Jahrhunderts mit Kelchblockkapitellen, deren flach aufgelegtes Blattwerk typisch zisterziensisch wirkt, sind teilweise im Barock ummantelt worden. Gleichwohl ist der Raum, der außen durch Strebepfeiler und einfache Fenster gegliedert wird, immer noch sehr eindrucksvoll. Das Obergeschoß als ehemaliges Dormitorium der Konversen wurde 1964 von allen Einbauten befreit und bietet sich nun als zweischiffige Halle mit 13 Jochen von insgesamt 85 Metern Länge dar. Es ist gewölbt mit Kreuzgratgewölben auf flachen Gurten, die von Säulen getragen werden. Die schlichten Kapitelle weisen teilweise altertümelnde Formen auf. Die barocken Veränderungen des Konversenbaus bleiben hier außer Betracht.

Als letzter Teil der romanischen Klosteranlage entstand um 1220 das Hospital, das östlich der Klausur jenseits des Bachlaufes liegt, durch einen späteren Anbau mit der Klausur verbunden. Möglicherweise sind in ihm Mauern aus der Zeit vor der Gründung des Zisterzienserklosters enthalten. Die dreischiffige Halle mit acht Jochen besitzt Fenster in zwei Reihen. Im Vergleich mit dem Laienrefektorium wirkt der Raum leicht und elegant, in den Einzelformen von vornehmer Strenge. Die spitzbogigen Kreuzgratgewölbe sind steil. Die Kapitelle der schlanken Säulen haben erstaunlich reichen Dekor.

Die Kirche

Das Äußere

Die Kirche ist eine langgestreckte Gewölbebasilika, die in ihrem Ostbau mit Querschiff, anschließenden Rechteckkapellen unter einem Pultdach und dem gerade geschlossenen Chor dem Prinzip der älteren Zisterzienserkirchen folgt. Im Äußeren ist sie ein gliederungsloser Putzbau. Die Kranzgesimse sind barock aufgehöht. Auch das steile Dach und die beiden Dachreiter mit Laternen stammen aus dieser Zeit. Die freiliegende Südansicht wird vor allem durch die Reihe einfacher Spitzgiebel über den Kapellen und deren große gotische Maßwerkfenster geprägt. Die Ostansicht hat dagegen stärker ihren ursprünglichen Charakter bewahrt. Die Ostwand des Chores zeigt über den drei erhaltenen romanischen Fenstern die Umrisse eines großen gotischen Fensters, das nun vermauert ist und zwei Rundbogenfenster von 1935 enthält. In der Südwand hat sich das vierbahnige gotische Fenster vom Anfang des 14. Jahrhunderts mit einem seitlichen Strebepfeiler erhalten. Die Fenster der jeweils drei Kapellen sitzen sehr tief und machen deutlich, daß sich über ihnen ein Obergeschoß befindet, dessen ehemalige Belichtung nur noch in Umrissen zu erkennen ist.

Die Südwand des Querhauses zeigt unten ein gotisches Portal, darüber zwei und oben ein einfaches Rundbogenfenster. Bei den Kapellen und dem Chor ist eine horizontale Baufuge leicht zu erkennen, unter der vorzügliches Quaderwerk, oberhalb verputztes Bruchsteinmauerwerk zu sehen ist. Sie verläuft unterschiedlich hoch – bei den Kapellen über den Fenstern, am Rechteckchor unter den Fenstern. An

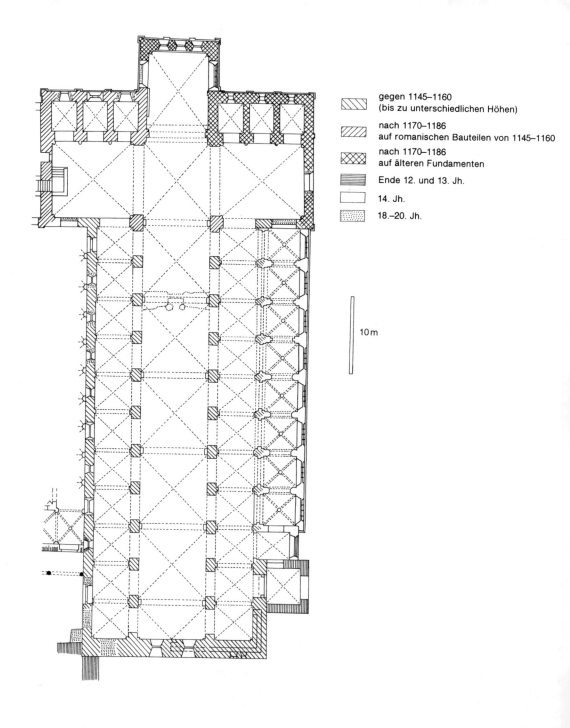

gegen 1145–1160
(bis zu unterschiedlichen Höhen)

nach 1170–1186
auf romanischen Bauteilen von 1145–1160

nach 1170–1186
auf älteren Fundamenten

Ende 12. und 13. Jh.

14. Jh.

18.–20. Jh.

10 m

Eberbach, Grundriß der Kirche

Die Maße der Klosterkirche Eberbach

	Meter
Gesamtlänge außen	80,06
Gesamtlänge innen	76,20
Breite des Querschiffs innen	33,35
Breite des Querschiffs	10
Breite des Langhauses außen	23,85
Gesamtbreite des Langhauses innen	21,40
Lichte Breite des Mittelschiffs	9
Scheitelhöhe der Gewölbe	ca. 16
Scheitelhöhe der Gurte	ca. 15

ihr endet auch eine aufgegebene Gliederung aus unprofilierten Lisenen an den Kanten und als Einteilung der Wandfelder. Um sie verkröpft sich ein Sockel aus Schräge und kräftigem Wulst. Die Einteilung auf der Ostseite des Chores erfolgte in drei Achsen, doch enden die Lisenen zum Teil unter den drei Fenstern, die stärker zusammengerückt wurden. Hier haben wir es mit einem aufwendigeren älteren Projekt zu tun, das aufgegeben wurde. Am Obergaden des Langhauses sind die Fenster zusammengerückt. Am Westende des Seitenschiffs ist eine gratgewölbte Vorhalle vor das einfache, leider weitgehend zerstörte Portal gesetzt. Interessant ist die Anlage der Fenster auf der Westseite. Die beiden Rundbogenöffnungen verbinden sich mit dem reich profilierten Rundfenster darüber zu einer Gruppe. Die unteren Rundbogenfenster liegen in zwei breiten, fast halbkreisförmigen Blendnischen, deren untere Begrenzung sie durchschneiden. Diese zunächst unorganisch wirkende Form ist sehr charakteristisch und ruft eine fast fortifikatorische Wirkung hervor.

Das Innere

Das Innere der Kirche zeigt in großartiger Einfachheit und Beschränkung auf das Wesentliche die romanische Architektur auf ihrem Höhepunkt (Bild 70). Das Langhaus ist eine kreuzgratgewölbte Pfeilerbasilika zu fünfeinhalb Doppeljochen im gebundenen System. Die Mittelschiffjoche sind quadratisch, die der Seitenschiffe querrechteckig, weil diese relativ breit sind. Die Pfeiler sind längsrechteckig mit einem knappen profilierten Kämpfer und einem einfachen Wulstprofil als Sockel. Sie besitzen nur zum Seitenschiff hin rechteckige Pfeilervorlagen, um dort die Gurtbögen aufzunehmen. Im Mittelschiff sind diese gleich, beginnen aber erst auf den Pfeilerkämpfern. Ihre profilierten Konsolen sind in das Kämpfergesims einbezogen und zeigen eine Polsterform. Profilierte Kämpfer schließen sie wie auch die Vierungspfeiler oben ab. Die leicht sichelförmigen rundbogigen Gurte entsprechen den Vorlagen genau. Die Gewölbe besitzen einen leichten geradlinigen Anstieg zum Scheitel, wobei die Grate selbst keine Bogenform bilden, sondern, wie bei Zisterziensern häufig, fast geradlinig ansteigen. Die paarweise unter dem Schildbogen zusammenfaßten Rundbogenfenster sind ungewöhnlich weit hinaufgerückt und liegen mit der Unterkante ihrer Sohlbankschrägen noch deutlich oberhalb der Gewölbekämpfer. Dadurch wird die ungegliederte, glatt verputzte Zone zwischen den Arkaden und den Fenstern sehr hoch. Das läßt auf Seitenschiffdächer mit steiler Dachneigung schließen. Ein Horizontalgesims fehlt ganz. Die Schildbögen zeichnen sich nur als dünne Linie gegenüber der Wand ab.

Über das eigentümliche Abkragen der Gewölbevorlagen bei den Zisterziensern hat die Forschung intensiv nachgedacht. Der Hinweis auf die den Pfeilern entlang aufgestellten Gestühle der Mönche und der Konversen mag im Einzelfall zutreffen, keineswegs jedoch im Grundsatz, weil das Motiv an vielen anderen Stellen ebenso angewendet wurde. Wahrscheinlich wollte man demonstrieren, daß der statisch nicht notwendige Gliederungsapparat einfach weggelassen werden kann und damit eine Form der Askese im Sinne des heiligen Bernhard veranschaulichen. Gleichzeitig gab der Orden seiner eigenen Architektur damit ein unverwechselbares Signet, das später auch in geradezu manieristischem Sinne gehandhabt werden konnte.

Ungewöhnlich ist das Halbjoch im Westen, das man tatsächlich mit einem halben Kreuzgratgewölbe überdeckte. Kleine Vorlagen in den Winkeln und ein Mauerrücksprung unter dem Rundfenster deuten zwar Korrekturen bei der Ausführung an, geben aber keinen Hinweis auf eine ursprünglich geplante abweichende Lösung. Die Erklärung ist wohl eher darin zu suchen, daß man die Länge der Kirche nach bestimmten Ordensvorstellungen bzw. Vorbildern älterer Ordenskirchen bestimmte – unabhängig von dem architektonischen System, das quadratische Doppeljoche voraussetzt.

Auch die Seitenschiffe sind geradezu klassisch ausgewogene Räume. Hier schließen die Gewölbe mit eigenen Schildbögen ein Stück oberhalb der Arkaden an, was zu dem hohen Wandabschnitt im Mittelschiff beiträgt. Beim Blick nach Osten werden die im Vergleich sehr kleinen Abmessungen der Kapellenöffnungen im Querschiff deutlich.

Der Chor ist längsrechteckig und gegenüber dem Langhaus eingezogen. Dadurch wird eine kräftige Stufung des Chorbogens möglich.
Auch die beiden Querarme umfassen jeweils etwas mehr als ein Quadrat. In den Winkeln dieser drei Räume, ebenso auf der Ostseite der
Vierung, stehen schlanke Dienste mit Würfelkapitellen, begleitet von
flachen Rücklagen. Die westlichen Vierungspfeiler erscheinen wie
normale Langhauspfeiler, nur etwas in der Tiefe gestreckt. Auch der
westliche Vierungsbogen ist wie ein normaler Gurtbogen behandelt,
während die beiden Längsbögen in West-Ost-Richtung die Stärke der
Scheidarkaden fortsetzen und daher kräftig und weit vorspringend
sind. Hierin drückt sich eine Erinnerung an die sonst ganz anders gestalteten frühen Zisterzienserkirchen in Burgund aus, bei denen das
Mittelschiff bis zum niedriger gestalteten Chor durchläuft und die beiden Querarme ebenso als niedrige Flügel seitlich angesetzt sind.

Die jeweils drei Kapellen sind ungewöhnlich niedrig und kreuzgratgewölbt. Auf der Nordseite differieren ihre Öffnungen in der
Breite und lassen damit Korrekturen erkennen. Über ihnen sind die
von außen sichtbaren Räume angeordnet, die gerne als Scriptorium,
Archiv oder Bibliothek interpretiert werden. Während der nördliche
vom Osttrakt der Klausur her erreichbar war und folglich Spuren län-
gerer Nutzung aufweist, konnte man den südlichen nur über eine Lei-
ter durch eine Öffnung über den Kapellen erreichen, was gegen eine
ständige Nutzung spricht. Es ist denkbar, daß diese Räume ihre Entstehung einem in der Höhe gestreckten Bauplan verdanken, wobei
man die Außenansicht in einem gewissen Gleichgewicht halten wollte.

Die untere Zone bis über die Kapellen hinaus ist gequadert. Auf
den Steinoberflächen zwischen den Gesimsen und am Sockelprofil haben sich die Spuren von abgearbeiteten Wandvorlagen erhalten, die
wahrscheinlich als Halbsäulen zu ergänzen sind. Ihr geplantes oberes
Ende und ihre Funktion sind nicht mehr zu rekonstruieren. Man hat
sie als Vorlagen für Gurtbögen unter einem Tonnengewölbe interpretiert und daraus den Schluß gezogen, daß der erste Plan sich sehr eng
an frühe Zisterzienserkirchen in der Art von Fontenay anlehnte. Er
hätte zudem einen niedrigen Chor und niedrige Querarme vorgesehen. Die äußerst gedrungenen Abmessungen der Kapellen sprechen in
der Tat für ein sehr viel niedrigeres Konzept. Für die Rekonstruktion
von Tonnengewölben reichen indes die Indizien nicht aus. Tonnengewölbe sind in der deutschen Romanik zwar nicht unbekannt (Speyer
I), doch treten sie nicht als vollständige Einwölbungssysteme auf.
Geographisch gehören sie nach Burgund und Frankreich südlich der
Loire. Folglich sind für keine der deutschen Zisterzienserkirchen
Tonnengewölbe nachweisbar. Die dreiviertelrunden Dienste in den
Winkeln sprechen darüber hinaus eine deutliche Sprache im Hinblick

auf die Anordnung diagonaler Grate und Schildbögen an den Wänden. Auch das halbe Joch im Westen kann vom Befund her nicht für eine derartige Rekonstruktion herangezogen werden. Kunstgeographische Überlegungen dieser Art spielten in der bisherigen Forschung keine angemessene Rolle.

An der Südwand des Chores hat sich neben einer rechteckig gerahmten Piscina, deren Becken als Würfelkapitell mit Säule erscheint, ein leider beschädigter romanischer Levitensitz erhalten. Entsprechende Piscinen befinden sich auch in den Seitenkapellen. Der schöne Fußboden aus Tonplatten wurde in Anlehnung an Befunde wiederhergestellt. An einigen Pfeilern und Vorlagen finden sich Reste einer romanischen Farbfassung. Besonders hervorzuheben sind die sehr qualitätvollen Grabmäler Mainzer Erzbischöfe des 14. Jahrhunderts an der Nordwand des Chores.

Wer sich ganz auf die Betrachtung von Architektur konzentrieren kann, wird die reine Schönheit dieses Raumes als einen klassischen Höhepunkt der romanischen Architektur empfinden. Vergleiche mit frühen Wölbungsbauten des Niederrheingebiets (Knechtsteden, Steinfeld) drängen sich auf, ohne daß dabei die Frage nach den spezifisch oberrheinischen Charakteristika für Eberbach zufriedenstellend beantwortet werden könnte. Knechtsteden hat die geringeren, Steinfeld im Verhältnis die größeren Mauerstärken. Durch den zisterziensischen Verzicht sind auch die plastischen Werte stark reduziert. Darin liegt neben dem Grundriß der Ostanlage und den abgekragten Mittelschiffvorlagen das einzig Zisterziensische an der Klosterkirche von Eberbach, der mit seinem gebundenen System und allen Einzelheiten seiner Gliederung ein Repräsentant der regionalen Architekturgeschichte ist.

Literatur

H. Hahn, *Die frühe Kirchenbaukunst der Zisterzienser.* Untersuchungen zur Baugeschichte von Kloster Eberbach im Rheingau ..., Berlin 1957; M. Herchenröder, *Der Rheingaukreis,* Die Kunstdenkmäler des Landes Hessen, München 1965.

Otterberg
Die ehemalige Zisterzienserklosterkirche St. Maria

Geschichte

Im Jahre 1144 wurden Zisterziensermönche aus dem Kloster Eberbach auf der ihnen geschenkten Otterburg angesiedelt. Der Name deutet auch heute noch auf jenen ursprünglichen Ort, auch wenn die Mönche das Kloster um 1165 nach zisterziensischem Brauch ins Tal verlegten.

Durch die Restaurierung von 1977 bis 1988 konnten viele Holzproben aus dem Fundamentbereich untersucht werden (Spundwände, hölzerne Wasserleitungen und dergleichen). Durch Kartierung der Steinmetzzeichen ergab sich auch der Bauverlauf, der in manchem von den Regelvorstellungen abweicht. Das älteste Holzdatum auf der Südseite ist für 1168 belegt. Es folgen 1173, 1175, 1176 für das Südseitenschiff; 1177 (ein Meßpflock) im Südquerarm. In den Jahren 1220 bzw. 1240 waren die Baugruben der nördlichen Pfeilerreihe im ersten und zweiten Joch noch offen. Das hängt sicher mit der besonderen entwässerungstechnischen Situation zusammen, mit der man bis heute zu kämpfen hat. Während der Grabung floß ein regelrechter Wasserlauf durch die Kirche. 1241 bezeugt eine Inschrift die Fertigstellung der Westrose; auf 1246 ist ein Dachbalken über dem Chor in Zweitverwendung datiert. Er stammt eventuell vom Westende des Mittelschiffs. 1253 war die Kirche noch nicht vollständig fertig. Trotzdem konnte sie 1254 zu Ehren der Gottesmutter und Johannes des Täufers geweiht werden. Aus Bauinschriften sind zwei Namen bekannt: Hartmut (an einem Gurtbogen) und Conradi (am Tympanon des Hauptportals).

Im 14. Jahrhundert geriet das Kloster in kriegerische Auseinandersetzungen. 1525 wurde es im Bauernkrieg geplündert. 1562 wurde das Kloster aufgehoben und zur reformierten Pfarrkirche. 1579 siedelte der Pfalzgraf walonische Glaubensflüchtlinge an, die eine Manufaktur für Tuche und Lederwaren errichteten, was zur Folge hatte, daß sich der Ort zur Stadt entwickelte. Die Kirche wurde 1707 zwangsweise simultane Pfarrkirche und durch eine Mauer unter dem westlichen Vierungsbogen geteilt: Chor und Querhaus wurden katholisch, das Langhaus blieb evangelisch. Bis vor wenigen Jahren existierten mehrere solcher Simultankirchen in der Pfalz. Die Teilung konnte erst 1979 als letzte bei einem größeren Bau entfernt werden.

Die Baugeschichte der Kirche läßt sich demnach folgendermaßen zusammenfassen: Vor 1168 und bis nach 1177 wurden die Fundamente für die gesamte Klosterkirche gelegt. Die Pfeiler des Mittelschiffs stehen auf Einzelfundamenten, die auf der Nordseite durch Nachfundierungen für die heutige Pfeilerreihe korrigiert werden mußten. Im gleichen Zeitraum wurde das Südseitenschiff in ganzer Länge bis zu den Fenstern errichtet, weil sich daran der Kreuzgang anlehnt, der in der Ausführung offenbar wichtiger war als die Kirche. Es folgte die Errichtung der unteren Teile von Südquerhaus, Chor und Nordquerarm und des unteren östlichen Stücks der nördlichen Seitenschiffmauer. In nicht weniger als vier sich überlagernden Bauabschnitten wurde dann die gesamte Ostanlage fertiggestellt, wobei das Altarhaus voranging, vor oder kurz nach 1200. Erst danach wurde der obere Teil des südlichen Seitenschiffs fertiggestellt und das Nordseitenschiff weitergebaut.

Im Mittelschiff hatte man zusammen mit dem Querhaus die erste Doppelarkade errichtet; es folgten fast symmetrisch auf beiden Seiten zunächst die beiden folgenden Doppelarkaden bis ins vierte Joch, bevor man wiederum symmetrisch auf beiden Seiten die Obergadenwände der ersten beiden Joche mit ihren Einwölbungen vollendete. So weit, wie die Arkaden standen, konnte man auch die jeweiligen Abschnitte der Seitenschiffe einwölben. In einem vorletzten Bauabschnitt, der bis in die Mitte der dreißiger Jahre dauerte und bereits gotische Basis- und Kapitellformen zeigt, wurde das Nordseitenschiff, der untere Teil der Westfassade, die anschließenden Doppelarkaden des letzten Jochs und die Obergadenwände des dritten und vierten Mittelschiffjochs mit Einwölbung des dritten Jochs ausgeführt. Der letzte Bauabschnitt veränderte das Konzept der Anlage kaum, belegt aber durch die Rose, die westliche Giebelöffnung und die flacheren

Gewölbescheitel, daß man mit gotischen Formen vertraut war. Ihm gehören der Obergaden des westlichen Jochs, der obere Teil des Fassade mit dem Giebel und die Einwölbung der letzten beiden Joche an. Der Abschluß der Arbeiten ist Mitte der vierziger Jahre anzunehmen. Bis zur Weihe hatte man offenbar mit der Ausstattung zu tun. Die Bauzeit begann früher und dauerte wesentlich länger, als man bisher annahm – ein überraschendes Ergebnis angesichts der relativ dichten Folge der Steinmetzzeichen.

Obwohl der Bau in seinen wesentlichen Zügen sehr einheitlich wirkt, ist doch eine Fülle von kleinen Planwechseln zu verzeichnen, wobei sich kaum entscheiden läßt, ob es sich tatsächlich um Wechsel in einer sorgfältigen Planung oder um handwerkliche Varianten innerhalb eines gewissen Rahmens handelt. Für diese Frage stellt Otterberg ein dankbares Forschungsobjekt dar. Besonders auffällig in diesem Zusammenhang sind die stark voneinander abweichenden Fußbodenhöhen mit jeweils darauf abgestimmten Sockel- und Basisprofilen. Der tiefste Punkt liegt im Südseitenschiff. Wegen der enormen Feuchtigkeitsprobleme wurde schon während des Bauens der Boden erheblich aufgehöht. Ob die Differenzen jemals nebeneinander bestanden, ist fraglich.

BESICHTIGUNG

Nach den drei großen Domen gehörte die Zisterzienserkirche Otterberg zu den größten romanischen Kirchen unserer Region. Das Langhaus stellt eine im gebundenen System zu fünf Doppeljochen gewölbte Pfeilerbasilika mit Stützenwechsel dar. In der Ostanlage wird der Versuch unternommen, einen Kompromiß zwischen dem älteren zisterziensischen Schema und der romanischen Ostanlage mit Chorjoch, Apsis und Nebenchören herzustellen. Sämtliche Kapellen sind leider abgebrochen, lassen sich jedoch durch den Baubefund und Grabungen eindeutig rekonstruieren (Bild 72). An jeden der beiden Querarme schlossen sich nach Osten drei leicht längsrechteckige Kapellen an, deren halbkreisförmige Apsiden außen gerade abschlossen, also in die Mauerstärke eingetieft waren. Die Kapellenreihe ist erheblich breiter als der im Querhaus zur Verfügung stehende Raum, was auf der Südseite durch einen Versprung der Südflucht, auf der Nordseite durch ein Strebepfeilermassiv ausgeglichen wird. Die Querarme nehmen ohnehin mehr als ein Quadrat ein; der nördliche ist ein ausgesprochenes Rechteck, so daß er sehr weit nach außen vortritt. Die Kapelleneingänge müssen folglich zwischen einer symmetrischen Anordnung im Querhaus und der verschobenen Position der Kapellen vermitteln. Für die jeweils äußeren bedeutete dies in Verbindung mit der Mauerstärke tunnelartig schräg durch das Massiv geführte Zugänge, für die restlichen jeweils zwei Kapellen die asymmetrische Lage der relativ kleinen Öffnungen zum Kapellenraum. Auch die Vierung ist leicht querrechteckig.

Das Chorjoch ist gegenüber der Vierung geringfügig eingezogen und nähert sich dem Quadrat. Seine Ostseite öffnet sich zu einer sehr stark eingezogenen, relativ kleinen Apsis aus drei Seiten des Sechsecks. Trotz dieser Anlage erweiterte man auch den Chor um drei Kapellen nach Osten mit gemeinsamem, geradem Abschluß und darin eingetieften Apsiden wie bei den Querarmen. Die Kapellen waren naturgemäß unterschiedlich lang, die seitlichen besaßen stark verzogene Kreuzrippengewölbe. Sie waren untereinander durch Öffnungen verbunden. Die Zugänge sind wiederum wegen der enormen Mauerstärke als schmale, tunnelartige Öffnungen in jeder Polygonseite der Apsis gebildet und zusätzlich schräg geführt zu Seiten der Apsis, so daß die äußeren Kapellen zwei Zugänge besaßen. Dies war möglich, weil die Mauerstärke der Kapellen wie am Querhaus erheblich geringer war als beim Hauptbau. Man kann diese Anlage zwar als ersten Versuch eines rechtwinkligen Umgangs mit Kapellen deuten. Wahrscheinlicher handelt es sich um eine Separierung der drei Altäre an der Stirnwand des Chores nach dem Vorbild der Hirsauer Altaraufstellung. Obwohl in der Ausführung mit den entsprechenden Teilen der gesamten Ostanlage einheitlich, sind die Schwankungen und die merkwürdige Disposition der Querhauskapellen auffällig. Der Wunsch nach besonders großen Kapellen war auf der Südseite wegen des bereits dort stehenden Konventbaus kaum mit den Abmessungen des Querhauses in Einklang zu bringen, während sich auf der Nordseite eine noch weitergehende Streckung des Querarms wegen des Gewölbes verbot. Hier hätte nur ein Einteilung in zwei Joche Abhilfe schaffen können. Im Winkel zwischen Nordquerarm und Seitenschiff wurde ein mächtiger Treppenturm errichtet, der bis zur Traufe hinaufreicht und mit einem kleinen Satteldach mit eigenem Giebel abschließt.

Das nördliche Seitenschiff ist um etwa einen Meter schmaler als das südliche. Die zunächst anders gesetzten Fundamente der nördlichen Pfeilerreihe rechneten mit derselben Schiffbreite auf der Nordseite, was ein entsprechend schmaleres Mittelschiff bedeutet hätte. Die Korrektur erfolgte offenbar bei der Anlage des Sanktuariums und zog ein Versetzen der nördlichen Pfeilerreihe nach sich.

Noch immer dominiert die langgestreckte, bis auf einen modernen Dachreiter über der Vierung turmlose Klosterkirche über die geduckten Dächer der jüngeren Stadt. Außen wie innen besticht sie durch ihr vorzügliches, handwerklich sehr präzise gearbeitetes Großquaderwerk aus Sandstein. Um so erstaunlicher ist vor allem beim Ostbau der stellenweise fast ungezügelte Umgang mit diesem Material. Hier kann man besonders deutlich erfahren, daß der verschwenderische Umgang und die präzise Bearbeitung des Steinmaterials für die Zisterzienser Ausdruck ihrer Haltung zur Arbeit waren und sie daraus eine eigene Ästhetik entwickelten.

Der Verzicht auf Strebepfeiler auf der gesamten Südseite hängt mit dem dort anschließenden Kreuzgang und den Klausurtrakten zusammen. Statt dessen wählte man Mauerverstärkungen, die sich zum Teil wie Wasserschläge außen abzeichnen. Die Fenster, die schmal und lang sind und wenig geschrägte Gewände besitzen, sind in sie tunnelartig eingeschnitten. Breite, unregelmäßig seitlich zurückgenommene Pfeilervorlagen am Altarhaus wandeln sich am Nordquerarm, Nordseitenschiff wie auch an der Südwestecke des Langhauses zu Strebepfeilern in Form von gewaltig aufgetürmten Mauermassen. An den jüngeren Bauteilen, dem Westende des nördlichen Seitenschiffs und dem Mittelschiffobergaden, sind sie nicht nur erheblich schlanker, sondern durch regelmäßige Wasserschläge und abschließende Satteldächer mit Giebeln und Knäufen gegliedert, wie sie auch am Maulbronner Paradies auftreten.

Unter den Traufen und Giebelschrägen ziehen sich Rundbogenfriese mit einfachem Wulstprofil entlang. Die Flanken des Altarhauses nimmt jeweils eine Fünfergruppe von Fenstern ein. Beim Südquerarm ist es eine Dreiergruppe und auf der Stirnseite eine Zweiergruppe mit speichenausgesetztem Rundfenster darüber. In der Nordfassade erscheint dagegen nur ein großes Radfenster mit einfachen Speichen und vierfach gestuftem Gewände. Auf der gesamten Ostseite zeichnen sich die Mauerabbrüche, Eckdienste, Rippenansätze und ehemaligen Dachanschläge der Kapellen ab und fordern den Betrachter zur vorstellungsmäßigen Ergänzung auf. Das Apsisdach ist mit Stein gedeckt. Auf der Stirnseite erscheint dort über den einfachen Fenstern der tunnelartige Einschnitt für die nahezu halbierte Rosette. Ein typisch wormsisches Merkmal ist am Altarhaus zu beobachten: die steinernen Wasserspeier im Gewölbezwickel. Die schlanken Obergadenfenster sind paarweise dicht zusammengerückt.

Im Westen wird die einfache Querschnittfassade des Langhauses durch mächtige Strebepfeiler dreigeteilt, wobei der nordwestliche in der Mauerflucht nur nach Norden weist. Dominant ist in der Mitte die große Rose von etwa sieben Metern Durchmesser, die um einen mittleren Vierpaß zwei Kreise mit Acht- und Sechzehnpaß ordnet als letzte Stufe des Plattenmaßwerks. Sie ist in eine flache, von Säulchen getragene Blende eingepaßt. Den Giebel nimmt hier ein gedrungenes, vierbahniges Maßwerkfenster ein, dessen Kreise im Couronnement unten nicht geschlossen sind. Es erinnert daran, daß wir hier nach 1240 die Vollendung des Langhauses der Kathedrale von Amiens vorausetzen dürfen. In den Seitenachsen erscheinen zwei Rundbogenfenster mit im geschrägten Gewände eingestellten schlanken Säulchen, die einen Bogen aus einem Rundwulst tragen und Schaftringe besitzen. Es handelt sich hierbei um dasselbe Formengut wie am Maulbronner Kreuzgang. Im Untergeschoß war in der Mitte eine Vorhalle vorgesehen, von der Mauerverzahnungen wie der Anschlag für ein Satteldach zeugen. Das Hauptportal ist rundbogig mit jeweils vier schlanken Säulchen im Gewände und entsprechenden Archivolten. Kleine seitliche Blendbögen leiten zu abermals vier gestaffelten Säulchen über, die außer den erhaltenen, übergreifenden rundbogigen Schildbögen die Gewölbe der Vorhalle aufnehmen sollten. Einfachere und kleinere Portale sind in den Seitenachsen angeordnet. Dies alles gehört zum typischen Formenrepertoire des sogenannten Übergangsstils. Die Wahl rundbogiger Formen ist auch hier bezeichnend. Die Verbindungen zu den Westportalen von St. Martin und St. Paul in Worms, aber auch zu den elsässischen Portalen in Neuweiler (St. Peter und Paul) und Obersteigen ist nicht zu übersehen. Deutlich abgesetzt davon erscheinen die älteren Portale; am Westende des Südseitenschiffs das Konversenportal, kämpferlos mit mehrfach gestuftem Gewände und das ehemalige Friedhofsportal in der Nordfassade, das um ein eingestelltes Säulenpaar bereichert erscheint.

Das Innere

Im Inneren der heute Mariä Himmelfahrt geweihten Kirche sind insbesondere die Ostteile von großartiger, herber Monumentalität, wobei die Mauermassen, die durch Fenstergewände und Vierungspfeiler anschaulich dargestellt werden, fast den Raum zu erdrücken scheinen (Bild 74). Alle Hochräume und ehemals auch die Kapellen werden von Rippengewölben mit stark steigenden Scheiteln zwischen spitzbogigen Gurt- und Schildbögen überspannt, während die Seitenschiffe spitzbogige Gratgewölbe zeigen. Die Rippenprofile bestehen aus mandelförmigen Wulsten mit kräftigen Rücklagen. Sie ruhen auf kräftigen Dreivierteldiensten in den Winkeln, deren Kapitelle rechtwinklig angeordnet sind. Die relativ breiten Rücklagen für die flachen Schildbögen setzen teilweise am Boden an, teilweise auch sehr weit oben über einem Mauerrücksprung, so daß zusammen mit dem Schildbogen eine ganz flache Blende entsteht. Die spitzbogigen Kapellenöffnungen in den Querarmen zeigen eine kräftige Gewändestufe, deren stirnseitige Vorlage erst auf halber Höhe durch schräges Zurückstufen der seitlichen Pfeiler gewonnen wird. Der Ansatz unten ist glatt – eine Variante des zisterziensischen Abkragungsmotivs. Die Vierungspfeiler springen weit vor und sind mit schlanken Halbsäulen besetzt, die einen kräftigen Unterzug tragen. Ihr Sockelprofil zieht sich erstaunlicherweise auch über die Wandflächen von Chor und Querarmen hin. In der Südfassade ist das hochliegende, reich durchgestaltete Portal zum Dormitorium sichtbar.

Besonders eindrucksvoll ist der Chor, dessen flache polygonale Apsis eher wie eine Nische wirkt (Bild 75). Sie ist oben steil hochgezogen und durchbricht den seitlich beginnenden Schildbogen, der ihr in Form eines Kleeblattbogen nach oben ausweicht. Als Gewölbe dient ein aus Steinen geschnittener Halbkegel. In den Winkeln stehen Dienste, deren Kapitelle um 45 Grad gedreht sind, so daß eine Kante spitz in den Raum vorstößt (wie im Westchor des Wormser Doms). Sie tragen nur eine flache Blende, die die Fenster rahmt. Ob sie für ein niedrigeres Gewölbe mit Rippen bestimmt waren, muß offenbleiben. Über dem Mittelfenster bildet das Gewölbe eine halbkreisförmige Lünette aus, in die ein gedrückter, stehender Vierpaß mit runden Zwickelformen und gegenständigen Halbkreisen als Plattenmaßwerk eingesetzt ist. Auch dies erinnert an die oberste Rosette des Wormser Westchors. Die kleinen Eingänge in die Kapellen sind rundbogig, folgen aber dem gleichen Gliederungsprinzip wie die Querhauskapellen. Die zusätzlichen seitlichen Durchgänge, um deretwillen die Eckdienste abgekragt sind, sind äußerst schmal. Sie liegen tiefer, so daß das sich verkröpfende Kämpferprofil der Haupteingänge mit einer Stufe dem Bogenrücken der Seitendurchgänge folgt. Auch das läßt an Worms denken.

In der Apsis springt das Sockelprofil deutlich nach oben, weil hier das hohe Podest für den Hauptaltar errichtet war. Um diese Stufen nicht überschreiten zu müssen, dienten die kleinen seitlichen Durchgänge und die Verbindung der Kapellen untereinander vermutlich für die laufende Benutzung derselben. Unter diesem Aspekt entsteht tatsächlich der Eindruck, um die Apsis führe so etwas wie ein Chorumgang herum. In der Südmauer des Chors verläuft ein Gang, der in der Laibung des weiter heruntergezogenen östlichen Fensters sichtbar wird. Er diente offenbar dazu, von den südlichen Kapellendächern aus auch die Dächer der östlichen Kapellen zugänglich zu machen. In

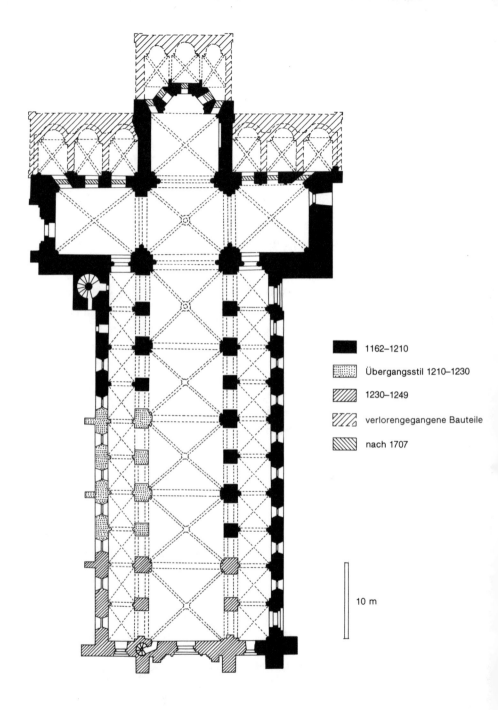

■	1162–1210
▦	Übergangsstil 1210–1230
▨	1230–1249
▨	verlorengegangene Bauteile
▨	nach 1707

10 m

Otterberg

Die Maße der Kirche in Otterberg

	Meter
Gesamtlänge innen	74
Im Langhaus innen	ca. 50
Breite des Querhauses	ca. 35
Breite des Langhauses außen	26,7
Breite des Langhauses innen	23,3
Breite des Nordseitenschiffs	3,8
Breite des Südseitenschiffs	4,70
Breite des Mittelschiffs	10,70
Scheitelhöhe der Gewölbe (schwankend)	ca. 20
Scheitelhöhe der Gurte	zwischen 17,50 und 18,50

die Kapellendächer führten jeweils zwei kleine Rundbogenöffnungen oberhalb der Kapellenzugänge. Eine weitere Rundbogenöffnung in der Westwand des südlichen Querarms mündet in den Dachstuhl des südlichen Seitenschiffs und ebenso eine mit rundbogig ausgeschnittenem Sturz zwischen den Sohlbänken der Obergadenfenster im ersten Joch der Südseite.

Die auf eindrucksvolle Art unkonventionelle Lösung im Chor entstand – wie der Befund uns lehrt – nicht auf dem Reißbrett, sondern auf der Baustelle. Man begann mit den beiden seitlichen Schildbogenschenkeln und führte gleichzeitig die Fenster mit den hochgezogenen Blendbögen über den Kapitellen aus, offenbar noch, ohne genau zu wissen, wie der Abschluß aussehen sollte. Erst jetzt erkannte man, daß ein ansteigendes Kegelgewölbe im Scheitel deutlich höher liegen würde als derjenige des Schildbogens. Man führte es also aus, wobei man in die bereits versetzten Schildbogensteine eingriff und Abarbeitungen vornahm. Darüber setzte man einen neuen, kleineren halbkreisförmigen Schildbogen, der mit den unteren Schenkeln nur lose Berührung hat. Um den gedrückten Vierpaß in der halbkreisförmigen Lünette unterbringen zu können, mußten die Scheitelsteine des Blendbogens über dem Mittelfenster nachträglich abgearbeitet werden. Es handelt sich also wirklich um eine Formung aus der angetroffenen, sehr ungewöhnlichen Situation heraus.

Die Kapitelle der Ostteile besitzen zum Teil kaum dekorierte Polster, häufiger aber Korbformen mit flächigen Blattauflagen und ausgeprägte, gedrungene Kelchblockkapitelle; darunter viele Varianten des sogenannten Straßburger Typs, den wir schon im Westchor des Wormser Domes kennengelernt haben.

Das Mittelschiff wird in gleicher Weise von stark ansteigenden Rippengewölben zwischen kräftigen, gestuften Spitzbogengurten überspannt. Die mächtigen gedrungenen Hauptpfeiler, die an manchen Stellen breiter sind als das lichte Maß der Arkaden, sind längsrechteckig, die Zwischenpfeiler quadratisch. Die gedrungen spitzbogigen Scheidarkaden besitzen eine kräftige Stufe, die erst oberhalb der Kämpfer bzw. auf der Südseite sogar noch eine Schicht darüber beginnt. Dieser blockförmige Aufsatz wird bei einigen Arkaden im Westabschnitt durch einen Auslauf mit einer kleinen Volute formal umgestaltet. Eine vergleichbare Lösung zeigt die Abteikirche in Schwarzach. Die Gewölbevorlagen bestehen aus einem rechteckigen Kern mit begleitenden Dreivierteldiensten und vorgelegter Halbsäule, die jedoch in Höhe des Horizontalgesimses abgekragt und von kapitellartigen, schön geformten Konsolen getragen wird. Die attischen Pfeilerbasen setzen sehr hoch über einem glatten Sockel an und sind grundsätzlich nicht über die Stirnseite verkröpft, sondern enden dort gerade abgeschnitten. Dies kann keinen praktischen Grund haben, weil die Pfeiler verschieden weit vortreten. Das dünne Horizontalgesims ist über die Arkaden hinaufgerückt, zeigt aber etwa die halbe Raumhöhe an, wenn man vom Gewölbescheitel ausgeht. Das Obergeschoß unter den Schildbögen ist also etwas niedriger. Diese sind wiederum sehr flach und ruhen auf kurzen Ansätzen, die erst über dem Arkadengesims beginnen. Die Fenster sind mit ihren Sohlbänken weit heruntergezogen, so daß sie etwas unter die Gewölbekämpfer herunterreichen. In den Ostjochen sind die Kapitelle rechtwinklig angeordnet, gegen Westen sind sie über Eck gestellt. Dort sind zunehmend Zungenblattkapitelle und Kelchknospenkapitelle verwendet worden. Die Westmauer springt in Höhe des Horizontalgesimses zurück und bietet so einem Laufgang Platz.

Für die räumliche Wirkung spielen die Seitenschiffe keine Rolle. Schon bei geringer Schrägsicht sieht man nur glatte Pfeilerlaibungen und keine Durchblicke. Die Seitenschiffe bieten das Bild schmaler Korridore, wobei die Gratgewölbe von schweren spitzbogigen Arkaden unterteilt werden. Sie ruhen sowohl bei den Pfeilern als auch auf der Wandseite auf Halbsäulen; während ihnen auf der Südseite flache Schildbogenvorlagen hinterlegt sind, bilden diese auf der Nordseite wie am Obergaden flache Blendnischen aus, in denen die Fenster angeordnet sind (Bild 73).

1911 faßte Georg Dehio die kunstgeschichtliche Stellung des Baus wie folgt zusammen: »In der Entwicklung der Zisterzienserarchitektur steht Otterberg in der Mitte zwischen Eberbach und Ebrach. Auf eine Generation, die allein das asketische Einfachheitsideal gelten ließ, ist hier eine andere gefolgt, die den Ausdruck unbeugsamer Kraft hinzufügt und mit ihm einen starken ästhetischen Eindruck hervorruft. Erst zum Schluß der Bauführung mildert sich unter französischem Einfluß der herbe Puritanergeist.« Wir fügen dem hinzu, daß die oberrheinische Spätromanik hier mit ihrer Vorliebe für den Massenbau einen absoluten Höhepunkt erreicht hat. Dabei ist die kunstlandschaftliche Komponente sehr viel stärker als die vom Orden geprägte. Selbst der typische Ostabschluß ist hier in eigenwilliger Form abgewandelt, ganz zu schweigen von den charakteristischen Formen der Wölbung und dem gebundenen System. Gleichwohl dürfen die spezifische Umrißbildung der Gurtbögen im Mittel- und Seitenschiff, letztlich auch der spitzbogigen Arkaden sowie die Verwendung großer Radfenster und natürlich auch die Abkragungen in ihren verschiedenen Varianten auf zisterziensische Bauten von der Stilstufe des Westjochs in Pontigny zurückgeführt werden. Die in einigen Bereichen fast maßlose Übertreibung des Mauervolumens sagt indes genug über den Standort dieser Kirche.

Der Kapitelsaal

Von den Klausurgebäuden ist nur der auf der Südseite gelegene Kapitelsaal erhalten geblieben, der gleichzeitig mit den älteren Teilen der Kirche entstand (Bild 76). Die dreimal drei Joche der rundbogigen Kreuzrippengewölbe ruhen auf sich verjüngenden Säulen, deren Kapitelle wiederum dem Straßburger Typ angehören. Die Rippen mit rundem Wulst verjüngen sich zwischen den Gurten – ein entfernter Anklang an das Elsaß. Der nächstverwandte Raum ist das ehemalige Refektorium auf dem Rothenkircherhof.

Literatur

Georg Dehio, *Handbuch der deutschen Kunstdenkmäler*, Südwestdeutschland, Bd. 4, 1922, bearb. von H. Caspary u. a., *Rheinland-Pfalz, Saarland*, München 1985; E. Hausen, *Otterberg und die kirchliche Baukunst der Hohenstaufenzeit in der Pfalz*, Veröffentl. der Pfälz. Gesellschaft zur Förderung der Wissenschaften, Bd. 26, Kaiserslautern 1936; A. Eckhardt, T. Gebhard, *Stadt- und Landkreis Kaiserslautern. Die Kunstdenkmäler der Pfalz*, Bd. 9, München 1942 (1975); M. Werling, *Die Baugeschichte der ehemaligen Abteikirche Otterberg unter besonderer Berücksichtigung ihrer Steinmetzzeichen*, Beiträge zur Pfälzischen Volkskunde, Bd. 3, Kaiserslautern 1986.

Eußerthal
Die ehemalige Zisterzienserklosterkirche St. Maria

Geschichte

Auch in ihrem stark reduzierten Zustand steht die ehemalige Klosterkirche und heutige Pfarrkirche St. Bernhard in der Größenordnung
an zweiter Stelle hinter Otterberg. Das Kloster wurde 1148 gegründet
und mit Mönchen aus dem lothringischen Kloster Weiler-Bettnach
besetzt. Seit Kaiser Friedrich Barbarossa waren stets zwei Mönche des
Klosters auf den nahegelegenen Trifels abgeordnet, um dort die
Reichskleinodien zu hüten.

Der Baubeginn der Kirche ist unbekannt. Er ist um 1200 anzuset-
zen. 1263 erfolgte die Schlußweihe. Das Kloster, geschwächt durch
die Kriege des 15. und 16. Jahrhunderts, wurde 1561 aufgelöst und
1665 mit Flüchtlingen aus Piemont besiedelt. 1747 wurden die Ostteile nach dem ersten Langhausjoch abgetrennt. 1820 erfolgte der Abbruch der westlichen vier Langhausjoche. Auch die Konventsbauten
sind verschwunden.

Das Äußere

Die Gesamtanlage zeigt in der Disposition ihrer Ostteile wieder die typischen Merkmale der älteren Zisterzienserbauweise (Farbtafel Seite 275). Der gerade geschlossene Chor ist leicht längsrechteckig, während die beiden Querarme und die Vierung nahezu quadratisch sind und die gleiche Höhe wie das Mittelschiff besitzen. Auf der Ostseite der Querarme öffnen sich in diesem Falle jeweils nur zwei quadratische, gerade geschlossene Kapellen. Das Äußere der ganz aus rotem Sandstein errichteten Kirche ist sehr schlicht. Das Traufgesims wird von einer kräftigen Konsolreihe getragen. Nur an den Kanten des Chores und vor der Südfassade des Querhauses sind Strebepfeiler angeordnet, die sich in regelmäßigen Stufen ohne Wasserschläge nach oben verjüngen, oben auch schmaler werdend. Sie treten unten weit vor. Entsprechend der Lage zum Tal hin ist nur die Ostseite reicher gegliedert. Drei relativ große Fenster, an den Kanten profiliert, werden hier von Blendarkaden auf schlanken Säulchen, in der Mitte auf Doppelsäulchen, gerahmt (Bild 77). Unter diesen erscheinen in der Mitte zwei kurze Pfeilervorlagen, was ein wenig an die älteste Planung in Eberbach erinnert. Wie dort war der obere Teil durch ein großes gotisches, merkwürdigerweise rundbogiges Fenster verändert worden, in das man später nach dem Verlust des Maßwerks zwei kleinere Rundbogenfenster einbaute. Die mittlere Blende unten ist durch eine Zickzackrahmung ausgezeichnet. Die Flanken des Altarhauses wurden ebenfalls durch größere gotische Fenster verändert.

Das Innere

Der Innenraum überrascht durch seine klare, überschaubare Einfachheit mit nur wenigen Gliederungselementen (Bild 78). Deutlich spürbar wird zwischen hervorgehobenen Wandflächen aus Großquaderwerk – unterhalb der Schildbögen, im Chorjoch, an der Ostwand der Querarme, in der Arkadenzone des Langhauses – und solchen mit

Die ehemalige Klosterkirche von Eußerthal von Südosten. ▷

rauheren, heute weiß verputzten Steinoberflächen unterschieden. Sämtliche Bögen sind bis auf die Fenster und die nördlichen Kapellen entschieden spitzbogig. Alle Hochräume und die südlichen Kapellen sind mit Rippengewölben ausgestattet, deren Kappen trotz der leichten Steigung deutlich spitzbogig gebrochen sind. Das Rippenprofil besteht aus drei Wulsten. Schildbögen fehlen. Der Kämpfer der Hochschiffgewölbe läuft als horizontales Gesims über sämtliche Wandflächen hinweg. In den Schildwänden sind die einfachen Rundbogenfenster paarig zusammengerückt. Das erhaltene Doppeljoch des Langhauses zeigt wiederum das gebundene System mit einem Wechsel zwischen längsrechteckigen und quadratischen Pfeilern. Die Gurte der Langhausgewölbe ruhen auf kräftigen Halbsäulen, die in Höhe der Pfeilerkämpfer eigene Basen besitzen und von schön geformten Konsolen aufgefangen werden. Die Diagonalrippen dagegen besitzen leicht schräg gestellte Kapitelle in glatter Ebene, unter denen ein Dienststummel gerade eben nur angedeutet ist. Den Pfeilern sind beidseitig rechteckige Stufen vorgelegt, die zum Seitenschiff hin die Gurte tragen, im Mittelschiff eine Stufe der spitzbogigen Scheidbögen aufnehmen.

Im Chor, in den Querarmen und bei den östlichen Vierungspfeilern beginnen die Runddienste für die Rippen bereits auf Bodenniveau. Im Vierungsbereich ist eine deutliche Auseinandersetzung mit Eberbach spürbar. Der eigentliche Chorbogen ist gestuft und besitzt auch eine entsprechend abgetreppte Pfeilervorlage. Auch die beiden Längsbögen der Vierung sind gestuft und setzen die Breite der Langhausarkaden fort. Bei ihren Pfeilervorlagen ist auf der Ost- und Westseite eine entscheidende Veränderung vorgenommen, indem die Vorlage für den Unterzug des Bogens ein kurzes Stück unterhalb des Kämpfers aus dem darunter ungestuften Pfeiler gewonnen wird durch einen kräftigen Rücksprung, der mit einer Schräge in der Art eines großen Profilauslaufs gefüllt ist. Dieselbe Anordnung zeigen die westlichen Vierungspfeiler auch nach Westen beim Ansatz der Scheidarkaden sowie bei der Öffnung vom Querhaus ins Seitenschiff. Bei der Fortsetzung im Langhaus hat man dieses Motiv wieder aufgegeben. Es ist eine Variante der typischen zisterziensischen Abkragung und entspricht den Kapellenöffnungen in Otterberg bzw. einigen der dortigen Scheidarkaden. Auf diese Weise sind die westlichen Vierungspfeiler stark längs orientiert, unterstützt durch die Längsbögen. Der westliche Vierungsbogen dagegen ist wie in Eberbach ein normaler Gurt mit einer noch nicht einmal zum Boden geführten Halbsäule. Das Mittelschiff läuft also als eigentlicher Psallierchor der Mönche bis zum Chorbogen durch, und die Vierung ist nicht in reiner Form als ausgeschieden zu bezeichnen. Hinsichtlich der Bedeutung der einzel-

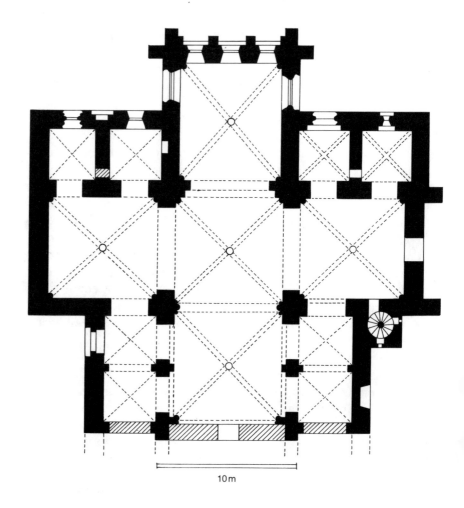

Eußerthal

Die Maße von Eußerthal

	Meter
Länge der erhaltenen Teile	26
Länge des Querhauses innen	25
Breite des Langhauses	17,60
Breite der Seitenschiffe	3,75
Breite des Mittelschiffs	7,64
Scheitelhöhe des Mittelschiffs	ca. 16

nen Architekturglieder wird klar zum Ausdruck gebracht, daß der Chorbogen und der dahinterliegende Raum der wichtigste ist, weil sämtliche Gliederungen auf dem Boden beginnen. Konsequenterweise sind die untergeordneten Seitenschiffe auch hier wieder nur mit Gratgewölben ausgestattet.

In den Schildwänden der Querhausfassaden sitzen kleinere Rundfenster mit Vierpässen aus Plattenmaßwerk. Die teilweise schlanken Kapitelle haben meist Kelchblockform mit streng stilisierten, überwiegend glatten Zungenblattformen. Der älteste Bauabschnitt ist wohl bei den sehr niedrigen, rundbogigen Kapellen des Nordquerarms zu suchen, vermutlich weil er der Klausur am nächsten lag. Die niedrigen Kapellen mit der enorm hohen Wandzone darüber erinnern übrigens auch wieder an Eberbach. Das Rippenprofil könnte als jüngere und schlankere Variante von Worms verstanden werden. Sämtliche Rippen besitzen über den Kämpfern durch Umwinkeln des Profils formal betonte Rippenfüße.

Eußerthal ist das eindeutig jüngste Werk – im Grunde auf der Stilstufe des Maulbronner Paradieses –, ohne das charakteristische Vokabular zu benutzen. Die Auseinandersetzung mit Eberbach und Otterberg ist evident, jedoch fehlt hier die schwere Massigkeit von Otterberg. Alles ist eleganter, aber auch spannungsloser. Spezifisch wormsische Elemente treten nicht mehr auf, was nicht wundert, weil in dieser Spätphase die wormsische Architektur ihre prägende Kraft verloren hatte.

In der Mauer zwischen den beiden Nordkapellen hat sich neben der Piscina ein rechteckiger romanischer Wandschrank mit Rahmenprofil erhalten, das oben ein Bogenfeld umfaßt mit dem Relief eines ausdrucksvollen zweibeinigen Drachen mit langem aufgedrehten Schwanz (Bild 79) – ein gänzlich unzisterziensisches Dekorationsmotiv.

Literatur

Die Kunstdenkmäler von Bayern, Kunstdenkmäler der Pfalz, Bd. 4, Bezirksamt Bergzabern, München 1935; G. Dehio, *Handbuch der deutschen Kunstdenkmäler*, Rheinland-Pfalz, Saarland, bearb. von H. Caspary u.a., München 1985.

Die Kirchen der Stadt Worms

Während die Nachbarstädte ihre romanischen Kirchen fast vollständig verloren haben – in Mainz stehen außer der karolingischen Johanneskirche nur noch zwei Kirchtürme, die übrigen sind entweder durch gotische Neubauten verdrängt oder zerstört worden; in Speyer hat nichts die Zerstörung von 1689 überlebt –, hat die Stadt Worms immerhin drei größere Bauten ganz oder teilweise bewahrt. Hinzu kommen noch die kleine Magnus-Kirche, der Komplex der nach 1945 vollständig rekonstruierten Synagoge von 1174, während der hochbedeutende Zentralbau der Johanneskirche südlich des Doms leider verloren ist. Jeder dieser Bauten setzt sich auf seine Weise mit dem Dom auseinander.

Worms. Die ehemalige Stiftskirche St. Andreas

Geschichte

Das Stift wurde vor 1000 außerhalb der Stadt als sogenanntes Berg-kloster gegründet. Bischof Burchard verlegte es 1020 in die Ummaue-rung der Stadt an seine heutige Stelle. Vor 1180 wird von schlechtem baulichen Zustand berichtet, nach 1200 dagegen von einem »herrli-chen« Werk. Innerhalb dieser Zeit entstanden vermutlich die Ostteile. Auch danach setzte man den Umbau der älteren Kirche fort. 1689 gin-gen die Gewölbe des Langhauses verloren, die zunächst in Holz und 1928/29 in Stein erneuert wurden. Damals wurde auch die nördliche Seitenschiffmauer wieder geschlossen, eine neue Westmauer errichtet und zahlreiche Fenster wiederhergestellt. Die Kirche dient heute zu-sammen mit den Konventsgebäuden als Museum der Stadt Worms.

BESICHTIGUNG

Das Äußere

Die Kirche des 11. Jahrhunderts prägt als dreischiffige Pfeilerbasilika ohne Querhaus nicht nur im Grundriß, sondern auch in Teilen des er-haltenen Obergadens die Form der Anlage. Ob sich in der interessan-ten Ostanlage Gedanken des 11. Jahrhunderts wiederholen, ist unbe-kannt. An ein leicht querrechteckiges Chorjoch schließt sich eine sehr flache segmentbogenförmige Apsisnische an (Bild 82). Beide gemein-sam werden von zwei kräftigen quadratischen Türmen flankiert, die außen weit über die Flucht der schmalen Seitenschiffe vorspringen. Die flache Apsis erscheint außen nicht, statt dessen springt hier vor die Flucht ein schmaler Mittelrisalit vor, der die rechteckige Ummante-lung der Apsis darstellt. Er ist so schmal, daß er außen nur die lichte Weite des Altarhauses zwischen den Türmen anzeigt. Diese erschei-nen völlig selbständig, obwohl sie die kräftigen Mauern des Altarhau-ses mitbenutzen. Das Altarhaus schließt mit einem Chorbogen auf Rechteckvorlagen zum Mittelschiff ab. Neben dem Chorbogen rei-chen die Seitenschiffe etwas nach Osten und enden mit zwei kleinen Apsidiolen, die aber nicht in das Turmmauerwerk eingreifen.

Das Äußere des Langhauses ist ungegliedert, ebenso die vier Ober-geschosse der Türme, bei denen nur die vermutlich später aufgesetzten Glockengeschosse verschieden große einfache Rundbogenöffnungen zeigen. Nur die Sockelgeschosse sind mit gequaderten profilierten Lisenen an den Kanten und in der Mitte jedes Feldes, verbunden durch einen Bogenfries, reicher ausgestattet, ebenso der Mittelrisalit, in dem ein großes gotisches Fenster eingebrochen worden ist. Ein kleines Rundbogenfenster durchbricht auf der Ostseite des Nordturmes die mittlere Lisene. Angesichts des zum Teil unregelmäßigen Kleinquaderwerks und des Fehlens jeglicher Gliederung könnte man geneigt sein, den gesamten Ostbau in das 11. Jahrhundert zu datieren, mit einer Verkleidung des späten 12. Jahrhunderts bei dem Sockelgeschoß. Im Hinblick auf die Erfahrungen an den Westtürmen des Doms ist das nicht ganz auszuschließen, andererseits spricht die innere Struktur der Anlage dagegen, ebenso wie die vorspringenden Gesimse, die die Türme in Geschosse teilen. Selbst die Osttürme des Speyerer Domes besitzen derartige Gesimse auch bei ihren Obergeschossen aus der zweiten Bauzeit noch nicht. So muß man davon ausgehen, daß hier nur bestimmte Bauteile ausgezeichnet werden sollten, vor allem aber wie beim Dom die Ostfront zur Stadt hin. Im vorletzten Joch des Nordseitenschiffs ist ein risalitartiger Vorsprung angeordnet, der das prächtige, zum Dom hin gerichtete Hauptportal aufnimmt. Durch den Vorsprung war die Möglichkeit für ein Gewände mit drei Stufen und zwei eingestellten Säulen auf jeder Seite gegeben. Die Kapitelle verkröpfen sich als Fries und gehören dem Straßburger Typus an. Von den Kanten ist nur die des Türpfostens profiliert, dagegen besitzen die drei Stufen der Archivolten eine Zickzackrahmung. Ein Kämpferprofil fehlt über den Kapitellen. Dieses Portal gehört zu den klassischen Lösungen der Wormser Baukunst.

Das Innere

Dasselbe gilt im Inneren für die beiden kleinen Türen, die vom Chorjoch in die Türme führen, von denen der nördliche sicher als Kapelle diente. Die südliche Öffnung besitzt zwei profilierte Bogenstufen, verkröpftes Sockelprofil und zwei schöne Hornausläufe darüber. Die plastische Durchbildung dieser Details gehört zu den signifikanten Merkmalen oberrheinisch-wormsischer Baukunst.

Das Altarhaus wird von kräftigen Rippen überspannt, die auf Halbsäulenvorlagen in den Winkeln ruhen und von Schildbogenvorlagen begleitet werden. Unten läuft ein ungewöhnlich kräftig ausgebildeter Sockel um, der aus Wulst und Platte und darüber einem voll entwickelten hohen attischen Profil besteht. Auch hier ist also das Sanktuarium in besonderer Weise ausgezeichnet. Die Schildbogenvorlagen

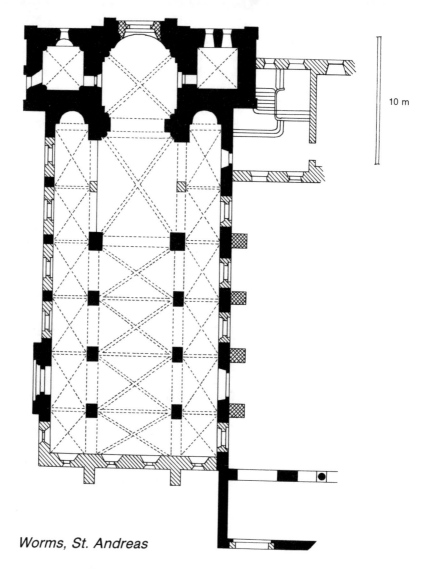

Worms, St. Andreas

sind an den Kanten profiliert und unter dem Horizontalgesims mit einem Rundbogenfries verbunden. Dieses im Inneren ungewöhnliche Motiv erscheint auch auf der Südseite des westlichen Domjochs.

Das Langhaus ist eine schlichte Pfeilerbasilika, deren erstes Joch überquadratisch und im gebundenen System angelegt ist. An seiner Grenze erscheint ein kräftigerer Pfeiler, der sich nach oben als Rechteckvorlage fortsetzt und einen Gurtbogen aufnimmt. Die westlich anschließenden Pfeiler sind quadratisch und die Joche querrechteckig, in gleichmäßiger Abfolge gewölbt. Ursprünglich war dieser Abschnitt flach gedeckt. Die Einwölbung des östlichen Jochs mit schweren

Wulstrippen und stark steigenden Scheiteln wird im Chorbogen durch kräftig ausgebildete Eckdienste vorbereitet. Auf der Westseite fehlen sie. Die hier angeordneten, sehr dünnen Zwischenpfeiler sind eine moderne Ergänzung. Die Doppelarkade ist hier von einem großen Bogen übergriffen, dessen Keilsteine oben das Horizontalgesims zerstört haben. Dieses verläuft im ganzen Bau einheitlich in Höhe der Gewölbekämpfer von Chor und Ostjoch. Das einfache Gesims aus Platte und Schräge wird nur am Gurtbogen durch einen anderen Kämpfer ersetzt. Seine unregelmäßige Form gibt sich unschwer als die des 11. Jahrhunderts zu erkennen. Da die Pfeiler des ganzen Langhauses sorgfältig gequadert und mit einem Wulstprofil sowohl am Sockel als auch am Kämpfer versehen sind, ebenso die Arkadenbögen, steht fest, daß die gesamte Arkadenzone auf eine Erneuerung im Anschluß an den Ostbau zurückgeht. Es bleibt unklar, ob sich darüber Mauerteile des 11. Jahrhunderts erhalten haben zusammen mit dem Gesims oder ob dieses aus Gründen der Sparsamkeit wiederverwendet und in größerer Höhe versetzt wurde. Für eine flachgedeckte Basilika des 11. Jahrhunderts wäre es in dieser Position sehr merkwürdig. Im östlichen Joch ruhen die Arkaden am Hauptpfeiler auf vorspringenden Konsolen und bezeugen damit, daß dieser Bereich nicht sorgfältig geplant war. Seine Einwölbung zeigt an, daß es sich hier um den Psallierchor der Stiftsherren handelte, die ihren Platz natürlich nicht im Sanktuarium hatten. Das flach gedeckte Langhaus erhielt nachträglich in den Arkadenzwickeln Konsolen, die, vor die Wand gestellt, Runddienste mit Schaftringen tragen. Sie zeigen bereits die Formen der spätesten Phase, deuten aber auf die auch hier noch im frühen 13. Jahrhundert beabsichtigte Einwölbung hin. Die erneuerten Gewölbe greifen vermutlich nach dem Befund bei den Anfängern Formen des 14. Jahrhunderts auf, so daß man daraus schließen kann, daß im 13. Jahrhundert die Wölbung nicht mehr ausgeführt, sondern später nachgeholt wurde. Da die Fenster des Obergadens sämtlich gotische Maßwerkformen zeigen, haben sie entweder die spätromanischen Fenster ersetzt, oder sie wurden neu eingebrochen, weil diese nicht in der Achse der Arkaden lagen. Die ausdruckskräftige Ostanlage gehört ganz in das Formenrepertoire des Domlanghauses. Die schweren Formen beeindrucken in dem relativ engen Raum.

Von dem weiten Kreuzgang haben sich Süd- und Westflügel erhalten (Bild 83); der letztere mit zwei sehr weit gespannten Dreierarkaden, die auf gedrungenen Säulen mit dem sogenannten Straßburger Kapitell ruhen, das durch breite, glatte Eckblätter und diamantierte Stengel gebildet wird. Da für einen Sattelkämpfer darüber keine Höhe zur Verfügung stand, sind diese Kapitelle entsprechend querrechteckig ausgebildet.

Worms. Die ehemalige Stiftskirche St. Martin

Geschichte

Einer Überlieferung aus dem 13. Jahrhundert nach soll die Gründung durch Kaiser Otto III. unter Bischof Hildebold (979–98) erfolgt sein. Die Existenz des Kollegiatstifts ist für 1016 urkundlich nachweisbar. Der Bau einer Kirche war beim Tode Bischof Burchards 1035 noch unvollendet. Offenbar handelte es ich dabei um eine flachgedeckte Pfeilerbasilika von gleichen Abmessungen ohne Querhaus, die sich zum Teil in dem späteren Bau erhalten hat. Ihr östlicher Chor war vermutlich gerade geschlossen. Im Westen vorgelegt war ein Querbau, der möglicherweise durch eine Empore unterteilt war.

Für den Neu- und Umbau nimmt man die Zeit nach 1200 an, beginnend mit dem Chor, folgend das Langhaus und zum Schluß der Westbau. Da das nach der Zerstörung von 1945 völlig erneuerte südliche Seitenportal des Langhauses in dem einzig erhalten gebliebenen Tympanon eine Inschrift »Henricus de Oppenheim advocatus!« trägt, ein Name, der als Zeuge in einer königlichen Urkunde von 1231 erscheint, glaubt man, hier einen Anhaltspunkt zu haben. Angesichts der frühen Vollendung des Domes erscheint dieses Datum sehr spät, doch geben Details wie die Art der Profilierung bei den Bogenfriesen zu erkennen, daß der Anknüpfungspunkt bei dem möglicherweise deutlich nach 1181 vollendeten Südwestturm gegeben ist. 1265 wurde die Kirche geweiht, nachdem man in den vierziger Jahren das Westportal vollendet hatte. Bescheidene barocke Ausstattungstücke und Epitaphien der Kanoniker zeugen davon, daß das Stift bis 1803 fortbestand.

BESICHTIGUNG

Das Äußere

Die in viereinhalb längsrechteckigen Doppeljochen im gebundenen System gewölbte Pfeilerbasilika ohne Querschiff besitzt eine Doppelturmfassade, die nicht aus der Flucht der Seitenschiffe hervortritt und deren Türme über einem längsrechteckigen Grundriß stehen. Nur der nördliche wurde vollendet. Der langgestreckte, gerade geschlossene Chor besteht aus zwei ungleich tiefen Jochen. Auf älteren Stadtansichten erscheint hier ein Turm, so daß es nicht ausgeschlossen ist, daß es vermutlich über dem schmaleren fensterlosen Joch vor dem Sanktuarium einen Chorturm gab.

Das Äußere trägt heute hellen Putz, von dem sich die in Werkstein gehaltenen Fenstergewände, Lisenen und Rundbogenfriese unter den Traufen von Seitenschiff und Obergaden in roter Sandsteinquaderung abheben (Bild 80). Die Fenster sind paarweise zusammengerückt und zeigen ein Kantenprofil mit tiefer Kehle, wie es erst im 13. Jahrhundert anzutreffen ist. Die Lisenen des Obergadens verstärken sich durch Wasserschläge kurz über dem Pultdach der Seitenschiffe zu kleinen Strebepfeilern. Am Seitenschiff sind die kräftig vorspringenden Strebepfeiler mit langen Schrägen bis kurz unter den Bogenfries wie eine schräge Stützmauer hochgeführt. Das erinnert an die Strebepfeiler in Maulbronn. Die Stirnwand des Chores weist eine Fenstergruppe aus Okulus über zwei Rundbogenfenstern auf. Außen mündet unter dem Okulus eine mittlere Lisene, womit diese Gliederung genau mit dem Umgang der verlorengegangenen Johanneskirche übereinstimmt.

Der Westbau ist in den umlaufenden Bogenfries des Mittelschiffs einbezogen und wird durch ihn zu einem quergelagerten Baublock zusammengefaßt, der nur durch Lisenen an den Kanten und in der Mittelschifflucht streifenförmig gegliedert wird. In der Mitte befindet sich ein profiliertes Rundfenster, während in den Flanken jeweils zwei kleinere Rundbogenfenster übereinander erscheinen und auf die innere Geschoßteilung hinweisen. Der kurze Aufsatz über dem Südturm ist modern, ebenso der Helm des Nordturmes, der den zerstörten Barockhelm mit drei Welschen Hauben und zwei Laternengeschossen abgelöst hat. Die schmal längsrechteckige Form der Türme tritt stark in Erscheinung und muß als ganz ungewöhnliche Lösung hervorgehoben werden. Die Gliederung ist reich, das erste Freigeschoß noch verputzt mit Kante und Mittellisene, das offene Geschoß aus Quadern. Die doppelten Öffnungen – eine an der Schmal-, zwei an den Längsseiten – ruhen in der Mitte auf schlanken Doppelsäulchen.

Unten wird die gesamte Mitte von dem Portalvorbau eingenommen, dessen oberer Abschluß 1625 seine heutige Gestalt erhielt. Ursprünglich sollte sich der Vorbau in einer offenen Vorhalle mit anschließenden seitlichen Jochen fortsetzen. Für sie sind Bogen und Gewölbeauflager bereits vorbereitet. Sie bestehen aus Schaftringdiensten mit Kelch- und Kelchblockkapitellen sowie Schaftringen, die die en délit gearbeiteten Schäfte mit der Rückwand verbinden. Für den Gurt waren jeweils zwei, für die Diagonalrippen einer und für den Schildbogen ebenfalls einer vorgesehen. So kommt es, daß auf jeder Seite

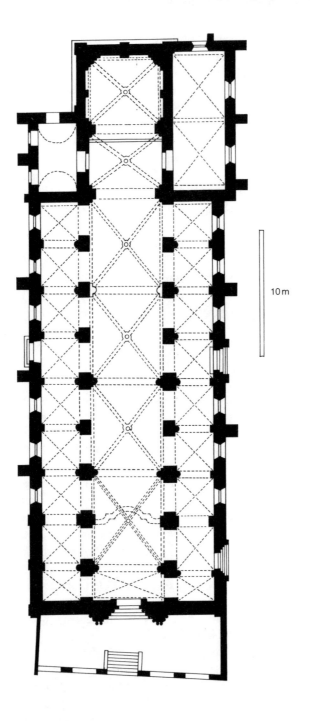

10 m

Worms, St. Martin

fünf Dienste sich zu den gleichgestalteten, in profilierten Rücksprüngen eingestellten drei Gewändediensten gesellen. In der Wirkung breitet sich das Portal durch gleichartige Formen seitlich über die Wandflächen aus. Die Stufen der Archivolten zeigen Kehlen und Wulstprofile sowie ein außen umlaufendes Rankenmotiv aus Weinlaub, das bezeichnenderweise mit einem gewaltigen ornamentierten Auslauf endet. Das Bogenfeld gehört zu den damals in Deutschland so beliebten Laubwerktympana, von dem es weitere Beispiele in Enkenbach, Magdeburg und Marburg gibt. Gerahmt von einer außerordentlich fein und organisch gearbeiteten Ranke aus Drachenleibern, ist die Fläche von einer Weinlaubranke gefüllt, deren Blätter erste Naturerfahrungen zeigen. In einem einfachen Rundbogenportal im Südturm erscheint ein ähnliches Tympanon mit Weinlaub. Abgesehen von der alten Bedeutung des Weinbaus dieser Region und dem religiösen Bezug auf das Meßopfer, läßt sich das Weinstocksymbol gleichnishaft auf Christus beziehen.

Die Dienste mit Schaftringen, die Kantenprofile, die flachen Tellerbasen und auch einige der Kapitellformen lassen sich mit der Maulbronner Paradiesarchitektur in Verbindung bringen, was nicht mehr besagt, als daß es sich hier um Parallelen ein und derselben Stilstufe handelt. Der künstlerische Charakter ist in Worms ein völlig anderer. In der spätesten Phase der Romanik, dem sogenannten Übergangsstil, wurde offenbar fast das gesamte Formenrepertoire der Architektur ausgewechselt. Das Martinsportal besitzt gegenüber der Maulbronner Bewegtheit fast klassisch zu nennende Ausgewogenheit.

Das Innere

In dem relativ schmalen Raum wirken die Gewölbe und ihre Vorlagen sehr mächtig (Bild 81). Zumindest in der Breite war man an die Abmessungen des älteren Baus aus dem 11. Jahrhundert gebunden. Dessen quadratische Pfeiler aus verputztem hammerrechten Kleinquaderwerk mit Kämpfern aus Platte und Schräge haben sich als Zwischenpfeiler des gebundenen Systems erhalten. Die neuen Hauptpfeiler errichtete man aus Großquaderwerk, gab ihnen aber dieselben Abmessungen, allerdings einen hohen und reich profilierten Kämpfer, wie er entsprechend im Dom anzutreffen ist. Als Gewölbevorlage wählte man in Analogie zum Dom – und gar nicht gut für ein Rippengewölbe geeignet – eine Halbsäule mit Pfeilerrücklage. Beide besitzen oben ein gestuftes Polsterkapitell und ebenfalls einen hohen, stark profilierten Kämpfer. Die Rippen mit mandelförmig geschärftem Wulst mußten im Winkel zwischen den kräftig vortretenden Schildbögen und den Gurten verjüngt werden, während ihre Füße gerade auf den Rücksprung zwischen Säulen- und Vorlagenkapitell treffen. Nur am Ostende vor dem Chorbogen erscheint ein Dreivierteldienst, wie dies beim Dom auch der Fall ist. Über den Arkaden verläuft ein Horizontalgesims mit ganz leichter, relativ roh bearbeiteter Kehle – wahrscheinlich noch in der originalen Position und zum älteren Bau gehörig. Die erste Gewölbevorlage im Osten ist durch Verkröpfen des Pfeilerkämpfers mit Unterstützung eines Polsterkapitells abgekragt, vermutlich mit Rücksicht auf das hier aufgestellte Gestühl der Kanoniker.

Im Chor ruhen die – wie im Langhaus – spitzbogigen Gurte auf kräftigen Pfeilervorlagen, denen für die Gewölberippen Dreivierteldienste beigesellt sind. Auch hier herrscht das Polsterkapitell unter einem hohen und kräftig profilierten Kämpfer vor. Die östliche Stirnwand ist gequadert. An allen drei Seiten des Ostjochs sind unter den Fenstern pro Wand jeweils zwei flache Blendnischen mit Basis- und Kantenprofil in die Mauerstärke eingelassen – eine Lösung, die dem Äußeren des Westchors entspricht.

Die Seitenschiffe besitzen wiederum Gratgewölbe mit rundbogigen Rechteckgurten, die an den Pfeilern auf Halbsäulen mit Polsterkapitellen, auf der Außenseite auf profilierten Konsolen ruhen. Die Halbsäulen sind den älteren Pfeilern nachträglich vorgestellt. Die Wahl rundbogiger Gewölbe an dieser Stelle entspricht wiederum dem System des Doms. Die längsrechteckigen Mittelschiffjoche, von denen das östliche und das westliche noch zusätzlich gestreckt sind, führten am Obergaden zu rundbogigen Schildbögen. Unter ihnen sind die Fenster so angeordnet, daß deren Sohlbank auf der Linie der Gewölbekämpfer liegt.

Die aus dem 11. Jahrhundert vorgegebene Anlage führte bei der Aufteilung in Doppeljoche dazu, daß im Westen ein schmales, querrechteckiges Joch übrigblieb, das ein Gratgewölbe erhielt. Das System greift also mit der Hälfte eines Doppeljochs in den Westbau ein und schlägt dessen mittleren Teil dem Mittelschiff zu, wo es ursprünglich eine horizontale Unterteilung gab. Die Grenze des Westbaus ist innen durch eine Pfeilervorlage sichtbar, die bis unter die Mitte des Schildbogens aufsteigt. Erstaunlicherweise wurde der für das gebundene System neu zu errichtende Pfeiler nicht halbierend in den Westbau eingestellt, sondern deutlich nach Westen verschoben, so daß zwei sehr unterschiedliche Arkaden entstehen. Beide sind, wie auch die Öffnungen darüber, bezeichnenderweise spitzbogig, so wie dem Polsterkapitell oben ein fast vollentwickeltes Knospenkapitell für die Halbsäule vorgesetzt wird. Die Arbeiten im Westbaubereich dürften infolgedessen trotz der formalen Anpassung an das Langhaus erst um oder nach

1240 erfolgt sein. Über den Seitenschiffen öffnen sich die Türme als Emporen und lassen darin eine Erinnerung an den alten Westbau weiterleben. Die größere östliche Öffnung ist nicht unterteilt, während der kleinen westlichen Doppelsäulchen in der Mitte und am Gewände eingestellt sind, die über kleinen Rundbögen ein geschlossenes Bogenfeld tragen. Ihre Kapitelle zeigen Ansätze zum Weinlaub. Insgesamt kann kein Zweifel bestehen, daß die merkwürdige rechteckige Form der Türme durch die Seitenkompartimente des alten Westbaus bedingt war. Bis auf die zusätzliche Pfeilervorlage und einen breiteren Gurt in den Seitenschiffen geben sich die Türme sonst im Innenraum nicht zu erkennen.

Ist der Wandel der Formen am Westbau deutlicher spürbar, so tritt das eigentliche Repertoire dieser Architektur nur am Portal zutage, während sowohl im Inneren als auch im Aufbau des nördlichen Turmes zwar größere Leichtigkeit zu spüren ist, aber doch das traditionelle Formengut dominiert. Das gilt in noch stärkerem Maß für Chor und Langhaus, deren wichtigste Formen sich eindeutig auf das Langhaus des Domes beziehen, das bereits mindestens 30 bis 40 Jahre vollendet war und dessen Formen am Dom selbst im Westchor von einem etwas anderen Kanon abgelöst worden waren, was insbesondere für Profile und Polsterkapitelle gilt. Die spezifisch wormsische Architektur lebte also mit einer leichten Weiterentwicklung der Einzelheiten bei den etwas kleineren Bauten weiter, was alle Überlegungen hinsichtlich einer absoluten Chronologie außerordentlich erschwert. In der Martinskirche präsentiert sich uns die reife oberrheinisch-wormsische Gewölbebasilika in einem ihrer schönsten Beispiele.

Worms. Die ehemalige Stiftskirche St. Paul

Geschichte

Im Jahre 1002 gelang es Bischof Burchard mit Hilfe des Kaisers Heinrich II., die salischen Gaugrafen und Herzöge aus der Stadt zu verdrängen. Ihre Burg, die wahrscheinlich an der Stelle von St. Paul stand, wurde geschleift und um 1016 durch die Stiftskirche ersetzt. Von dieser haben sich Mauerfluchten und wohl auch die beiden westlichen Rundtürme erhalten. Durch Grabungen konnte geklärt werden, daß es sich wiederum um eine dreischiffige, querschifflose Pfeilerbasilika gehandelt hat mit schmalem eingezogenen Rechteckchor im Osten und einem quadratischen Baukörper zwischen den Westtürmen, den man eher als Westbau denn als Westchor ansprechen muß. Am Anfang des 13. Jahrhunderts fanden tiefgreifende Veränderungen statt, wovon noch heute der Ostchor und der Westbau zeugen. Nach der Zerstörung von 1689 wurde das Langhaus in den Jahren 1706 bis 1716 als flachgedeckter Saal ohne Unterteilung in Schiffe erneuert. Das Stift wurde 1803 aufgehoben, die Kirche profaniert. Seit 1928 dient sie den Dominikanern als Klosterkirche.

BESICHTIGUNG

Das Äußere

Obwohl die beiden Rundtürme aus dem ersten Drittel des 11. Jahrhunderts im unteren Teil fast gänzlich vom Westbau und dem barocken Langhaus umbaut sind, kann man auf der Nordseite den gesamten Schaft überblicken, der mit Ausnahme seiner Bekrönung zum ursprünglichen Bestand gehört. Er vermittelt einen guten Eindruck vom Aussehen der alten Domwesttürme. Die drei Geschosse sind unterschiedlich hoch, das unterste reicht bis zur Traufe des Westbaus. Die Geschoßteilung erfolgt durch Rundbogenfriese, die aus kleinen Steinen gemauert sind. Ebenso sind die Mauerflächen aus hammerrechten, zum Teil im Format unregelmäßigen Kleinquaderwerk, während die ganz flachen Lisenen wie am Dom und auf der Limburg aus langen, hochformatigen Platten mit zwischengeschobenen Bindersteinen bestehen. Sie sind in den Hauptachsen angeordnet. Da man im Obergeschoß die offenen Doppelarkaden mit schlanken Mittelsäulchen und Sattelkämpfer ebenfalls in die Achsen setzen wollte, wurden die Lisenen dort um 45 Grad in die Diagonale gedreht. Trotzdem führte man die unteren Lisenen bis unter die Fenstersohlbank weiter und ließ sie dort enden. Ähnliches ist in der Wormser Spätromanik häufiger anzutreffen.

Ganz ungewöhnlich sind die Turmhelme, durch die man am Anfang des 13. Jahrhunderts die ehemaligen Kegeldächer ersetzte. Sie haben die Form kleiner, kreuzförmiger Zentralbauten mit Querarmen, Giebeldächern und Rundbogenöffnungen; darüber ein achtseitiger vierungsturmartiger Aufsatz von einer Kuppel überwölbt, die Seiten von Giebeln bekrönt. Das Ganze ist gemauert und verputzt, jedoch ohne Gliederungselemente wie Gesimse und Profile. Man hat mit Recht angenommen, daß es sich dabei um Anregungen aus dem Orient handelt – vermittelt durch die Kreuzzüge. In der Tat könnte man an eine modellhaft verkleinerte byzantinische Kirche denken. In der rheinhessischen Umgebung gibt es eine Reihe weiterer Beispiele (Guntersblum, Alsheim, Dittelsheim), die möglicherweise etwas jünger sind. Ob ein Bezug zum Heiligen Grab vorliegt, mag dahingestellt bleiben. Es muß aber daran erinnert werden, daß wir aus der Buchmalerei schon sehr frühzeitig die Darstellung phantastischer Turmaufsätze kennen. Möglicherweise handelte es sich dabei um hölzerne Konstruktionen. Durch ältere Ansichten sind solche für die Marienkirche in Utrecht und St. Cäcilien in Köln belegt. Komplizierte, vielgestaltige Turmabschlüsse mit formalen Verwandtschaften sind auch aus Mittel- und Südwestfrankreich bekannt (z. B. Brantôme). Der Kontrast zu den zylindrischen Schäften ist sehr auffällig. Der unvoreingenommene Betrachter fühlt sich an Formen des Jugendstils vom Anfang des 20. Jahrhunderts erinnert.

Der Westbau tritt als quergelagerter Baukörper mit querlaufendem Satteldach weit vor die Fluchten des Langhauses vor. Bekrönt von einem achteckigen Mittelturm, greift er zusammen mit den beiden zurückliegenden schlankeren (älteren) Türmen den Typ des Speyerer Westbaus auf. Lisenen, Rundbogenfriese unter der Traufe und entsprechend bei den beiden Geschossen des Mittelturmes sowie den seitlichen Giebeln fügen ihn in die romanische Tradition ein und lassen ihn auf den ersten Blick altertümlicher erscheinen, als er es seiner Entstehungszeit nach ist. Die große Rose mit Neunpaß und reich und zart profiliertem Gewände, das Portal mit seinen Schaftringsäulchen darunter und vor allem die durch ein Kaffgesims verbundenen Strebepfeiler mit ihren Satteldächern weisen darauf hin, daß wir es wiederum mit einem Bau der spätesten Romanik mit frühgotischen Gliederungselementen zu tun haben, die hier jedoch, vorgegeben durch den Bautypus, so integriert werden, daß kein Bruch mit der Tradition entsteht. Um das Portal herum, das eng mit demjenigen von St. Martin verwandt ist, zeigen sich die Spuren einer einjochigen Vorhalle. Im Hinblick auf Otterberg wird man an eine Datierung um 1240 denken können. Über der Rose wächst vor dem Untergeschoß des achtseitigen Mittelturms ein kleiner Treppenturm aus dem Dach. Ein weiterer tritt unvermittelt an der Nordwestkante zwischen den Strebepfeilern im Obergeschoß hervor.

Noch vor dem Westbau, wohl um 1210, erhielt die Kirche ein neues Chorjoch mit einer polygonalen Apsis aus fünf Seiten des Zehnecks (Bild 84). Da der Bau klein ist, füllen die geschrägten Fenstergewände mit profilierten Kanten jeweils die ganze Breite einer Seite

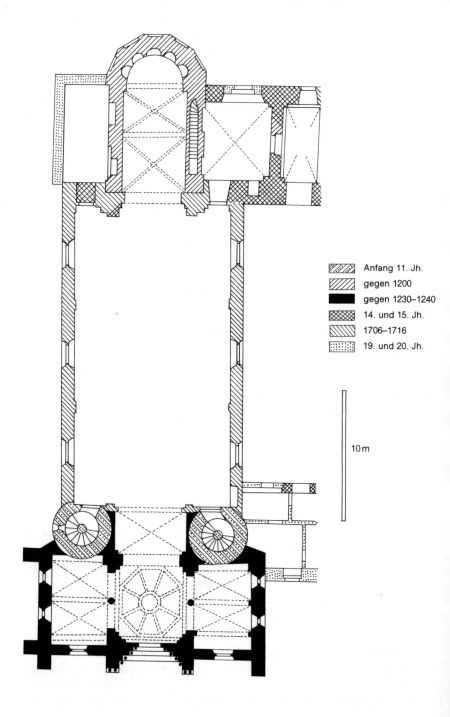

Worms, St. Paul

aus. An den Kanten steigen profilierte Lisenen auf, die sich unmittelbar über den Fenstern zu einem Bogenfries verbinden. Sie beginnen unten bis zu den Fenstersohlbänken breiter und werden dann auf ein normales Maß reduziert, wobei das Kantenprofil sich um den Vorsprung herum verkröpft. Über einem Horizontalgesims schließt eine Zwerggalerie die Apsis ab, die mit ihren sich stark verjüngenden Säulen und dem Fehlen eines profilierten Steinbalkens als Kämpfer über den Kelchblockkapitellen ihre Abstammung von den Westchorgalerien des Domes, insbesondere der des Chorturmes, zu erkennen gibt. Das ist bemerkenswert, weil Kantenlisenen und Bogenfries am Westchor des Domes nicht erscheinen, sondern aus dem allgemein wormsischen Repertoire stammen, das demnach die neueren und jüngeren Elemente voll integriert hatte. Die Apsis ist eng mit derjenigen der Dom genannten Stiftskirche in Fritzlar verwandt, die durch die auf 1194 gesicherte Datierung des anschließenden Chorgewölbes davor, also im unmittelbaren Anschluß an den Wormser Domwestchor, entstanden sein muß. Bemerkenswerterweise gibt es am ganzen Oberrhein keine weitere Apsis dieses Typs mit umlaufender Zwerggalerie. Außen finden sich an den Lisenen plastisch ausgearbeitete Pilgermuscheln, eingeritzte Krukenkreuze und im Inneren eingeritzt ein Schiff mit Kreuz am Mast. Man bringt all dies mit dem Kreuzzug von 1195/98 in Verbindung.

Das Innere

Im Inneren des Chores entsteht wiederum ein typisch wormsischer Eindruck, weil die stark plastisch vortretenden Formelemente mit ihrer Wucht den kleinen Raum fast zu erdrücken scheinen. Das Chorjoch ist stark längsrechteckig und besitzt in den Winkeln Runddienste, die auf ein entsprechendes Rippengewölbe hindeuten. Heute ist er in zwei Joche mit anstuckierten Rippen von 1881 geteilt. Die kleine Apsis ist etwas eingezogen, zweigeschossig und zeigt wegen der Mauerstärke nur ganz kurze Polygonseiten (Bild 87). Sie setzt unten über einem runden Sockel an, über dem fünf halbkreisförmige Rundbogennischen angeordnet sind. Sie werden durch kräftige Halbsäulen getrennt, die unmittelbar in die Nischenrundung überleiten und in den horizontalen Schichtenaufbau des Steinschnitts einbezogen sind. Entsprechend den Halbsäulen ist der Nischenbogen abgerundet, ohne durch ein begleitendes Plättchen als Wulst gekennzeichnet zu sein. Die Wandebene fließt dadurch übergangslos in die Nische – eine eigentümlich weiche, gerundete, aber auch plastisch sich blähende Architektur entsteht. Die Nischenkalotten sind durch ein Gesims abgesetzt, aus dem sich über den Säulen zumeist Kelchblockkapitelle mit schönen, weich geformten Akanthusranken entwickeln. Ein ebenso gestaltetes, kräftiges Gesims schließt das Untergeschoß ab und dient den Fenstern als Sohlbank. Sie nehmen jeweils eine ganze Polygonseite ein. Am Steinschnitt ist leicht zu erkennen, daß es ehemals nur drei waren und die der Diagonalseiten nachträglich eingebrochen wurden. Mit Rücksicht darauf sind die Polygonseiten oben auch unterschiedlich lang. Der heutige Eindruck mit den nur noch dünnen Stegen zwischen den Fenstern ist verfälschend. Den Abschluß über einem profilierten Gesims bildet ein zur Kalotte verschliffenes Klostergewölbe.

Die Bauzier ist ungewöhnlich qualitätvoll durch die organisch weiche Modellierung und differenzierte Oberflächengestaltung der Blätter. Zwei der Kapitelle sind figürlich: ein Löwe, der einen Mann verschlingt, und ein kleiner Mann, der die langen Hälse zweier Flügeldrachen hält (Bild 85 und 86). Bewegung, aber auch Einzelheiten des Körpers nähern sich bei dem unglücklich Verschlungenen naturhaften Vorstellungen. Bauzier dieser Art ist in Worms und am Oberrhein nur selten anzutreffen. Verbindungen zur niederrheinischen Bauskulptur zwischen Andernach, Maria Laach, Bonn, Brauweiler oder Köln zwischen 1210 und 1220 sind nicht zu übersehen. Sie deuten darauf hin, daß in dieser Zeit ein intensiverer Austausch entlang des Rheinlaufs stattfindet, der sich aber offenbar nur auf dekorative Elemente bezog. Wandernde Steinmetzen bieten hierfür die beste Erklärung. Die Oberrheinregion erweist sich dabei als die nehmende, zumal sie der hochentwickelten niederrheinischen Ornamentik in dieser Epoche wenig Gleichwertiges entgegenzusetzen hatte.

Das schmale Verbindungsjoch zwischen Langhaus und Westbau zwischen den runden Westtürmen wird durch eine brückenartig eingehängte Empore in zwei Geschosse unterteilt und damit zugleich der Westbau isoliert. Sein quadratisches Mitteljoch besitzt die Höhe des alten Mittelschiffs und wird von einer achtteiligen Rippenkuppel über Trompen besonders hervorgehoben. In dieser Lösung wirkt der alte Westbaugedanke weiter, genauso wie in den Seitenräumen, die zweigeschossig unterteilt sind. Das entspricht etwa dem Aufbau des Speyerer Westbaus oberhalb der großen Eingangshalle. Die unteren Seitenräume öffnen sich zur Mitte jeweils mit einer spitzbogigen Doppelarkade, die auf schlanken Säulchen mit hohem Kelchknospenkapitell ruht. Die Seitenräume sind in zwei stark querrechteckige Joche unterteilt und werden von scharfkantigen spitzbogigen Gratgewölben überwölbt. Der Gurt setzt am Mittelsäulchen auf einem eigenen kleineren, angearbeiteten Kapitell auf, das ehemals von einem gesonderten Säulchen getragen wurde.

An einer Kämpferplatte befindet sich die Inschrift »RUDEWIN DE VLAMBRUNE« sowie »UXOR SUA MASVILLA«. Beide Namen erscheinen bereits 1227 in Urkunden des Klosters Otterberg. Vermutlich handelt es sich hier um die Stifter.

Im Mitteljoch des Westbaus sind auf der Westseite stufenartig Wandvorlagen angeordnet, über die hinweg ein hölzerner Laufgang die beiden Obergeschosse miteinander verbindet. Diese sind heute zum Mittelraum vollständig geschlossen. Ehemals besaß nur das nördliche eine Verbindungsöffnung. Erstaunlicherweise weichen sie in der Aufteilung von den Untergeschossen, aber auch untereinander ab. Das nördliche überspannen drei schmale Gratgewölbe unterschiedlicher Tiefe, während es auf der Südseite zweieinhalb Joche sind. Die Nordmauer ist dort zum Mittelraum hin nicht nur stärker, sondern war immer geschlossen. In sie eingetieft ist eine leicht gestaffelte Blendarkatur mit freistehenden Säulen über einer durchgehenden Sitzbank. Unmittelbar vor sie gestellt sind die schlanken Säulchen, die die Gurte tragen, mit seitlich schräg gestellten Kapitellen als Konsolen für die Diagonalrippen. Innen ist dieser Mittelraum kreuzrippengewölbt, die Gurte mit Kantenwulsten, die Rippen aus je drei Wulsten gebündelt. Man kann dies als Planwechsel verstehen. Insgesamt handelt es sich um eine überaus reiche architektonische Dekoration für einen hervorgehobenen Raum, der sich durch seinen Altar mit profilierter Platte als Kapelle mit besonderem Anspruch zu erkennen gibt. Davon zeugen auch die aus der Bauzeit stammenden gemalten Figuren in der Blendarkatur. Möglicherweise wurden hier besondere Reliquien verwahrt, worauf Nischen in der Mauer hindeuten.

Kapellen in Obergeschossen von Westbauten sind geradezu typisch für die liturgische Verwendung dieses für die Architektur auf dem Gebiet des alten Reiches so charakteristischen Baukörpers. Sie reichen in der Tradition bis in karolingische Zeit zurück. Zusammen mit St. Thomas in Straßburg ist der Westbau in St. Paul der letzte Vertreter seiner Art an der Schwelle zur Gotik. Seine eleganten Einzel- und Schmuckformen verbinden sich wie selbstverständlich mit der Wormser Tradition und zeugen von der Integrationskraft. Warum man gerade bei St. Paul den anspruchsvollen Typ des Westbaus mit deutlicher Anspielung auf den Speyerer Dom wählte, ist heute nicht mehr so leicht zu beantworten. Sein Raumprogramm wurde im Prinzip auch in der Doppelturmfassade von St. Martin verwirklicht. Vielleicht wollte man sich bewußt von dessen etwa gleichzeitigen Bauvorhaben absetzen. Beide Lösungen zeigen eindrucksvoll die unterschiedlichen Möglichkeiten bei ähnlicher Grundrißbildung.

Worms. Der Zentralbau St. Johannes

Wenigstens kurz soll hier der leider 1806 abgebrochenen Pfarrkirche St. Johannes gedacht werden, die sich als mächtiger Zentralbau südlich des Domquerschiffs erhob. Lage, Gestalt und Patrozinium legen den Gedanken an ein altes Baptisterium nahe, doch fehlt dafür der archäologische Beweis. Durch gute Zeichnungen kennen wir sie in ihrer letzten Gestalt relativ genau. Es handelte sich um einen zehneckigen – doch nicht wie bei Baptisterien üblich oktogonalen – Zentralbau mit einem ebensolchen Umgang, an den im Osten eine Apsis aus vier Seiten des Sechsecks anschloß. Seitlich stand ein Turm auf quadratischem Grundriß, der zum Teil in den Umgang hineinragte und damit auf seine ältere Entstehung hinwies. Er wurde beim Neubau offensichtlich auch außen ummantelt. Die hohe Krypta hatte den gleichen Grundriß, aber offensichtlich keine geformte Gliederung. Der Umgang war breit und wohl kreuzgratgewölbt mit spitzbogigen Gurten.

Der Aufriß des Mittelraumes war zweigeschossig. Die spitzbogigen Arkaden ruhten auf Pfeilern mit eingestellten Halbsäulen, die einen relativ schmalen Unterzug trugen. Die Fenster waren etwas kleiner als die Arkaden, besaßen aber auffälligerweise die gleiche Gestalt. In den Winkeln standen kräftige Dienste, die eine Rippenkuppel trugen. Unter deren Schildbögen waren kleine Fenster angeordnet, ganz ähnlich wie dies beim westlichen Chorturm des Domes der Fall ist. Nicht weniger als drei Gesimse, dazu noch die ornamentierten Kämpferzonen von Arkaden und Fenstern verkröpften sich über die Dienste hinweg und sorgten für eine ausgeprägte Horizontale. Die Form der Arkaden und Fenster deuten wie manches andere auch auf Beziehungen zum Baseler Münster hin. Der Außenbau wirkte dagegen sehr wormsisch, denn sowohl der Umgang als auch der Zentralraum besaßen außer Lisenen und Bogenfriesen auch eine abschließende Zwerggalerie.

Der Umgang war mit der Außenmauerstärke so breit, daß man ihn mit einem umlaufenden Satteldach abdeckte, das sich nach innen zu den Fenstersohlbänken hin wieder absenkte. Dort muß man für ein kompliziertes Entwässerungssystem gesorgt haben. Der Kernbau besaß einen relativ steilen, gemauerten Helm wie der Westchor des Domes, der die Galerie nicht überdeckte, sondern nur den inneren Kern des Baus. Statt eines Pultdaches hatte die Zwerggalerie ein kleines Satteldach, das den großen Helm unten wie ein Wall umringte – für die Silhouette sehr reizvoll, aber mit großen Problemen für die Wasserführung.

Für diesen interessanten Bau gab es in der oberrheinischen Architektur keine Parallele. Hinsichtlich seiner Einzelformen könnte er uns ein besseres Bild der Verflechtung des südlichen Oberrheins mit Worms aus der Zeit nach dem Dombau vermitttelt haben. Besondere Erscheinugen an den nachträglich aufgesetzten Obergeschossen der Dom-Osttürme wären so vermutlich leichter zu erklären.

Literatur

E. Wörner, *Kunstdenkmäler im Großherzogtum Hessen, Provinz Rheinhessen, Kreis Worms,* Darmstadt 1887; K. Nothnagel, *Staufische Architektur in Gelnhausen und Worms* (1927), bearb. von F. Arens, Göppingen 1971; W. Hotz, *Die Wormser Bauschule, 1000–1250,* Darmstadt 1985; G. Dehio, *Handbuch der deutschen Kunstdenkmäler, Rheinland-Pfalz, Saarland,* bearb. v. H. Caspary u. a., München 1985; O. Böcher, *Das St.-Andreas-Stift zu Worms,* in: Rheinische Kunststätten, Neuß 4/1975; ders., *Die St.-Martins-Kirche zu Worms,* in: Rheinische Kunststätten, Neuß 1/1971; F. M. Illert, *St. Paul zu Worms,* (Schnell und Steiner) München 1954; W. Bauer, *Baugeschichte der Pauluskirche und Magnuskirche zu Worms,* Diss. Phil. Gießen, Worms 1936.

Die Nachfolger des Wormser Doms

Kaum ein anderer Bau hat die oberrheinische Hoch- und Spätromanik so nachdrücklich beeinflußt wie der Dom in Worms. Außer den Kirchen in der Stadt selbst trägt eine Reihe von Kirchen im Bistum – aber auch darüber hinaus – die unverwechselbaren Charakterzüge des Domes, wobei es mit zunehmender Distanz schwierig wird, zwischen den spezifisch wormsischen und den allgemein oberrheinischen Eigenheiten zu trennen.

Seebach. Die ehemalige Klosterkirche St. Laurentius

Am Anfang ist hier die kleine ehemalige Klosterkirche St. Laurentius in Seebach bei Bad Dürkheim zu nennen. Von der ehemals dreischiffigen Basilika mit Querhaus stehen nur noch Chor und Vierung mit Turm unzerstört aufrecht (nebenstehende Farbtafel). Das Benedikti-

Die ehemalige Klosterkirche von Seebach von Nordosten. ▷

nerinnenkloster wurde 1136 erstmals erwähnt und stand bis 1210 unter Aufsicht des Limburger Abtes. Wie die Reste des Querhauses beweisen, war der Bau uneinheitlich und besaß ältere Teile aus dem 12. Jahrhundert Der rechteckige Chor mit seiner dreigeteilten Stirnseite erscheint als verkleinerte und erheblich niedrigere Kopie des Wormser Ostchores. Die Übereinstimmungen bei den Fenstergewänden, den profilierten Lisenen und Rundbogenfriesen und dem um die Lisenen verkröpften Sockel sind so offenkundig, daß sie nicht weiter beschrieben werden müssen. Das gilt auch für den Giebel. Die Fenster sind etwas zur Mitte zusammengerückt, um die große Mauerstärke der Seitenmauern zu überspielen. Unter dem Bogenfries sind auch hier Wasserspeier zur Entwässerung der Gewölbetrichter angeordnet. Der Vierungsturm wirkt erstaunlich schlank, obwohl er die Gesamtfläche der Vierung beansprucht. Das liegt vor allem an den sehr kleinen Zwillingsöffnungen und dem Fehlen von Kantenlisenen, denn der Bogenfries läuft oben ohne Vertikalgliederung um.

Im Inneren sind die Vierungsbögen sehr kräftig ausgebildet und deutlich zugespitzt, mit Polsterkapitellen und reich profilierten Kämpfern wie in Worms (Bild 88). Die Eckvorlagen des Chores sind mit ihren Dreiviertelsäulen, Polsterkapitellen und Kämpfern ebenfalls gestaltet wie im Wormser Dom. Die Schildbögen verlaufen spitzbogig, ebenso das Gewölbe mit seinen stark ansteigenden Scheiteln und den schweren Rippen mit aufgelegtem geschärftem Wulst. Im Ansatz erkennt man breite Bandrippen wie über den Wormser Ostteilen, die dann aber zugunsten einer moderneren Form aufgegeben wurden. Das Innere wirkt gedrungen und schwer, weil die Architektur nicht im gleichen Verhältnis verkleinert wurden wie der Raum selbst. Das Verhältnis von Breite zu Höhe spielte offenbar keine Rolle. Trotz der formalen Nähe zum Wormser Dom läßt sich die Bauzeit der erhaltenen Teile nicht genauer eingrenzen, weil das Formenrepertoire über einen längeren Zeitraum hinweg benutzt wurde. Nach 1160 und vor 1200 schlagen wir als Datierung vor.

Bechtheim. Die Pfarrkirche St. Lambert

In Bechtheim bei Worms begegnet uns eine stattliche Flachdeckenbasilika aus der Epoche des Wormser Dombaus. Der Ort war seit dem 8. Jahrhundert Besitz des Hochstifts Lüttich. Das dortige Augustinerchorherrenstift St. Ägidius besaß seit 1128 das Patronatsrecht über die für den kleinen Ort ungewöhnlich große Pfarrkirche St. Lambert. Außer einer vermutlichen Wallfahrt dürfte es wohl ein Priorat gegeben haben.

Eine querschifflose Basilika von annähernd gleicher Größe wie die heutige konnte als Vorgängerbau aus dem frühen 11. Jahrhundert durch Grabungen nachgewiesen werden. Teile der alten Seitenschiffmauer haben sich am Ostende des Nordseitenschiffs erhalten. Um 1120/30 wurde dieser Kirche ein mächtiger Westturm in der Breite des Mittelschiffs vorgesetzt, dessen beide unteren Geschosse erhalten sind. Sie werden mittels flacher Lisenen, die Rund-, Doppelbögen und Rundbogenfriese tragen, geschoßweise gegliedert. Das mächtige Stufenportal ohne eingestellte Säulen stammt erst vom Ende des Jahrhunderts.

In einer dritten Bauphase entstand die heutige querschifflose Pfeilerbasilika mit niedrigerem rechteckigen Chor (Bild 89). Unter Bischof Heinrich von Lüttich (1145) ist von Bauarbeiten die Rede, und da die sparsame Bauzier am Chorbogen mit dem Nordportal des Domes verwandt ist, wird man an die Ausführung um 1160/70 denken können. Die gedrungenen stämmigen Pfeiler aus Quaderwerk auf attischem Basisprofil und mit karniesförmig kräftig profilierten Kämpfern, dazu die kräftige Mauerstärke, die in den Arkaden und den stark geschrägten Fenstertrichtern sichtbar wird, sind sehr charakteristisch für eine flach gedeckte oberrheinisch-wormsische Flachdeckenbasilika aus der zweiten Hälfte des 12. Jahrhunderts. Ob der niedrigere gratgewölbte und mit Winkelvorlagen und Schildbögen ausgestattete Chor einer späteren Bauphase angehört, ist eher unwahrscheinlich. Nach Ausweis der neben dem Chorbogen eingestellten Eckdienste mit Schildbogenvorlagen und des Schildbogens über dem Chorbogen sollte das östliche Joch als Psalierchor eingewölbt werden. Hier sind die Rundbogenarkaden deutlich höher und dichter zusammengerückt, so daß am zweiten Freipfeiler die Kämpfer gegeneinander versetzt sind.

Man wird hier weniger einen Planwechsel im Hinblick auf die gesamte Kirche erblicken wollen als vielmehr nur die Aufgabe einer reicheren Ostlösung. Diese deutet an, daß es sich um mehr als nur eine einfache dörfliche Pfarrkirche gehandelt hat. Das Niveau des Chores sollte ursprünglich erheblich höher liegen. Das hängt mit einem tonnengewölbten Durchgang unter dem Chor zusammen, der heute zu einer bühnenartigen Erhöhung des östlichen Abschnitts führt. Dieser Durchgang war ursprünglich nach den Seiten durch große Torbögen eröffnet. Da es sich kaum um die Überbauung eines alten Weges handeln dürfte und auch die Funktion als Krypta ausscheidet, ist hier wohl in der Tat an einen Prozessionsweg zu denken. Auf dem Gewölbe dieses Durchgangs haben sich Ritzzeichnungen erhalten, die aber nicht als baumeisterliche Planung zu deuten sind, sondern als Versuche für Darstellungen in der Wandmalerei. Der Rückschluß auf ein hier ansässiges Bauatelier dürfte kaum zutreffen.

Die Bechtheimer Kirche ist ein Zeugnis für das Fortbestehen der Flachdeckbasilika neben oder in Kombination mit dem Gewölbebau in der zweiten Hälfte des 12. Jahrhunderts. Darüber hinaus belegt sie, daß die Zugehörigkeit zur Diözese Lüttich nicht die geringsten Rückwirkungen auf die Baugestalt hatte.

Lobenfeld. Die ehemalige Augustinerinnenkirche St. Maria

Ein besonders enges Verhältnis zum Wormser Dom zeichnet die ehemalige Augustinerinnenkirche St. Maria in Lobenfeld südöstlich von Heidelberg aus. Zwischen 1145 und 1152 wurde der Ort dem Kloster Frankenthal geschenkt in der Absicht, hier ein Augustinerchorherrenstift zu errichten. Da es sich um Lehnsgut handelte, wurde die Zustimmung des deutschen Königs Konrad III. sowie des schwäbischen Herzogs Friedrich dazu eingeholt. 1187 erfolgte noch einmal die Bestätigung durch Kaiser Friedrich I. Sehr bald erfolgte die Umwandlung in ein Augustinerinnenstift, das sich noch vor 1326 der Zisterzienserregel anschloß.

Trotz der formalen Nähe zu den Ostteilen des Domes wird man die Bauzeit nicht vor 1170/80 ansetzen wollen, weil in den Fenstern des Chorjochs und unter den Rundbogenfriesen ein gekerbtes Diamantband erscheint, dessen Einzelteile blütenförmig wirken und in England den Namen »Hundszahn« tragen. Dieses Ornament ist nicht vor Ende des 12. Jahrhunderts bei uns bekannt.

Von der ursprünglich dreischiffig geplanten Kirche wurden nur das Querhaus aus drei Quadraten und der ebenfalls quadratische, gerade schließende Chor ausgeführt (Bild 90). Das einschiffige Lang-

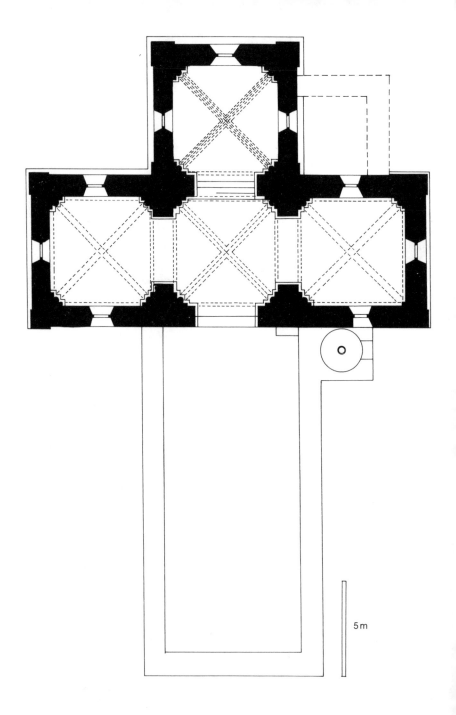

Lobenfeld

haus entstand im 15. Jahrhundert und ist heute profaniert. Über kräftigem Sockel zeigt das einfache Äußere breite, nicht profilierte Kantenlisenen, zwischen die ein profilierter Rundbogenfries gespannt ist. Der auf Fernsicht angelegte Nordquerarm ist gequadert, während Chor und Südquerarm in den Mauerflächen Kleinquaderwerk zeigen. Das Scheitelfenster des Chores folgt in den Profilen den Formen des Wormser Ostchores, ebenso mit Löwe und Flügeldrachen auf der Sohlbank, besitzt aber im Bogen die zusätzliche Rahmung durch einen Rundbogenfries. Auch das Traufengesims mit dem doppelten, gelochten Eierstabmotiv folgt dem Wormser Ostbau. Die Giebel sind leider verloren, und in die Ostfront hat man im vorigen Jahrhundert ein neuromanisches Portal eingesetzt.

Im Inneren wirken die mächtigen Vierungspfeiler zusammen mit den in den Winkeln eingestellten Diensten zwischen eckigen Schildbogenvorlagen und den schweren Gewölberippen für den kleinen Raum fast erdrückend. Breite Bandrippen in den Querarmen, Wulstrippen über Bandrippenanfängern in der Vierung und im Chor Bandrippen mit gekehlter und gekerbter Unterseite als Vereinfachung des wormsischen Mittelschiffprofils passen ganz in das Repertoire der Baugruppe. Ob die schweren, zugespitzten Vierungsbögen einen Vierungsturm tragen sollten, muß offenbleiben. Bei den Kapitellen der Pfeiler und Winkelvorlagen fällt auf, daß das charakteristische Polster in der Höhe erheblich reduziert, aber um einen kräftigen Sägefries bereichert ist, während die steile Kämpferplatte zwar gelegentlich die reiche wormsische Profilierung, in der Regel aber abstrakte, relativ derbe Palmetten, diamantierte Kreuzbögen und Brezelformen zeigen.

Da das Fragment einer Altarmensa ein Säulenkapitell in der Straßburger Form aufwies, wird man insgesamt an eine vergröberte Nachfolge aus dem Bestand des Wormser Westchores denken wollen – im Grundkanon allerdings geprägt durch die Ostteile. Die Vermittlung erfolgte wohl auf dem Weg über Frankenthal. Besonders aufschlußreich ist ein Vergleich mit Seebach. Beide Bauten schöpfen aus derselben Quelle und zeigen folglich viele Übereinstimmungen im Detail. Auch der Grundcharakter schwerer Massigkeit ist beiden gemeinsam. Dennoch ist die Ausführung sehr unterschiedlich und legt Zeugnis ab für die Individualität der Baumeister selbst kleinerer Bauten. Der Unterschied besteht vor allen Dingen in den Proportionen und dem Verhältnis der Bauglieder zum Raum, in dem sie stehen. Der gedrungenen Breite von Seebach steht die eingeengte steile Räumlichkeit von Lobenfeld gegenüber.

Frankenthal. Das ehemalige Augustinerchorherrenstift St. Maria Magdalena

Die zweifellos bedeutendste Anlage dieser Gruppe war die Kirche des ehemaligen Augustinerchorherrenstifts in Frankenthal. In dem schon 772 erwähnten Ort gründete 1119 der heilige Erkenberg das Chorherrenstift, das 1140 zur Abtei erhoben wurde. 1562 säkularisiert, wurde die Kirche 1820 größtenteils abgerissen. Nur die nördliche Seitenschiffmauer, der veränderte südliche Turm und der untere Teil der Westfassade mit dem sehr bedeutenden Portal blieben erhalten. Eine Weihe von 1142 galt bereits einer Vergrößerung des ursprünglichen Baus. Die Weihe von 1181 bezieht man auf die durch ihre Überreste, aber auch durch alte Ansichten und Grabungen relativ gut bekannte Kirche.

Diese wurde vor einem Brand von 1171 begonnen, der sie zum Teil beschädigte. Es handelte sich um eine flachgedeckte Pfeilerbasilika mit Querschiff aus drei Quadraten, einem dreischiffigen Chor, der in Apsiden schloß, und kleinen Nebenapsiden an den Querarmen, so daß die Ostanlage insgesamt fünf Apsiden besaß. Wie bei zahlreichen Bauten der Hirsauer Reformklöster sollten Türme über den Ostenden der Seitenschiffe stehen, von denen nur der südliche ausgeführt wurde. Der Obergaden des Langhauses war demjenigen von Bechtheim und St. Martin in Worms sehr ähnlich. Hervorzuheben ist, daß für eine große Stiftskirche in der zweiten Hälfte des 12. Jahrhunderts die Form der Flachdeckenbasilika gewählt wurde.

Unser besonderes Augenmerk gilt der erhaltenen Westfassade. Hier zeichnet sich ein niedriger, weitgespannter Schildbogen ab, der auf eine geplante, aber möglicherweise nicht ausgeführte Vorhalle hindeutet. Das mächtige Säulenstufenportal schließt sich eng an das Nordportal des Wormser Domes an mit sehr genauer Übereinstimmung der fein gearbeiteten Bauornamentik (Bild 92). Auch hier erscheinen Adlerkapitelle im Kämpferfries. Das glatte Bogenfeld ist von einem Akanthusrankenfries gerahmt – ähnlich wie beim Dom, wo es nach innen gewendet ist. Die äußere Archivolte wird von einem Fries fächerförmig ausgebreiteter Akanthusblätter gerahmt, die sich mit diamantierten Halbkreisen überkreuzen. Am äußeren Rundstab erscheinen in einzigartiger Weise vereinzelt kleine Tiere und menschliche Figuren. Den unteren Abschluß des Bogenfeldes bildet ein Fries mit Drachen, deren an den Schwänzen verschlungene Leiber von ungewöhnlich weicher organischer Plastizität sind. Im Kopf des Bogenfeldes ist die Fabel des Aesop mit dem Wolf und Kranich dargestellt

(Bild 91). Auf das Patrozinium der Kirche St. Maria Magdalena gibt es keine Hinweise.

Das Weihedatum 1181 paßt gut zu demjenigen des Wormser Domes im selben Jahr und den Veränderungen seines Nordportals durch Anbringung des Privilegs 1184. Dabei übersieht man aber, daß der Grundbestand des Domnordportals durch die neue Datierung der Mittelschiffmauern 1161/63 bereits vor diesem Datum ausgeführt sein muß. Bei der engen Übereinstimmung der sehr feinteiligen Akanthusornamentik kann man auch das Frankenthaler Portal nicht allzu weit von diesem Datum abrücken, so daß es möglicherweise wie auch die übrige Kirche schon vor dem Brand von 1171 entstanden ist und die Zeitspanne danach nur Wiederherstellungsarbeiten umfaßte.

Dackenheim. Die Pfarrkirche St. Maria

Das Formengut des Wormser Domes prägte auch eine Reihe kleiner ländlicher Kirchen im weiteren Umkreis. Wir wählen als besonders aussagefähiges Beispiel die Kirche in Dackenheim (Kreis Bad Dürkheim). Sie vertritt den in unserem Bereich weit verbreiteten Typ der Chorturmanlagen, der sich hier vollständig erhalten hat, während das Langhaus in Form einer Saalkirche aus dem 18. Jahrhundert stammt, unter Verwendung von Bauteilen des vermutlich gleichartigen romanischen Vorgängers (Bild 93). Der mächtige, ursprünglich nur dreigeschossige Chorturm ist als selbständiger Baukörper aufgefaßt, an den das Langhaus und die kleine Halbkreisapsis nur angesetzt sind. Das Untergeschoß aus feinem Quaderwerk mit Sockel, profilierten Lisenen, Bogenfries, Sägefries und reich profiliertem Horizontalgesims ist das aufwendigste. Während im zweiten nur die Architekturglieder aus Werkstein, die Flächen aber aus hammerrechtem Kleinquaderwerk bestehen und das Horizontalgesims deutlich reduziert ist, fehlt die Gliederung im dritten Geschoß ganz bis auf die als Zwillingsöffnung angelegte Schallarkade. Insgesamt entspricht dies ziemlich genau dem Gliederungsprinzip der Türme von St. Andreas mit der stufenweisen Reduzierung nach oben, aber auch in der Verwendung von Mittellisenen auf jeder Seite. Die ebenfalls sorgfältig gequaderte Apsis verwen-

weiter Seite 327

Die Bildseiten

85

88

SEEBACH

LOBENFELD

FRANKENTHAL

93

95

OFFENBACH-AM-GLAN

97

SELIGENSTADT

det das gleiche Repertoire aus feinem Quaderwerk. Allerdings wurde das Scheitelfenster als Gruppenfenster im 13. Jahrhundert verändert.

Im Inneren begegnen wir wieder den schweren Formen der Wormser Spätromanik, deren Wucht vor allen Dingen dadurch verursacht wird, daß für den kleinen Raum die Dimensionierung der Einzelglieder gegenüber dem Großbau kaum reduziert wurde. Wie in Seebach sind die Proportionen gedrungen. Apsis-, Chor- und Schildbögen sind zugespitzt. Das kuppelig ansteigende Gewölbe wird von schweren Rundstabrippen mit Bandunterlage unterteilt. Die Kämpfer der Eckvorlagen und der dicken Dienste in den Winkeln sind zugleich Kapitelle und zeigen daher Palmettenornamentik. An den Längsseiten des Chorquadrums erscheint jeweils eine Dreierblendarkade auf schlanken Säulchen, die nach Ausweis ihrer Kapitelle und flachen Basen nachträglich eingefügt sind, offenbar zur gleichen Zeit, als man das Scheitelfenster in der Apsis veränderte. Bemerkenswert ist, daß man kurz nach Vollendung des Baus um 1180, Anfang des 13. Jahrhunderts noch einmal bereichernde Architekturformen einfügte. Am Westgiebel befindet sich eine Darstellung in derben, einfachen Formen, die inhaltlich als Sündenfall gedeutet wird.

Während Dackenheim ein Marienpatrozinium besitzt, ist die eng mit ihm verwandte Kirche in Vogelbach westlich von Kaiserslautern Philippus und Jakobus geweiht. Obwohl zum Bistum Metz gehörig, ist die einschiffige Saalkirche mit eingezogenem Rechteckchor und Halbkreisapsis ganz auf Worms bezogen. Letztere erscheint aufgrund der dichteren Lisenenfolge und des hohen Sockels reicher als die von Dackenheim. Der Bogenfries verläuft leicht alternierend in der Höhe.

Rothenkirchen. Refektorium des ehemaligen Prämonstratenserklosters

Obwohl nicht ganz so eng mit dem Wormser Dom verbunden, sei hier noch das Refektorium des ehemaligen Prämonstratenserklosters Rothenkirchen bei Kirchheim-Bolanden angefügt. Um 1160 wurde das Kloster als Augustinerchorherrenstift gegründet, dann mit Prämonstratenserinnen und ab 1180/90 mit Prämonstratensern (Chorherren) besetzt. Auf die Stifter verweist die Inschrift am Eingang »Hanc domum fecerunt Werner et Guda«: »Dieses Haus errichteten

Werner (von Bolanden) und Guda (seine Frau).« 1554 wurde das Stift aufgehoben und als Gutshof weitergeführt.

Von der Gesamtanlage blieb nur das zweischiffige, sechsjochige Refektorium erhalten, das um 1200 entstanden sein dürfte. Im Äußeren zeichnen sich Schildbögen und Vorlagen für den gewölbten Kreuzgang noch deutlich ab. Die gestuften Pfeilervorlagen gehen unten in einen geschlossenen Block über mit pyramidenförmigen Überleitungen in den Winkeln, die den Eußerthaler Pfeilerbildungen entsprechen. Auf der gegenüberliegenden Seite tritt die Lesenische aus der Flucht hervor, zu der parallel ungegliederte Strebepfeiler mit langen Schrägen den Bau sichern. Sie erinnern an den Ostbau von Maulbronn. Dekorationsformen fehlen völlig, und Kleinquaderwerk bestimmt die Erscheinung.

Das fein profilierte Tympanon wird von der Inschrift gerahmt »Sedibus his panem carni, verbum dabis, auri Delicius verbi sacius quam pane cibaris«: »An diesem Sitz gibst du das Brot dem Leibe (Fleisch), das Wort dem Ohr. Doch durch Freuden des Wortes wirst du besser genährt als durch Brot.« Sie spielt auf die Regel des Vorlesens heiliger Schriften während des Mahles an.

Betritt man das Innere, so findet man sich in einem Stall wieder, als welcher die schöne, zweischiffige Halle noch immer genutzt wird (Bild 94). Trotzdem hat sie wenig darunter gelitten, auch wenn der Boden etwa 80 Zentimeter zu hoch liegt und dem Raum seine Eleganz nimmt. Deutlich verjüngte Säulen tragen die Kreuzrippengewölbe mit stark steigenden Scheiteln. Scheid- und Gurtbögen sind sichelförmig, und die Wulstrippen verjüngen sich tütenförmig zum Auflager hin. Die Kapitelle mit ihren breiten, glatten Blättern, kleinen Voluten und palmettengefüllten Zwickeln folgen einheitlich dem Typ des Wormsisch-Straßburger Typus vom Westchor des Domes, wie wir sie auch am romanischen Portal der Pfarrkirche im nahen Orbis finden. Als Wandvorlagen dienen Pfeiler mit begleitenden kleinen Säulchen. Nächst verwandt ist der Kapitelsaal in Otterberg, so daß hier – wie bei den Prämonstratensern nicht anders zu erwarten – die zisterziensische Variante der oberrheinisch-wormsischen Architektur zum Tragen kommt, wobei Säulen und Kapitelle den unmittelbaren Bezug zum Dom herstellen.

Die letzte Phase der Spätromanik

Wie wir schon bei einer Reihe von Bauten feststellen konnten, ändert sich das architektonische Formengut ab 1210 nach und nach fast vollständig. Die Einzelformen der Wandvorlagen mit ihren Basen, Kapitellen, Schaftringen, der Gurtbögen und Rippen, der Strebepfeiler am Außenbau und der Fenstergewände entstammen ohne jeden Zweifel der französischen Frühgotik des 12. Jahrhunderts, wobei der durch die Zisterzienser vermittelte Weg über Burgund nicht zu belegen ist, eher der direkte Bezug zu Bauten wie der Kathedrale von Laon. Unter entwicklungsgeschichtlichen Aspekten wird daher häufig von »Frühgotik« gesprochen, während man früher den Begriff »Übergangsstil« benutzte. Es ist jedoch unverkennbar, daß die neuen Formen mit den spätromanischen Charakteristika der oberrheinisch-wormsischen Architektur ein Amalgam bilden. Dies gilt einerseits für die plastische Steigerung und Umgestaltung der Einzelform, wie wir sie in Maulbronn beobachten können, und andererseits für das Einfügen in traditionelle Bautypen mit Überkreuzungen herkömmlicher Dekorationsformen wie am Westbau von St. Paul in Worms. Von diesen beiden Beispielen abgesehen, haben wir die entsprechenden Erscheinungen am Westbau von St. Martin in Worms und der Vorbereitung der Langhauswölbung in St. Andreas dortselbst, aber auch im Westen der Abteikirche in Otterberg und in Eußerthal beobachten können. Ein Vergleich mit den entsprechenden Erscheinungen der niederrheinischen Architektur wäre reizvoll, wobei dort die Rezeption französischer Formelemente nicht so eindeutig faßbar ist. Den Streit um eine abstrakte Begrifflichkeit »spätromanisch« oder »frühgotisch« halten wir für unfruchtbar, sobald man die grundsätzlichen Fakten anerkennt. Die Einbindung in die noch wirkkräftige Tradition scheint uns trotz der Neuerungen unübersehbar. Wir möchten daher nun einige weitere Beispiele anfügen: Offenbach am Glan, Pfaffenschwabenheim, Sponheim, Enkenbach, Pforzheim und die Ostteile von Seligenstadt. Selbstverständlich gehörten auch die Marienkirche in Gelnhausen und die Peterskirche dortselbst zum Umkreis des Wormser Doms, doch würde ihre Einbeziehung den Umfang dieses Bandes sprengen. Sie werden im Band über die Romanik in Hessen und Franken erscheinen.

Offenbach am Glan.
Die ehemalige Benediktinerpropsteikirche St. Maria

An den Anfang stellen wir die ehemalige Benediktinerpropsteikirche St. Maria in Offenbach am Glan, weil sie am vollständigsten den neuen Formenkanon repräsentiert. Die Stiftung erfolgte kurz vor 1150. Die ersten drei Mönche kamen aus St. Vincent in Metz, dem die Propstei bis zur Aufhebung 1556 verbunden blieb. Obwohl die Metzer Mutterkirche jünger ist, könnte hier eine Erklärung für den westlichen Einfluß zu suchen sein. Andererseits konnten wir bei einer Reihe anderer Bauten feststellen, daß derartige Beziehungen für die Formgebung keine Rolle gespielt haben. Aus stilistischen Gründen vermutet man den Baubeginn um 1225, den Abschluß des Langhauses etwa gegen 1300 und die Vollendung des Vierungsturms im frühen 14. Jahrhundert. Leider wurde das Langhaus 1808/10 abgerissen, nur das südwestliche Eckjoch blieb erhalten. In dieser Breite um ein weiteres Mittelschiffjoch verlängert, errichtete man 1892/94 einen neuen Abschluß.

Das dreischiffige basilikale Langhaus war ursprünglich in gleichmäßiger Jochfolge im Mittel- und Seitenschiff gewölbt – mit querrechteckigen Jochen im Mittelschiff – und zeigte in dieser Hinsicht eine deutliche Abwendung von der romanischen Tradition. Der Grundriß der erhaltenen Ostteile ist sehr konventionell: die Vierung quadratisch, ebenfalls der Südquerarm, der Nordquerarm wegen des Geländes etwas verkürzt, nach Osten anschließend ein sehr schmales

Chorjoch mit eingezogener, polygonaler Apsis, zwei breite niedrigere Polygonalapsiden an den Querarmen, auf der Nordseite die ganze Breite einnehmend, auf der Südseite durch einen schmalen Zwischenraum vom Hauptchor getrennt (Bild 95).

Die damit vorgegebene Disposition der Baukörper folgt einem traditionellen Schema, was vor allem auch dadurch zum Ausdruck kommt, daß die Hauptapsis erheblich niedriger ist als das Sanktuarium und damit noch nicht den Charakter eines gotischen Chorpolygons einnimmt. Auch die polygonale Brechung kann noch nicht als innovativ in Anspruch genommen werden. Am Außenbau dominieren die schweren, vielfach durch Wasserschläge gestuften Strebepfeiler mit Satteldächern und Lilienaufsätzen, wie wir sie seit Maulbronn kennen. Sie stehen an den Kanten der polygonalen Apsiden und vor der Stirnseite des Querhauses erst an dessen Südwestkante übereck. Am Chorjoch fehlen sie noch ganz, ebenso an dem völlig geschlossenen schlanken Vierungsturm. Kleine Spitzbogenfenster sind in die Mauermasse eingetieft. Sie werden jedoch gerahmt durch ein überaus kräftiges, von Kehlen begleitetes Wulstprofil, das auf schlanken eingestellten, en délit gearbeiteten Säulchen ruht, die am Chorpolygon Schaftringe aufweisen. In der Ostwand des Querhauses sind nur zwei einfache, leicht spitzbogige Fenster angeordnet. An den Apsiden und am Chor erscheint ein Konsolenfries in der charakteristisch zisterziensischen Form mit verschleifenden Rundbögen. Bezeichnenderweise schließt der jüngere Südquerarm mit einem steigenden Rundbogenfries auch im Giebel ab. Dort kündigt sich die jüngere Entstehungszeit durch ein großes Gruppenfenster aus drei Lanzetten mit überfangendem Rundbogen und mit gewirtelten Diensten an. Nicht nur die gotischen Lanzettfenster, sondern vor allen Dingen die als Bogendreiecke gestalteten Fenster in den Diagonalseiten mit Dreistrahlmaßwerk kennzeichnen den Vierungsturm in seiner Entstehungszeit im 14. Jahrhundert. Am Außenbau sind es gerade die modernen Strukturmittel, nämlich die Strebepfeiler, aber auch die überdimensioniert erscheinenden Fensterrahmen, die dem Bau seine oberrheinischromanische Schwere und Massigkeit verleihen.

Im Inneren wird der Raum in allen Teilen von relativ eleganten Rippengewölben überspannt, deren Profile wie auch das der Vierungs- und Gurtbögen schon der neuen Formenwelt angehören. Die Eckdienste, vor allem aber die Vierungspfeiler und die Vorlagen des Apsisbogens, sind gestuft mit ein- und vorgestellten Diensten, die sie de facto zu Bündelpfeilern machen. Gesimse ziehen sich über sie als Schaftringe hinweg. Sie stammen aus der Formenwelt der nordfranzösischen Gotik, sind aber insbesondere bei der Vierung für den kleinen Bau mit derart vielen Diensten für die gestuften Bögen ausgestat-

Offenbach am Glan

tet, daß sie wiederum so mächtig wirken, wie wir es von oberrheinischen Pfeilern her gewohnt sind. Das gilt insbesondere für den gleichartig gestalteten Apsisbogen. Die Apsis selber erreicht innen die volle Höhe des Chorjochs, so daß die außen sichtbare Stufung entfällt. Sie und die beiden Nebenchöre sind mit rippenbesetzten Klostergewölben ausgestattet, was für gotische Chore undenkbar, aber durchaus in der Tradition des Wormser Westchors zu sehen ist. Es entsteht wieder die geschlossene und unbelichtete romanische Kalotte als Abschluß. Auch innen besitzen die Fenster die charakteristischen eingestellten Gewändesäulchen mit Schaftringen und kräftig vortretenden Kapitellen, Kämpfern und Bogenrahmungen, wobei in der Dimensionierung zwischen der größeren Haupt- und den kleineren Nebenapsiden nicht unterschieden wird, wodurch letztere besonders schwer und massig wirken. Der Übergang zum belichteten Vierungsturm erfolgt durch kalottenförmige Trompen mit gestuften Bögen, die unten von einem Eckdienst getragen werden. An der Entwicklung von Einzelformen läßt sich der Bauvorgang von der Ostanlage über das Querhaus zum Langhaus hin verfolgen. Die starke Verschiebung der Hauptapsis nach Süden ist vermutlich durch den Vorgängerbau bedingt. In den Nebenapsiden sind mit Kleeblattbögen geschmückte Piscinen angeordnet und verweisen auf den Zusammenhang mit zisterziensischer Baukunst.

Gerade im Inneren ist die außerordentliche Steigerung an steinmetzmäßig aufwendig bearbeiteten Gliederungselementen erkennbar. Folglich muß dieser Bau ein mehrfaches an wirtschaftlichem Aufwand erfordert haben als ein gleichartiger der unmittelbar vorhergehenden Epoche. Der Wunsch nach aufwendigen Bauformen mag die Übernahme aus dem französisch-gotischen Repertoire gefördert haben. Trotz der in manchen Punkten noch typisch romanischen Unbekümmertheit im Umgang mit den gotischen Formelementen ist die Gesamtanlage von außerordentlicher Qualität und gehört in die erste Reihe dieser Generation. Er ist weniger originell als Maulbronn und Magdeburg, dafür aber konsequenter. Da deren individuell kennzeichnende Handschrift fehlt, ist es müßig, über Gemeinsamkeiten des Bautrupps oder gar des Architekten nachzudenken. Bis auf den Konsolenfries am Außenbau sind burgundische Charakteristika nicht nachzuweisen. Neben den großen Kathedralen gibt es in Nordfrankreich Bauten der zweiten und vor allem der dritten Größen- und Qualitätsstufe, die durchaus vergleichbare Merkmale aufweisen. Für die jüngeren Bauteile lassen sich Zusammenhänge mit Lothringen, Straßburg und Mainz nachweisen.

Pfaffenschwabenheim. Die Kirche des ehemaligen Augustinerchorherrenstifts

Aufschlußreich ist der Vergleich mit der vermutlich etwas jüngeren Kirche des ehemaligen Augustinerchorherrenstifts in Pfaffenschwabenheim, die im Inneren ähnliche Formen zeigt, im Äußeren aber noch ganz und gar romanisch wirkt. Bereits 1040 gegründet, wurde das Kloster 1130 von den Sponheimer Grafen dem Erzbischof von Mainz übertragen, aber weiterhin von ihnen gefördert. Damals erfolgte auch die Umwandlung in ein Chorherrenstift, das 1229 vom Papst bestätigt wurde. Ungefähr in dieser Zeit dürfte der Neubau der Kirche begonnen haben. 1251 versuchte man durch einen Ablaß die Bauarbeiten zu finanzieren. Ob bei der Weihe 1308 das Langhaus bestanden hat, dessen Gestalt man nicht kennt, ist unsicher. 1568 wurde das Stift aufgehoben, 1699 erneut eingerichtet. Damals entstand das jetzige Langhaus in Form einer Saalkirche. 1802 erfolgte die endgültige Säkularisierung.

Von der romanischen Kirche, die offenbar ein Querhaus mit Vierung besaß, haben sich lediglich das quadratische Chorjoch und die polygonale Apsis mit einem verkürzten 5/8-Schluß sowie die beiden an die Apsis angebauten Rundtürme bis zum Traufgesims erhalten. Zwischen diesen springt die Apsis außen mit drei Seiten nur sehr wenig vor. Die spätottonische Apsis des Burkhard-Domes in Worms verhielt sich ähnlich, doch war sie damals schon längst durch den neuen Westchor ersetzt worden. Aber auch eine Umsetzung des Grundgedankens des Wormser Ostchores ist nicht ganz auszuschließen. Die Rundtürme werden wie in Worms durch Lisenen und Rundbogenfriese mit Gesimsen darüber in Geschosse geteilt, doch wirkt diese Gliederung im Gegensatz zu Worms flach, was sich auch in den knappen Kantenprofilen ausdrückt. Außerdem ruhen die Bogenfriese auf kleinen, kapitellartig geformten Konsolen, wie dies eher am Niederrhein üblich ist. Der oberste Bogenfries zeigt bereits Spitzbögen.

Die Apsis besitzt flache, knappe Kantenlisenen und ist in drei Geschosse geteilt, wobei das unterste den Bogenfries der Türme in gleicher Art und Höhe fortsetzt, allerdings mit einem feineren Profil aus Wulst und begleitender tiefer Kehle, wie wir es aus dem neuen Formengut kennen. Die Fenster sind einfach rundbogig mit leicht geschrägten Gewänden, im Bogen mit stärkerer Trichterform, so daß am Kämpfer ein Rücksprung entsteht. Sehr auffällig ist das Motiv einer Profilrahmung des Bogenrückens, die sich umwinkelnd als Horizontalgesims bis zu den Lisenen fortsetzt. Dies ist ein charakteristisch französisches Motiv, für das es in Deutschland nur eine (Knechtsteden bei Köln) und selbst in Lothringen wenige Parallelen gibt. Die Zwerggalerie besitzt als drittes Geschoß anstelle von Bögen einen geraden Architrav, der auf hintereinander gestellten Doppelsäulchen ruht. An den Kanten sind die Lisenen als Pfeiler fortgeführt. Gerade und mit Platten abgedeckte Galerien kennen wir nur von St. Simeon in Trier, während das gleiche Motiv am Chorumgang in Limburg an der Lahn nicht als echte Galerie mit Rückwand ausgebildet ist. Beide Bauten gehören zum niederrheinischen Kunstkreis, der hier wie bei dem Westchor des Mainzer Domes seinen Einfluß zeigt. Das bestätigen auch die schlanken, hintereinander gestellten Doppelsäulchen. Das Kranzgesims ist ungewöhnlich mächtig, zeigt aber ein im Prinzip romanisches Profil in der umgekehrten attischen Abfolge. Da es in keiner Weise zu den knappen und scharfen Profilierungen des Unterbaus paßt, ist es strittig, ob es sich hierbei nicht um eine historisierende Zutat des 17. oder 18. Jahrhunderts handelt. Der Chor besitzt die gleiche Höhe wie die Apsis und weist damit den Weg zur Vereinheitlichung beider Baukörper. Er ist nur in einem Geschoß durchgehend gegliedert mit Lisenen und wiederum einem entsprechenden Bogenfries. Die beiden höher gelegenen Fenster sind spitzbogig und zeigen das nun schon übliche Kantenprofil aus Wulst mit begleitenden Kehlen. Die Obergeschosse der Türme sind verschieferte Fachwerkaufbauten mit ebensolchen Welschen Hauben aus der Barockzeit.

Im Inneren dominieren die Formen der jüngsten Generation (Bild 96). Die Apsis ist leicht eingezogen, dazu durch einen spitzbogigen Unterzug auf eingestellten Diensten vom Chorjoch gesondert. Ihr Gewölbe ist wie in Worms und Offenbach am Glan ein rippenbesetztes Klostergewölbe, während der Chor von einem sechsteiligen Rippengewölbe überspannt wird. Die Sockelzone von Chor und Apsis nimmt eine Blendarkatur aus kräftig profilierten Kleeblattbögen ein, die auf vorgestellten Säulchen mit Pfeilerrücklagen und schlanken Knospenkapitellen ruht. Im Polygon sind sie durch Konsolen ersetzt, im Scheitel ist der Kleeblattbogen so gedehnt, daß er das Relief einer Deesisgruppe aufnehmen kann und damit zugleich bereits als Altarretabel diente. Die Fenster nehmen mit ihrer Rahmung aus eingestellten Säulchen mit Schaftringen und Bögen mit Kehlen und Wulstprofil jeweils eine ganze Polygonseite ein. Diese charakteristische Fensterform, die um ein Kantenprofil bereichert ist, tritt uns hier als rein rundbogige Form entgegen. In den Winkeln der Apsis stehen schlanke Dienste, die wie diejenigen der Fenster en délit gearbeitet sind und durch Schaftringe in jeweils fünf unterschiedliche Abschnitte geteilt werden, da die Schaftringe die vorgegebenen Horizontalelemente aufnehmen: die Blendarkatur unten, das Sohlbankgesims, die Schaftringe der Fensterdienste und deren Kämpfer. Zusammen mit den Säulen der Blendarkatur bzw. der Fenstergewände bilden sie jeweils in diesen Zonen zusammenhängende Bündelformen wie in Maulbronn.

Im Chorjoch werden die Rippen von schlanken Eckdiensten getragen, die keine Begleiter für Schildbögen besitzen. Auch sie sind einmal in Höhe der hier hinaufgerückten Fenstersohlbänke durch Schaftringe geteilt, obwohl sie im Schichtverband ausgeführt sind. Die rundbogige Transversalrippe setzt auf einer höher angeordneten Konsole auf, die nicht nach unten als Dienst weitergeführt ist. Die Chorfenster besitzen nur ein umlaufendes Kantenprofil und keine eingestellten Säulchen, wodurch die Apsis in ihrem Formenreichtum eindeutig betont wird. Deren verkürzte Anschlußseiten sind bis auf die Kleeblattblende unten ohne Gliederung.

Die hier auftretenden Einzelformen ordnen den sehr qualitätvollen Bau in ein Geflecht von Beziehungen ein, das weiter ausgreift als die festen Bindungen an die oberrheinische Kunstlandschaft. Das hängt mit der weiträumigen Herkunft dieser Formen zusammen. Es ist bemerkenswert, daß diese Formen am Außenbau konsequent nicht in Erscheinung treten und dort die für sie charakteristischen Strebepfeiler fehlen. Es ist folglich an niederrheinische Polygonalchöre erinnert worden (Bonn, Münstermaifeld, Sinzig). Der Aufbau der Apsis im Inneren erinnert stark an die untere Zone des Bamberger Westchores, dessen Kleeblattblenden in der Michaelskapelle der Zisterzienserabtei Ebrach vorgebildet waren. Natürlich ist in diesem Zusammenhang auch an die Marienkirche in Gelnhausen zu denken. Die sechsteilige Wölbung schließlich knüpft an das früheste Beispiel dieser Art (um 1210) in Limburg an der Lahn an, wo die Transversalrippen in ähnlicher Weise auf Kapitellen mit schiffsbugartig in den Raum gerichteten Kämpfern ruhen. Auch der Bezug zu Sponheim, dem die Kirche durch den Stifter verbunden war, ist hier zu erwähnen. Die dichte Schaftringunterteilung der Dienste sowie die Apsiswölbung verweisen auf Offenbach am Glan. Damit haben wir aber auch fast die gesamte Palette der Bauten des zweiten spätromanischen Stils erwähnt. Überraschend bleibt, daß der Gesamtcharakter fast in einem Gegensatz zu demjenigen von Offenbach am Glan steht. Die strenge Knappheit des Außenbaus mit seiner Bindung an die romanische Tradition und die Leichtigkeit des Aufbaus im Inneren wirken insgesamt weit weniger wuchtig als dort. Vielleicht hängt das mit der unmittelbaren Nachbarschaft zum Niederrheingebiet zusammen.

Nachzutragen bleibt, daß im Inneren die Vierungspfeiler noch voll ausgebildet vorhanden sind, sogar mit den Ansätzen des alten Querhauses und ferner der Hinweis auf die frühe Form eines in die Architektur integrierten Altarretabels mit qualitätvoller Skulptur, die sonst nur den sehr bedeutenden Kirchen vorbehalten war.

Sponheim. Die ehemalige Benediktinerklosterkirche St. Maria und St. Martin

Im Kreise dieser Bauten stellt die ehemalige Benediktinerklosterkirche St. Maria und St. Martin in Sponheim einen Sonderfall dar, weil die neuen Elemente ausschließlich auf die Gewölbe beschränkt blieben, die anscheinend einem älteren Bau nachträglich eingefügt wurden (Bild 98).

Die Anlage gleicht einem griechischen Kreuz mit vier annähernd quadratischen Jochen, die sich um die Vierung gruppieren (Bild 99). Ein dreischiffiges Langhaus war nie vorgesehen, jedoch sollte das einschiffige weiter nach Westen fortgesetzt werden. Auf der Südseite ersetzt eine zweijochige Kapelle das Seitenschiff. Über der Vierung erhebt sich ein achteckiger, rippengewölbter Vierungsturm ohne Tambour, aber trotzdem von den Diagonalseiten her belichtet, der oben ein offenes Glockengeschoß trägt. Auch hier leiten Nischentrompen zum Achteck über. Ein Strebepfeiler auf der Südseite und ein entsprechender Treppenturm auf der Nordseite des Langhausjochs verraten, wie die Gewölbevorlagen im Westen, daß dieser Teil im Zusammenhang mit der Wölbung nach 1230 entstanden sein dürfte. Das sechsteilige Gewölbe im Chor mit etwas höher gesetzter Transversalrippe auf einer Konsole, die spitzwinklig in den Raum vortritt, stellt eine enge Parallele zu Pfaffenschwabenheim dar.

Offensichtlich wurden die Gewölbe und ihre Eckdienste nachträglich in einen zunächst für Flachdecken bestimmten Raum eingefügt. Das bezeugen nicht nur die großen, weit auseinanderstehenden Fenster in Querhaus und Chor, sondern auch die älteren Kämpferprofile der Vierungspfeiler und Apsiden. Die rechtwinklig gestuften Vierungspfeiler tragen dazu passend zugespitzte Bögen. Die Hauptapsis ist stark eingezogen und mit einer Kalotte geschlossen. Die Querhausapsiden sind von gleicher Größe, aber um ein geringes niedriger. Trotzdem hatten über ihnen keine Fenster in der Ostwand der Querarme Platz. Der Außenbau ist spartanisch einfach. Die knappen Bogenfriese werden nur an den Stirnseiten von Lisenen aufgenommen, während sie an den Seitenflächen des Querhauses in die Mauerstärke eingetieft sind. An den Kanten des Querhauses und des Chores sind einseitig im unteren Teil Strebepfeiler angeordnet, die als steile Schräge von unten durchgehend bis zur Wandebene aufsteigen. Unten umzieht ein Sockel den Bau, der die Strebepfeiler nur mit der untersten Stufe umfaßt. Gegenüber den einfachen Rundbogenfenstern zeigen nur die Schallarkaden des Turmes eine umlaufende Wulstrahmung, die die Doppelöffnungen überfängt. Bis in die Portalhöhe sind

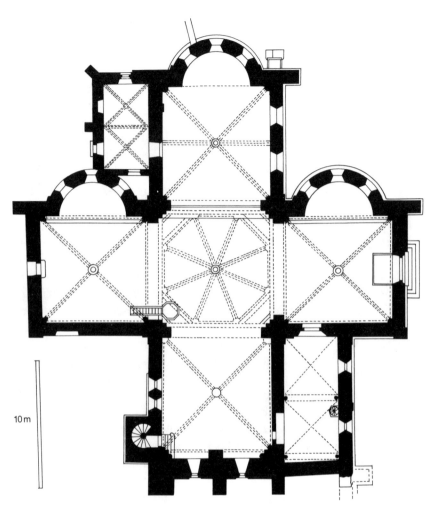

Sponheim

Chor und Querhaus aus sehr flachen Schichten hammerrecht zuge-
hauenem schiefrigen Materials errichtet. Der Übergang zu deutlich
größeren Formaten ist klar abgegrenzt, was wiederum im Fenster-
bereich von Großquaderschichten abgelöst wird. Die Nebenapsiden
werden von einem horizontalen Zickzackfries abgeschlossen.

Aus dem Baubefund und den Quellennachrichten hat man eine
mehrstufige Baugeschichte abgeleitet. Die Gründung erfolgte 1044.
Im Jahre 1124 übergaben die Sponheimer Grafen das Kloster dem
Erzbischof von Mainz, blieben aber Schirmvögte. Die unterste Grenz-
linie im Mauerwerk wird einer Kirche zugerechnet, deren Altar 1125
geweiht wurde. Nach demselben Konzept wurden die oberen Teile

der Kirche nach einem Brand 1156 bis gegen 1190 als Flachdeckenbau erneuert, wobei die Strebepfeiler angefügt worden sein sollen. Zu dieser Kirche gehören auch die Vierungspfeiler, für einige Forscher auch die Bögen. Nach 1230 begann die Einwölbung, während eine späte Schlußweihe 1291 kaum mehr auf Bauvorgänge zu beziehen ist. 1565 wurde das Kloster aufgehoben, 1699 erneut besiedelt, 1802 aber endgültig säkularisiert.

Wir vermögen dieser Baugeschichte nicht ganz zu folgen, sondern glauben, daß der ganze Bau einem sich länger hinziehenden Ausführungsprozeß angehört. Die Strebepfeiler sind nicht nachträglich angesetzt, und ebenso gehören die Vierungspfeiler mit ihren deutlich zugespitzten Bögen zum ursprünglichen Bestand. Die unterschiedlichen Steinformate zeigen in mehreren Abschnitten das Fortschreiten ein und desselben Baus an, der allerdings zunächst für eine flache Holzdecke bestimmt war. Die Strebepfeiler erinnern nicht nur an Maulbronn, sondern auch an den Rothenkircher Hof, die Form der Vierungsbögen an Eußerthal. Die Trompen des Vierungsturmes passen so gut dazu, daß hier kein wesentlicher zeitlicher Unterschied zu vermuten ist. Vielleicht wurde die heutige Kirche zwar schon 1200 begonnen und allmählich bis gegen 1230 fortgeführt, wobei ihr dann noch während des Bauvorganges die neuen Dienste und Gewölbe eingefügt wurden. Die Sparsamkeit und Strenge des Außenbaus, der tatsächlich alle Merkmale einer hochromanischen, nicht einmal spätromanischen Kirche trägt, haben die Forschung über die wahre Entstehungzeit getäuscht, wobei wieder einmal deutlich wird, wie eng sich die Tradition mit den neuesten Elementen verbinden kann und daß es abwegig wäre, hier den Begriff der »Frühgotik« auch nur in Erwägung zu ziehen.

Sehr auffällig sind die mächtigen, fast ungeformten Steinkonsolen zu Seiten der Trompen unter den kurzen Dienststummeln, die das Rippengewölbe tragen. Sie dienten entweder als Auflager für die Lehrgerüste des Gewölbes oder trugen eine provisorische hölzerne Zwischendecke, über der weitergearbeitet werden konnte. Nach alten Ansichten trug der Vierungsturm außen statt der geschweiften Haube, die dem damaligen Vorbild des Speyerer und Wormser Domes folgt, ursprünglich kleine Giebel über jeder Seite.

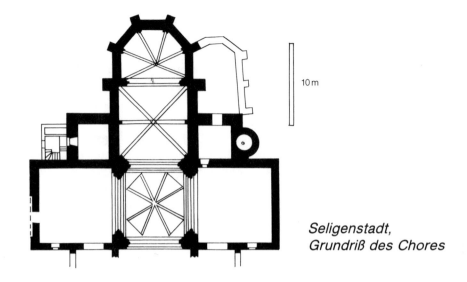

Seligenstadt,
Grundriß des Chores

Seligenstadt. Die ehemalige Benediktinerabteikirche St. Marcellinus und Petrus

Um 1240 erhielt die alte karolingische Abteikirche in Seligenstadt einen neuen Chor mit polygonaler Apsis und eine ausgeschiedene Vierung mit belichtetem Turm darüber. Formal stehen diese Bauteile in der Nachfolge der Marienkirche in Gelnhausen, doch sind auch die Parallelen zu Offenbach am Glan und Pfaffenschwabenheim nicht zu übersehen. Die Kombination eines gewölbten Sanktuariums mit einem flachgedeckten Langhaus ist in dieser Zeit häufiger zu beobachten und war auch in Gelnhausen als einheitliche Planung vorgegeben. Die gedrungenen Proportionen ergeben sich aus dem Querschnitt des karolingischen Baus. Durch starkes Einziehen der Vierung versuchte man, eine gewisse Ausgewogenheit zu erzielen. Auch die Apsis ist stark eingezogen und außen als niedriger Baukörper vom Chor abgesetzt. An den Kanten stehen dort die uns bereits vertrauten massigen Strebepfeiler, aus denen sich aber Lisenen mit einem Rundbogenfries entwickeln. Den rundbogigen Fenstern sind außen Dienste und Rundwulste eingestellt, die innen fehlen. Die Okuli darüber – sie stammen aus Gelnhausen – sind mit Vierpässen gefüllt. Im Innern verläuft unter den Fenstern der Apsis wie in Pfaffenschwabenheim eine Blendarkatur mit Kleeblattbögen (Bild 97). Ihr entsprechen im Chorjoch runde Fächerbögen, die zum Teil auf Konsolen ruhen. Die Eckdienste stehen hier auf dem Gesims über der Arkatur. Das Kreuzrippengewölbe des Chores mit stark steigenden Scheiteln wird durch zusätzliche Scheitelrippen in acht Felder unterteilt. In Weinsberg und Murrhardt ist diese sonst eher westfälische und gelegentlich auch niederrheinische Gewölbeform schon vorher am Oberrhein vertreten. Die Apsis besitzt erstmals kein Kloster-, sondern ein vollentwickeltes Rippengewölbe mit steigenden Scheiteln und rund geführten Schildbögen. Letztere erscheinen auch am Rippengewölbe des Vierungsturmes. Während das Profil des Apsisbogens dem nordfranzösischen Typ entspricht, tragen die mächtig dimensionierten, gestuften Vierungspfeiler mit eingestellten und vorgelegten gewirtelten Diensten Bögen desselben Querschnitts mit rundem Unterzug, die eher romanisch wirken. Das offene Glockengeschoß des Vierungsturmes besitzt bereits entwickeltes, wenngleich ganz in die Tradition eingebundenes Maßwerk und dürfte daher erst aus der zweiten Hälfte des 13. Jahrhunderts stammen.

Pforzheim. Die Schloß- und Stiftskirche St. Michael

Der Westbau der Schloß- und späteren Stiftskirche St. Michael in Pforzheim ist ein besonders interessanter Fall, weil er in der Nachfolge von Maulbronn die dort durch längere Zwischenräume getrennten Bauabschnitte mit ihren Formen in sich vereinigt. Er dürfte bald nach 1219 begonnen worden sein, als die Markgrafen von Baden die Neustadt mit dem Schloß gründeten. Es handelt sich um einen typischen Querriegel in der Höhe des etwas jüngeren Langhauses, dem einseitig auf der Nordseite ein jüngerer Turm aufgesetzt wurde. Den quadratischen Mittelraum, der im Inneren durch eine niedrige Empore in zwei Geschosse geteilt ist, flankieren in der Westflucht zwei kleinere, im Grundriß ebenfalls quadratische, durch ihre Mauerstärke ausgezeichnete Eckjoche, die offensichtlich Türme tragen sollten und außen durch Lisenen und deutliche Rücksprünge in den Flanken gekennzeichnet sind. Nach Osten ergänzen kleinere Eckjoche den Grundriß. Die Gesamtdisposition erinnert ein wenig an diejenige von St. Thomas in Straßburg. In den unteren Eckräumen verweisen Kapitelle auf das Langhaus von Maulbronn, während das Obergeschoß der Empore mit einem sechsteiligen Gewölbe ausgestattet ist, das ganz eindeutig in der Nachfolge des dortigen Kreuzganges beziehungsweise Herrenrefektoriums steht. Hier wird also gleichsam die Maulbronner Baugeschichte nachvollzogen.

Der Außenbau läßt dagegen nur das ältere Formengut erkennen mit einfachen Lisenen, aber wormsisch profiliertem Bogenfries und einem Sägeband darüber. Besonders auffällig ist das mächtige Mittelportal, das wie in Maulbronn einen Teil seiner Tiefe dem umlaufenden schweren Sockelprofil mit Wulst verdankt. Polsterkapitell und Kämpfer ziehen sich über sämtliche Stufen hinweg, wobei auch schräge Abfasungen miteinbezogen werden, die dem Ganzen einen jüngeren Charakter verleihen. Die Polsterzone scheint in der Bedeutung etwas reduziert zu sein. Der Bogen wird von einem rechteckigen Rahmen mit unterschiedlichen Profilen und Ornamenten umfangen, die zum Teil aus primitiven Köpfen und geometrischen Mustern, aber auch Imitationen von Ornamentik der Buchmalerei bestehen und das Fehlen einer qualitätvollen Bildhauerwerkstatt anzeigen (Bild 100, 101). Der wormsische Eindruck des Portals ist hier wohl nicht direkt, sondern auf dem Weg über Maulbronn vermittelt.

Enkenbach. Die ehemalige Prämonstratenserinnenkirche St. Norbert

In krassem Gegensatz dazu steht das überaus reich und mit hervorragend qualitätvoller Ornamentik ausgestattete Hauptportal der Prämonstratenserinnenkirche in Enkenbach bei Otterberg (Bild 102). In ihrem Zusammenhang wird ein Wormser Steinmetz Volcmar erwähnt, der 1253 starb. Charakteristisch für das Säulenstufenportal, das im Zusammenhang mit einer rippengewölbten Vorhalle steht, ist die Abschrägung der Kanten, die mit der Ausrichtung der Kelchblockkapitelle einen durchgehend schrägen Verlauf des Kämpfers ohne Stufen erlaubte. Gleiches gilt für den Sockel. Die flachen Tellerbasen verweisen auf den jüngeren Formenbestand. Auf der Schräge des Kämpfers haben sich nach wormsischer Art links Löwen, rechts Drachen mit langen Ringelschwänzen niedergelassen. In der Bewegung und der organischen Durchbildung der Körper sind diese Fabelwesen von hervorragender Qualität. Das Tympanon gehört zu dem damals weit verbreiteten Weinlaubrankentypus, hier mit Trauben pickenden Vögeln und einer Hasenjagd. Der Grund ist in ungewöhnlich dichter Form übersponnen. Die Ranken, das Astwerk sowie die Weinlaubblätter zeigen den Übergang zum Naturalismus. Die abgeschrägten Archivolten sind wie die Wulste auch mit Ornamentik besetzt, die

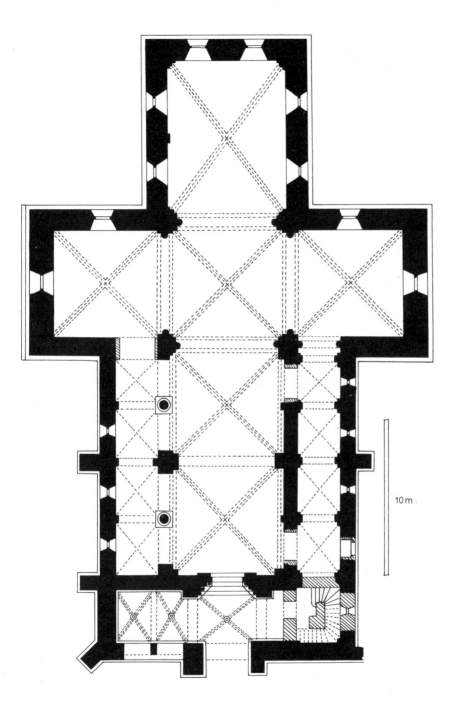

Enkenbach

zum Teil scharfkantig diamantiert und mit streng regelmäßig ablesbarem Rapport ausgestattet ist, aber neben den traditionellen romanischen Blattformen auch solche des beginnenden gotischen Naturalismus zeigen. Die eigentümliche Spannung zwischen fast metallischer Schärfe und strenger Regelmäßigkeit und der sich daneben regenden Lebendigkeit und Vielfalt kennzeichnet die hohe Qualität und macht es zu den besten der wormsischen Nachfolge zur Zeit des jüngeren Formenapparats. Hier wird die importierte Gotik unauflösbar und in einem schöpferischen Akt mit der romanischen Tradition verwoben.

Das Kloster wurde schon 1148 gegründet, die Kirche jedoch sicher nicht vor 1220/30 begonnen. Sie war 1165 zwar schon geweiht, aber noch nicht vollendet. Der relativ kleine kreuzförmige Bau mit gestrecktem, gerade geschlossenen Chor, dem kurzen, zweijochigen Langhaus im gebundenen System, dem sonst seltenen Stützenwechsel von Pfeiler und Säule mit großem Übergreifungsbogen zeigt den langsamen Wandel der Formen deutlich an. Die Vierungsbögen, Gurte und damit auch die Gewölbe sind ungewöhnlich steil lanzettförmig zugespitzt, so daß sie etwa die halbe Raumhöhe einnehmen. Sie verweisen damit auf die lothringisch-elsässische Gotik, die dies in ihren Kathedralen von Metz und Straßburg zu einem charakteristischen Merkmal entwickeln sollte. Trotzdem bleibt der Grundcharakter des Baus mit den fest geschlossenen, heute weiß verputzten Mauerflächen vollständig erhalten. Die Rippen besitzen das einfache, leicht zugespitzte Wulstprofil; nur im Chor erscheinen Eckdienste, bei denen sich die Schaftringe mit einem umlaufenden Horizontalgesims verbinden. Sonst ruhen die Rippen und Schildbögen auf Konsolen, die im jüngeren Langhaus die geschweifte zisterziensische Tütenform zeigen. Die Stirnseite des Chores wird belichtet durch die zisterziensisch wirkende Gruppierung zweier Rundbogenfenster und einem großen, mit Sechspaß ausgesetzten Rundfenster darüber. Auch die übrigen Fenster sind rundbogig.

Das südliche Seitenschiff war Teil der Klausur und kann als eine Art Kreuzgang angesprochen werden. Es ist in zwei Geschosse unterteilt und vom Mittelschiff durch eine mit Spitzbogenblenden ausgestattete Wand abgesondert. Sie war ursprünglich auch unten vollständig geschlossen. Von der Empore führte eine Tür zu dem verschwundenen Lettner.

Vor dem Westabschluß liegt in ganzer Breite eine schmale Vorhalle mit Empore darüber, die ursprünglich wohl den Nonnen diente. Das südliche Querhaus wurde 1876 vollständig erneuert. Am Außenbau wirken nur die gewaltigen Laibungsflächen der Fenster in den Ostteilen, während das übrige fast schmucklos ist.

Frankfurt am Main. Die Pfarrkirche St. Leonhard

Von der 1219 als Kapelle gegründeten Pfarrkirche St. Leonhard in Frankfurt am Main haben sich nur zwei Portale und die beiden schlanken östlichen Achtecktürme im Winkel zum Chor erhalten, die wie in den beiden Kirchen von Gelnhausen über den gestelzten, heute vermauerten Nebenapsiden stehen (Bild 103). Sie tragen schwere Steindächer über der charakteristischen Abfolge kleiner Giebel. Die geöffneten Schallarkaden wechseln mit ähnlich gestalteten Blenden. Die kantigen Lisenen und die Bogenfriese über Konsolen verweisen auf den Zusammenhang mit der Marienkirche in Gelnhausen und deren zum Teil auch niederrheinische Verbindungen.

Die beiden Portale liegen nach der gotischen Erweiterung heute im Inneren und sind teilweise im Boden versunken (Bild 104 und 105). Das bedeutendere, als Säulenstufenanlage ausgebildete, mit spätgotisch umgearbeiteten Gewändesäulen zeigt unter dem gestuften ornamentierten Wulstkämpfer ungewöhnlich schwere große Kelchblockkapitelle mit diamantierten, schlanken eingerollten Akanthusblättern. Dieser Kapitelltyp stammt vom Niederrhein, zeigt aber in seiner Großformigkeit genauso wie die schweren Archivolten die oberrheinische Durchbildung. Den äußeren Rahmen bildet eine große Viertelstabarchivolte mit dichter Rankenornamentik, die zum größten Teil nicht ausgearbeitet wurde. Im Bogenfeld erscheint Christus zwischen Johannes und Maria sowie kniend Petrus und der heilige Georg mit der Signatur *engelbertus f.* Die Skulpturen sind von mittelmäßiger Qualität und verweisen auf Mainz und Gelnhausen. Das kleinere Portal ist gerahmt von einem doppelten Zickzackbogen beziehungsweise Hundszahn, Blüten und Röllchen mit einem kräftigen inneren Rundstab, der am Kämpfer durch Schaftringe geteilt ist. Das Kantenprofil des Türfostens läuft im Tympanon als Dreipaßbogen um. Dort erscheint in der Mitte stehend Jakobus d. Ä. als Pilgerpatron, vor sich das Buch mit der Pilgermuschel haltend und flankiert von zwei ihn verehrenden Pilgern. Die Köpfe übergreifen hier zum Teil die Rahmung. Das aufwendige Gewände des Portals übertrifft die Qualität der Skulpturen.

Die Kirchen des Rheingaus

Im Rheingau zwischen Rhein und Taunus gibt es außer Kloster Eberbach in Sichtbeziehung zueinander zwei romanische Kirchen auf dem Johannesberg und in Mittelheim bei Oestrich, die man aufgrund ihres vollständigen Verzichts auf gliedernde architektonische Elemente und wegen ihres lagerhaften Bruchsteinmauerwerks ohne jede Kantenquaderung in das frühe 11. Jahrhundert oder noch früher datieren würde, wenn man es durch Quellen nicht besser wüßte. Sie stammen aus dem ersten Drittel des 12. Jahrhunderts mit späteren Veränderungen. Die beiden kreuzförmigen, flach gedeckten Pfeilerbasiliken gehören einer größeren Gruppe von Bauten an, die auch am Niederrhein anzutreffen ist und folglich kunstlandschaftlich nicht genauer definiert werden kann. Ihre spartanisch strenge Formgebung wirkt angesichts des fast in Sichtweite entstehenden Mainzer Domes altertümlich und rustikal. Beide waren ursprünglich innen wie außen verputzt, während sie jetzt außen als Rohbau erscheinen und innen ohne glättende Putzhaut nur weiß geschlämmt sind.

Johannesberg. Die ehemalige Klosterkirche St. Johannes der Täufer

Diese Kirche wurde im ersten Drittel des 12. Jahrhunderts errichtet, nachdem der Ort durch den Mainzer Erzbischof Ruthard (1088–1109) an das Kloster St. Alban in Mainz mit der Auflage gegeben worden war, hier ein Benediktinerkloster einzurichten. Dieses wurde 1130 selbständig und führt seither den Namen Johannesberg. Es wurde 1563 aufgehoben. Das später dort erbaute Sommerschloß gelangte 1815 als Geschenk des österreichischen Kaisers an Fürst Clemens von Metternich.

Nach schweren Bombenschäden erfolgte eine durchgreifende Restaurierung mit Veränderungen. Von den ursprünglich neun schlanken Arkaden wurden die beiden westlichen vermauert, so daß dort das Mittelschiff in das Schloß hineinragt. Sämtliche Kämpfer sind erneuert. Die Fenster liegen in den Achsen der Arkaden. Die Vierung ist quadratisch und ausgeschieden. Die beiden Querarme sind ebenfalls quadratisch. Unmittelbar an die Vierung schließt die große Apsis an, was im 12. Jahrhundert anachronistisch wirkt. Hier sei an St. Justinus in Höchst erinnert, wobei beide Bauten in enger Beziehung zu St. Alban in Mainz standen. Die Fenster der Hauptapsis wurden leider 1951 vermauert. Damals ergänzte man die beiden großen Nebenapsiden, die weitere Fenster in den Ostwänden der Querarme unmöglich machen. Eine freie Erfindung von 1951 ist der Vierungsturm, den der Kirchenbauer Rudolf Schwarz sicher dem benachbarten Mittelheim entlehnt hat.

Mittelheim. St. Ägidius

Die kleinere Kirche St. Ägidius in Mittelheim war nur bis in das 13. Jahrhundert Augustinerinnenklosterkirche und diente seither als Pfarrkirche (Farbtafel Seite 359). Die Gründung des Klosters in dem älteren Ort erfolgte im ersten Drittel des 12. Jahrhunderts. Die Kirche dürfte nach 1125 begonnen worden sein, wurde aber nach 1170 noch einmal verändert. Im Langhaus wirkt sie wegen der geringeren Abmessungen, aber doch kräftigen Mauerstärke gedrungener als der Schwesterbau (Bild 106 und 107). Bei den Pfeilern fehlen hier sogar

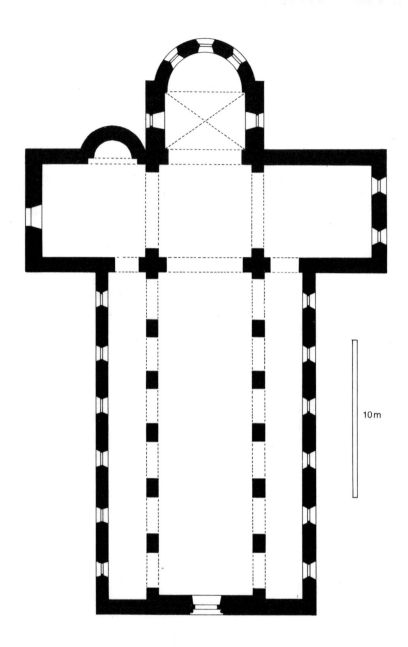

10 m

Mittelheim

die Kämpfer, was sie weit urtümlicher wirken läßt als selbst die karolingischen Kirchen. Die quadratische Vierung ist durch Bögen unterschiedlicher Höhe ausgegrenzt, die einen ebenfalls quadratischen Vierungsturm tragen. Er besitzt auf jeder Seite zwei Zwillingsöffnungen
als Schallarkaden. Zwischen Apsis und Vierung liegt ein schmales
Chorjoch. Die Querarme, die heute weit nach außen vortreten, sind
niedriger als das Mittelschiff. Ursprünglich verliefen sie in der Flucht
der Seitenschiffe und waren noch erheblich niedriger, was an den tief
ansetzenden Längsbögen im Inneren deutlich abzulesen ist. Auch die
Ostteile wurden um 1170 erhöht und erhielten damals einen Bogenfries. Die hoch liegenden Apsisfenster schneiden merkwürdig in die
Kalotte ein, wahrscheinlich, weil sie oberhalb der alten Apsistraufe
neu errichtet wurden. Damals wurden auch die Nebenapsiden der
Querarme angefügt. In der einfachen westlichen Querschnittfassade
ist ein schlichtes Säulenstufenportal angeordnet. Die südliche Seiten-
schiffwand wurde fast vollständig erneuert, und ebenso wurden vergrößerte Fensterausbrüche nachträglich wieder zugesetzt.

Bei beiden Kirchen täuscht der urtümlich romanisch wirkende
Eindruck, der ins frühe 11. Jahrhundert zurückversetzt, über die
wahre Entstehungszeit hinweg. Die Gründe dafür können eigentlich
nicht nur in unzureichenden Stiftungen und wirtschaftlichen Gegebenheiten zu suchen sein.

Literatur

M. Herchenröder, *Der Rheingaukreis*. Die Kunstdenkmäler des Landes Hessen,
München 1965; G. Kiesow, *Romanik in Hessen*, Stuttgart 1984; Georg Dehio,
Handbuch der Deutschen Kunstdenkmäler, Hessen, bearb. v. Magnus Backes, Mün-
chen, ²1982.

Die Bildseiten

98

102　　*ENKENBACH*

FRANKFURT

MITTELHEIM

LADENBURG

110

HOCHHEIM

BUBENHEIM

NIEDERKIRCHEN

STETTEN

WININGEN

OESTRIC

MAINZ

Die kleineren Kirchen aus salischer Zeit (1025–1125)

Aus der Epoche der salischen Kaiser haben sich drei Großbauten erhalten: die Klosterkirche Limburg an der Haardt, der Dom zu Speyer (Bau I und Bau II) und der Ostbau des Mainzer Domes. Hinzu kommen die älteren Teile einiger anderer Kirchen. Vieles wurde durch jüngere Bauten verdrängt oder ging auf andere Weise unter. Dennoch hat sich eine Reihe kleinerer Bauten oder Bauteile aus dieser Zeit erhalten, die unbedingt vorgestellt werden müssen, um die herausragende Stellung der großen Bauten deutlich zu machen.

Am Anfang sei hier eine Gruppe von Hallenkrypten mit quadratischem Grundriß genannt, die von vier Säulen in drei Schiffe beziehungsweise neun Joche unterteilt werden. Sie sind durchweg mit Kreuzgratgewölben zwischen sichelförmigen Gurtbögen eingewölbt. Damit folgen sie dem Typus der Limburger Anlage.

Die älteste befindet sich in Ladenburg unter der gotisch erneuerten Stadtpfarrkirche St. Gallus, die bereits 787 erwähnt wird und über Resten einer römischen Marktbasilika steht. Die Krypta mit ihren gewinkelten Zugängen und den flachen Wandnischen dürfte um 1025, also parallel zur Limburg und zum nahen Heiligenberg bei Heidelberg entstanden sein (Bild 108 und 109). Ihre Würfelkapitelle sind noch sehr nahe an der geometrischen Form und besitzen keine Kämpfer.

Fast zum Verwechseln ähnlich, jedoch mit schlankeren Säulchen unter den Würfelkapitellen ist diejenige der sogenannten Bergkirche St. Peter in Hochheim bei Worms. Sie wurde am Anfang des

11. Jahrhunderts von Bischof Burkhard gegründet, aber erst 1141 erwähnt. Ob die Krypta noch in die Zeit des Gründers gehört oder erst nach der Limburg ausgeführt wurde, ist nicht zu entscheiden. Die unteren Geschosse des bemerkenswerten Westturmes (Bild 110) werden zumeist zwar auch in diese Zeit datiert, wohl aufgrund des unregelmäßigen Kleinquaderwerks in den Wandflächen und mittleren Lisenen, doch sind die flachen Kantenlisenen und die Rundbogenfriese aus großen Quadern geschnitten, was erst bei den Osttürmen des Speyerer Domes nach 1106 zu beobachten ist. Das Erdgeschoß des Turmes ist seitlich zur dreischiffigen Halle erweitert, die seitlich mit kleinen Pultdächern abgedeckt ist. Das Westportal besitzt eine flache Bogenblende mit rechteckiger Rahmung auf Konsolen, ist aber leider vollständig erneuert. Diese Form verweist ebenfalls auf die Ädikulafenster und die nachträglich veränderten Seitenschiffenster über den Ostportalen des Speyerer Domes, die zu Bau II gehören. Das dritte Obergeschoß des Turmes ist niedriger und mit eingestellten Säulen versehen, während das vierte fast vollständig in doppelte Klangarkaden aufgelöst ist. Sie ruhen in der Mitte auf einem Pfeiler und sind von Säulchen mit Sattelkämpfern unterteilt. Das längsgerichtete Satteldach wird von zwei ungegliederten Giebeln überragt. Insgesamt dürfte der Turm nicht vor 1100/1120 entstanden sein. Die vermutete Erneuerung der Obergeschosse um 1200 läßt sich nicht leicht nachweisen.

Die dritte Krypta des Vierstützentyps befindet sich unter der ebenfalls gotisch erneuerten ehemaligen Stiftskirche St. Martin in Bingen. Hier befand sich ein römisches Kastell, das die Brücke über die Nahe sicherte. 983 wurde der Ort von Kaiser Otto III. an den Mainzer Erzbischof geschenkt. 1006 wird das Stift erstmals erwähnt, vielleicht als Gründung von Erzbischof Willigis. Das Stift wurde 1672 aufgehoben. Die romanische Kirche brannte bereits 1403 ab. Die Krypta ist deutlich jünger als die beiden vorangehenden Beispiele, weil die Form der Würfelkapitelle bereits gedrungen eckig und die Schilde und Deckplatten spürbar abgesetzt sind. Darüber erscheint ein Kämpfer aus Platte und Schräge. Außerdem sind die Sichelbögen nicht verputzt. Der Raum dürfte gegen Ende des 11. Jahrhunderts, also etwa um 1080, entstanden sein.

Fast vollständig erhalten ist die kleine Pfarrkirche St. Peter in Bubenheim (Donnersbergkreis). Die flachgedeckte Saalkirche mit eingebauter querrechteckiger Vorhalle besitzt einen eingezogenen quadratischen Chor und wiederum eine eingezogene niedrigere Apsis (Bild 112). Die Westseite ist in zwei Geschosse durch Lisenen und jeweils einen Fries aus zwei Bögen streifenförmig gegliedert – in der Ausführung sehr unregelmäßig aus lagerhaftem Bruchstein (Bild 113).

An der Apsis sind die Lisenen als hochgestellte Werksteinplatten wie auf der Limburg oder den Wormser Westtürmen ausgeführt. Wohl in der Mitte des 11. Jahrhunderts entstanden, wurden 1163 Veränderungen vorgenommen, die vor allem an den Kämpfern von Chor- und Apsisbogen sowie deren gequaderten Werksteinen ablesbar sind (Bild 114). Eine Inschrift am nördlichen Chorbogenpfeiler mit dem geritzten Bild des Priesters Godefried als Erneuerer der Kirche weist oben darauf hin und nennt das Jahr 1163. Über dem Westgiebel stand wohl ehemals ein Turm. Das Rippengewölbe im Chor wurde erst im 15. Jahrhundert eingezogen. Die fast vollständig erhaltene Anlage gibt einen guten Eindruck vom Standard ländlicher Architektur in dieser Zeit.

Von höherem Anspruch zeugt der wunderschöne, mächtige, im Grundriß querrechteckige Vierungs- bzw. Chorturm der Pfarrkirche in Niederkirchen (ehemals Niederdeidesheim) bei Bad Dürkheim (Bild 115). Er stammt aus der zweiten Hälfte des 11. Jahrhunderts und ist durch breite Kantenlisenen mit Rundbogenfriesen in zwei Geschosse gegliedert, über denen unmittelbar die gekuppelten Schallarkaden – je zwei auf jeder Seite – aufsitzen. Darüber ist eine Reihe einfacher Rechtecköffnungen angeordnet. Das quergestellte Walmdach ist nicht ursprünglich. Der Turm steht auf den vier Bögen einer ausgeschiedenen Vierung, die aufgrund ihrer unterschiedlichen Spannweite verschiedene Kämpferhöhe besitzen und den Farbwechsel aus rotem und weißem Sandstein zeigen. Die beiden längsrechteckigen kurzen Querarme haben sich erhalten, jedoch mit späterer Umformung. Eine Außengliederung fehlt hier. Nach Westen schloß ein einschiffiges Langhaus an, nach Osten unmittelbar eine halbkreisförmige Apsis, wodurch der Turm auch als Chorturmanlage gedeutet werden kann, die in dieser Region weite Verbreitung fand.

Nach Ausweis des seitlichen Portals mit seinem rechteckig gerahmten Bogenfeld gehört der Westturm der Pfarrkirche der Hl. Dreifaltigkeit zu Stetten (Donnersbergkreis) bereits in das 12. Jahrhundert, obwohl er fast durchgängig aus flachschichtigem Bruchstein- beziehungsweise hammerrechtem Kleinquaderwerk errichtet ist, was vor allem für seine Lisenen und Bogenfriese gilt. Nur die Kanten sind aus großen Quadern, im Wechsel liegend und stehend, ebenso die gestuften Kanten und sogar Bögen der von Säulen getragenen Drillingsarkade im Obergeschoß. Während die Lisenengliederung des Zwischengeschosses ausgesprochen flach angelegt ist, ist diejenige des Sockelgeschosses kräftig eingetieft, so daß die jeweils doppelten Rundbögen auf kräftig vortretenden Konsolen ruhen. Diese sind mit zum Teil erstaunlich weit entwickelter figürlicher Skulptur ausgestattet, deren ikonographische Deutung noch offen ist.

Die Lisenen besitzen hier profilierte Kämpfer, was ebenfalls auf das 12. Jahrhundert weist. Da die Lisenengliederung in beiden Geschossen nur die halbe Höhe einnimmt und jedes der Geschosse unterschiedliche Gliederungsmotive aufweist, wirkt der gesamte Aufbau sehr spannungsreich.

In diesem Zusammenhang sei auch hingewiesen auf den schönen, schlanken Turm mit seinen insgesamt sechs Geschossen in Colgenstein, bei dem unten und auf halber Höhe jeweils zwei Geschosse durch Lisenen zusammengefaßt sind. Die Masken der an sich einfachen Gliederung weisen auf eine Bauzeit in der Mitte des 12. Jahrhunderts hin.

Mit der schönen Apsis der Kapelle auf der Burgruine Winzingen, heute im Ortsteil Haardt der Stadt Neustadt an der Weinstraße, wollen wir diesen Überblick abschließen (Bild 117). Sie ist von schlanken Blendarkaden mit Halbsäulen und innerer Bogenstufe gegliedert und stellt damit neben Mainz die einzige unmittelbare Nachfolgerin der Speyerer Ostapsis dar, wenn man von dem schwäbischen Sindelfingen absieht. Innen bestand die Kapelle aus zwei gratgewölbten Jochen mit einer westlichen Empore, was durch doppelgeschossige Blendbögen angedeutet wird. Das Reichslehen befand sich ursprünglich beim Bischof von Speyer, der es dann weitergab. Schon 1155 war es mit der Pfalzgrafschaft verbunden. Die Burgkapelle St. Nikolaus dürfte am Anfang des 12. Jahrhunderts entstanden sein. Ihre Mauerflächen sind aus Kleinquaderwerk unterschiedlichen Formats und waren natürlich verputzt, während die Wandvorlagen der Blenden wieder aus langen Schäften mit querlaufenden Bindern bestehen. Der Gegensatz zu den prächtig gequaderten Apsiden von Speyer und Mainz ist offenkundig. Angesichts der dichten Folge der auch auf Speyer zurückgehenden zweigeschossigen Apsidengliederungen am Niederrhein und den Speyerer Nachfolgern in Österreich (Gurk) und Oberitalien stimmt es etwas traurig, daß der großartige Speyerer Entwurf in seiner eigentlichen Heimatregion am Oberrhein nur Mainz und das kleine Winzingen als Nachfolger in Anspruch nehmen kann.

Kirchtürme aus staufischer Zeit

Von vielen romanischen Kirchen sind uns nur die Türme erhalten geblieben. Dafür waren wohl nicht nur ökonomische Gründe ausschlaggebend, sondern die damals gefundenen Lösungen so überzeugend, das man sie nicht verändern wollte. Ein gewisser Stolz mag dabei mitgespielt haben.

Ein besonders wichtiges, herausragendes Beispiel finden wir in Guntersblum bei der ehemaligen Pfarrkirche St. Victor (Bild 118). Hier handelt es sich um das seltene Beispiel einer Doppelturmfassade, wie sie, eingezwängt in den gotischen Neubau, auch im benachbarten Oppenheim zu finden ist. Der 1702 eingestürzte Südturm wurde schon 1802 formgetreu wiederaufgebaut. Die Gesamtanlage entstand um oder nach 1200. Die fünf sich verjüngenden Geschosse sind vom dritten an durch flache Lisenen und Bogenfriese ohne Kantenprofile, aber mit flachen abgesetzten Konsolen gegliedert. Die Lisenen stehen auf Basisprofilen, und die Bogenfriese werden nach oben zu immer kleiner. In der Mitte sind in den beiden oberen Geschossen schlanke, gekuppelte Schallarkaden mit Mittelsäulchen angeordnet – im oberen Geschoß nach wormsischer Manier atlantenartige Figuren. Den Abschluß bilden hier gestreckt, durch Gesimse stärker artikuliert, wieder jene Miniaturzentralbauten orientalischer Provenienz, die wir von St. Paul in Worms kennen und vergröbert auch in Alsheim und Dittelsheim finden. Die Kuppeln besitzen hier außen aufgesetzte Rippen. Auch auf den würfelförmigen Unterbauten wollen sie sich nicht so recht einfügen, weil ihnen die vereinheitlichenden Gliederungselemente der unteren Freigeschosse fehlen. Zwischen den Türmen liegt eine Vorhalle mit Stufenportal und Bogenfries, die ursprünglich wohl nur eingeschossig war und 1842 mit einer nach außen offenen Säulenloggia überhöht wurde. Über die ursprüngliche Kirche ist nichts bekannt.

Südlich von Ludwigshafen steht in Altrip eine verkleinerte Kopie der Speyerer Domtürme, ebenfalls mit Giebeln und gemauerten Rautendächern, wobei die leichten Spitzbögen der gekuppelten Schallarkaden auf eine im Gegensatz zu Speyer einheitliche Entstehungszeit am Anfang des 13. Jahrhunderts verweisen (Bild 119).

An der Pfarrkirche St. Martin in Oestrich im Rheingau hat sich ein mächtiger, gedrungener romanischer Turm mit vier Geschossen erhalten, dessen regelmäßige Gliederung aus flachen Lisenen und Bogenfriesen aus sorgfältiger Quaderung sich weder zeitlich noch regional genauer einordnen läßt (Bild 120). Die gekuppelten Klangarkaden in den beiden oberen Geschossen sind etwas unterschiedlich gegliedert. Da sie zur Mauermasse des Turmes relativ klein erscheinen, wird man diesem in seiner Massigkeit vielleicht doch oberrheinischen Charakter bescheinigen.

Ganz anders verhält sich eine Gruppe von drei Türmen in Ingelheim und Mainz. In ersterem hat sich bei der schon 742 erwähnten Pfarrkirche St. Remigius, die im 18. Jahrhundert vollständig erneuert wurde, ein schlanker fünfgeschossiger Turm aus der Zeit um 1230 erhalten, allerdings mit Giebeln und einem Helm aus der Zeit des Historismus. Weniger die schlanken Kantenlisenen als vielmehr die Form der Schallarkaden verweisen hier ganz eindeutig auf die niederrheinische Formensprache. Die Doppelarkade im vierten Geschoß ist von einem Rechteckfeld mit Wulst und rundbogiger Ausbuchtung gerahmt, während es bei den jeweils zwei oberen gekuppelten Arkaden Kleeblattbögen mit kräftigem Wulstprofil sind. Die an niederrheinischen Vorbildern entwickelte moderne Farbgebung unterstreicht diesen Zusammenhang.

Ganz ähnlich verhält es sich bei der Mainzer Pfarrkirche St. Emmeran, die 1220 erstmals erwähnt wird. Hier ist es die fast vollständige Auflösung vom dritten bis fünften Geschoß, wobei auf jeder Seite zwei Zwillingsöffnungen mit Mittelsäulchen angeordnet sind, dazu eine Rahmung aus Eck- und Mittellisenen mit teilweise zweischichtigen Rundbogenfriesen (Bild 121).

An dritter Stelle ist die Mainzer Pfarrkirche St. Christoph zu nennen, die schon 893 erstmals erwähnt wird, heute nach der Kriegszerstörung als Ruine erhalten blieb und einen Turm aus der Zeit um 1230 besitzt (Bild 122). Im Glockengeschoß erscheinen auch hier die gekuppelten Klangarkaden, die von Kleeblattbogenblenden zusammengefaßt werden, und die ihm einen typisch niederrheinischen Charakter verleihen. Gerade die Türme sind es, die sich einer klaren Grenze zwischen Ober- und Niederrhein bei Bingen widersetzen und die Verbindung zu den niederrheinischen Formen am Westchor des Mainzer Domes herstellen.

Literatur

G. Hensel, *Romanische Kirchtürme in der Pfalz*, in: Der Turmhahn 3/6, Speyer 1978, S. 1–32.

Ortsregister

Kursiv = ausführliche Beschreibung